史學研究叢書・歷史文化叢刊

# 埃及穆斯林兄弟會簡史

錢　磊　著

國家社會科學基金一般專案「非洲伊斯蘭主義思潮的歷史淵源和發展演變研究」（20BSS028）階段性成果

# 目次

# 引言

　　埃及穆斯林兄弟會是現代中東最早的政治伊斯蘭運動之一，其影響力也並非限於埃及，而是蔓延到整個中東。在巴勒斯坦、敘利亞、約旦、阿爾及利亞、蘇丹、葉門、巴林等國，都有穆兄會的分支機構。穆兄會還跨過地中海和大西洋，滲透到非伊斯蘭世界，俄羅斯、美國、歐洲等地都有它的身影。它就像一個無處不在的幽靈，飄蕩在伊斯蘭土地的上空並彌散到全球。埃及是穆兄會誕生之地，也是穆兄會最主要的陣地。研究穆兄會在埃及的歷史，不僅有利於我們瞭解當代伊斯蘭主義的意識形態變遷和社會功能變化，而且有利於理解伊斯蘭主義與（埃及）政府之間的關係，從而為宗教世俗化治理提供借鑒。

　　埃及穆斯林兄弟會自一九二八年建立以來，幾經沉浮，其與埃及政府的關係也錯綜複雜。它曾先後遭到過埃及法魯克王朝、納賽爾革命政權和穆巴拉克的鎮壓，卻始終保持著旺盛的生命力。二〇一一年一月二十五日「阿拉伯之春」蔓延到埃及，穆巴拉克政權在短短兩週後即告終結，埃及政治改革進程驟然開啟。在隨後的民主選舉中，穆兄會一舉完成了從受監控反對派到執政黨的驚人逆轉，其組建的自由與正義黨不僅獲得新議會的大多數席位，自由與正義黨候選人穆罕默德·穆爾西還贏得二〇一二年埃及總統大選，從而成為埃及歷史上首位經民主選舉產生的總統。然而一年之後，阿卜杜勒·塞西領導埃及軍方廢黜總統穆爾西，並開始對穆兄會進行新一輪的鎮壓。儘管如此，各界仍普遍認為塞西的鎮壓無法徹底瓦解穆兄會的社會基礎。是什麼因素導致二〇一一年以來穆兄會在埃及變局中的跌宕起伏？它在

埃及政治和社會中又擔任什麼樣的角色,導致其長盛不衰?這是本文
希望解答的問題。

　　埃及穆兄會的百年歷史可以劃分為四個階段:一、一九二八至一
九四九年,哈桑‧班納時期;二、一九四九至一九七三年,過渡時期
和哈桑‧胡代比時期;三、一九七三至二〇一〇年,「監獄一代」和
轉變時期;四、二〇一一年以來的新時期。

　　在不同時期,穆兄會的組織形式、政治思想和意識形態有極大差
別。哈桑‧班納開創穆兄會後的十年(1929-1938),穆兄會基本上是
一個社會組織,專注於伊斯蘭社會改造,參與政治的積極性較低。一
九三八年開始,穆兄會開始大力涉足埃及政治、反英鬥爭和巴勒斯坦
事業。此後的十多年間,穆兄會與埃及封建勢力、代表民族主義力量
的華夫脫黨,呈三角博弈的態勢。穆兄會之所以能在埃及政壇有立足
之地,在於其不斷膨脹的社會基礎,其反西方文化霸權和伊斯蘭復興
觀吸引著一批又一批的追隨者。穆兄會的快速膨脹,還得益於其精
幹、高效的組織系統,其中訓導局和舒拉委員會負責統籌全國,地區
行政辦公室主導地區協調,而一個個「家庭」則成為穆兄會人聚集、
學習思想、組織活動的終端。這種組織結構自成立以來表現出極高的
效率和極強的抗壓能力,它也是穆兄會面對各種大風大浪仍得以保全
的根本原因。穆兄會創立早期,哈桑‧班納擁有很高的權威,因而該
組織的意識形態受其影響甚大。早期穆兄會介於非暴力和暴力之間,
暴力是穆兄會反對英國殖民者和埃及政府的手段之一,暴力部門特殊
事務部直接向總訓導師負責。

　　一九四八年末,穆兄會捲入與政府的暴力衝突,製造了刺殺首相
的「諾克拉西案」。隨後,哈桑‧班納遭政府報復,被特工暗殺而
死。班納死後,穆兄會進入過渡時期,內憂外患。但是,一九五一年
初華夫脫黨重新掌握埃及政府,穆兄會也憑藉與華夫脫的親善關係,

從政治漩渦中安然渡過。該年，哈桑・胡代比成為穆兄會第二任總訓導師，未來成為伊斯蘭極端主義思想鼻祖的賽義德・庫特卜也加入了穆兄會組織。一九五二年埃及自由軍官革命後，穆兄會一開始與革命政府保持合作，但最終走向了權力鬥爭。一九五四年十月二十六日埃及總統納賽爾在亞歷山大遇刺後，革命政府開始大規模鎮壓穆兄會，此為穆兄會與納賽爾政府關係的轉捩點。此後，穆兄會骨幹大多被關在監獄中，其組織活動也陷入停滯。在李曼勒・圖拉監獄中，穆兄會因為意識形態而分裂，信奉賽義德・庫特卜激進思想的一批人從穆兄會主體中脫離出來，演化為伊斯蘭極端主義。與此同時，穆兄會主體在總訓導師哈桑・胡代比的引領下，轉向溫和化。

　　一九七一至一九七三年薩達特大赦後，穆兄會開始全面復甦，其與政府的關係也轉向「既競爭又合作」的模式。為鞏固社會和政治穩定，薩達特甚至允許穆兄會有限的參與政治。此時，穆兄會的意識形態已經完全溫和化，開始強調「自我約束」。一九七三年後，穆兄會的四任總訓導師均為五、六十年代在監獄中度過的一代人——即所謂「監獄一代」，他們小心翼翼地維持著穆兄會意識形態的溫和化和同政府的關係。在此期間，穆兄會基層組織在埃及大學中快速發展，贏得了很多學生和學生組織的追隨，從而形成了穆兄會獨特的「中間一代」。另一方面，穆兄會也全力進軍埃及的各個行業協會，掌控了包括醫生協會、工程師協會、藥劑師協會、科學家協會、律師協會在內的多個協會，從而逐步奠定了穆兄會作為埃及最強社會組織的地位。伴隨著八、九十年代風靡伊斯蘭世界的「中間主義思潮」，穆兄會開始關注伊斯蘭教沙里亞法同民主制度的適應性問題。這股思潮最終釀成了一九九六年穆兄會的內部風波，導致一小批中間主義派出走並成立瓦薩特黨。但因埃及政府拒絕批准瓦薩特黨的合法化申請，穆兄會的分裂勢頭被遏制下去。二〇〇四年小胡代比死後，穆兄會「監獄一代」領導人退出歷史舞臺，內部分裂和權力鬥爭開始顯現。

二〇〇〇年開始，隨著穆巴拉克之子賈邁勒‧穆巴拉克步入埃及政壇並快速升遷，穆巴拉克政權內部陷入所謂的「權力繼承危機」爭執。權力繼承危機動搖了穆巴拉克政權的執政基礎，導致埃及軍方與穆巴拉克的離心力增強。在二〇一一年「一‧二五革命」中，軍方最終站在了穆巴拉克父子的對立面，與社會力量一起在僅僅兩週時間內終結了穆巴拉克政權。在這場革命中，穆兄會秉持謹慎參與的態度，默許穆兄會成員自發參與示威遊行，但穆兄會中央則一直保持克制。

二〇一一年革命勝利後，埃及軍方在社會壓力和國際壓力下被迫開啟政治轉型，穆兄會隨即開始全力參與。二月二十三日，穆兄會總訓導師穆罕默德‧巴迪耶宣布組建自由與正義黨。五月，埃及政黨委員會批准了自由與正義黨的建黨申請，穆兄會成員穆罕默德‧穆爾西就任該黨主席，科普特作家拉菲克‧哈比卜任副主席。

二〇一二年一月，埃及人民議會選舉結束，自由與正義黨大獲全勝，獲得五百零八個席位中接近一半的席位，自由與正義黨總書記薩達爾‧卡塔特尼隨即出任埃及議長。六月二十四日，自由與正義黨主席穆罕默德‧穆爾西贏得總統選舉，成為埃及史上首位民主選舉產生的總統。由此，穆兄會及其自由與正義黨完成了從反對派到執政黨的華麗轉變。牢固的社會根基和靈活的政治參與策略，是穆兄會一步步走向成功和最高權力的關鍵。

但是，從二〇一二年七月到二〇一三年七月，穆爾西執政僅僅一年即遭大規模群眾抗議。二〇一三年七月三日，埃及軍方領導人阿卜杜勒‧塞西宣布廢黜穆爾西總統。埃及軍事精英掌控國家的政治文化、世俗主義與伊斯蘭主義者之間的認知差異、各黨派間的權力糾葛、難以緩解的經濟困境，是造成又一次「革命」的主要原因。

穆爾西倒臺之後，穆兄會面臨新一輪的政府鎮壓。但從歷史經驗來看，鎮壓不能完全消除穆兄會的社會基礎和政治影響。而且，塞西政府的目的似乎也不是完全粉碎穆兄會組織，而是限制、約束穆兄會的政治野心。未來穆兄會的前途和政治地位，取決於埃及整體政治環境和中東地區局勢的變化。

## 已有研究綜述

　　埃及作為重要的伊斯蘭文化中心和地緣政治中心，一直以來因其悠久的歷史和文化而飽受關注。二〇一一年埃及革命以來，埃及的政治局勢也成為了世界的焦點之一。埃及穆兄會作為最早建立的現代政治伊斯蘭組織之一，存續近百年，影響波及整個伊斯蘭世界。長期掙扎在同政府對抗、妥協或協調之間的埃及穆兄會，早已成長為埃及最大的政治反對派，並且在二〇一一年革命後通過投票獲得權力。因此，學界對埃及穆兄會的關注由來已久，可大致劃分為以下幾個領域：穆兄會發展演變的歷史、穆兄會意識形態和政治思想的變遷、二〇一一年埃及革命與穆爾西執政始末研究。

## 一　穆兄會史的研究

　　國際學界對埃及穆兄會歷史的研究在二十世紀九〇年代已蔚為壯觀。理查德‧保羅‧米切爾（Richard Paul Mitchell）的專著《穆斯林兄弟們的社會》[1]不斷再版，它對穆兄會歷史、政治、社會和宗教狀況都有深入的剖析。米歇爾‧佩森（Michelle Paison）的《穆斯林兄弟

---

[1]　Richard Paul Mitchell, *The Society of the Muslim Brothers* (Oxford: Oxford University Press, 1993).

會的歷史：埃及政治、經濟與社會的演變》[2]、阿斯瑪‧博赫薩利‧孔巴吉（Asma Bohsali Kombargi）的《伊斯蘭主義在阿爾及利亞、埃及、蘇丹的政治活動》[3]、扎希德（Mohammed Zahid）與梅德利（Michael Medley）的《穆兄會在埃及和蘇丹》[4]都是對穆兄會歷史的回顧與分析。除此之外，阿卜杜勒‧拉希姆‧阿里（Abd el Rehim Ali）有四本相關的代表作，分別介紹了穆兄會的內部改革進程[5]；穆兄會對科普特人、民主、婦女和藝術問題的宗教法令[6]；從班納到阿可夫的穆兄會情況[7]；穆兄會的一些秘密檔案[8]。

卡里‧威克姆（Carrie Rosefsky Wickham）長期以來關注埃及穆兄會和政治伊斯蘭的發展狀況，他對穆巴拉克時期埃及穆兄會的思想變化和政治轉型有深入研究。威克姆二〇〇二年的著作《動員伊斯蘭：埃及的宗教、行動主義與政治變遷》[9]指出，世俗主義在埃及社會正在逐漸衰退，相對應的，伊斯蘭的力量在政治上開始顯現，如何處理好世俗主義與伊斯蘭主義的關係影響埃及未來的政治發展和社會經

---

2　Michelle Paison, "The History of the Muslim Brotherhood: The Political, Social and Economic Transformation of the Arab Republic of Egypt", *NIMEP Insights* 4 (2009).

3　Asma Bohsali Kombargi, "The Politics of Islamists in Algeria, Egypt and the Sudan" (Doctoral Dissertation, University of Houston, 1998).

4　Mohammed Zahid and Michael Medley, "Muslim Brotherhood in Egypt & Sudan", *Review of African Political Economy* 33.110 (2006), pp. 693-708.

5　Abd el Rehim Ali, *The Muslim Brotherhood: The Crisis of the Reformist Trend* [Arabic] (Cairo: Almahrosa Press, 2005).

6　Abd el Rehim Ali, *Scenarios Before a Fall* [Arabic] (Cairo: Mahrosa Center for Publication, 2004).

7　Abd el Rehim Ali, *The Muslim Brotherhood From Hassan al-Banna to Mahdi Akef* [Arabic] (Cairo: Mahrosa Center for Publication, 2007).

8　Abd el Rehim Ali, *The Muslim Brotherhood: Reading in the Classified Files* [Arabic] (Cairo: The Egyptian General Book Organization, 2011).

9　Carrie Rosefsky Wickham, *Mobilizing Islam: Religion, Activism, and Political Change in Egypt* (New York, NY: Columbia University Press, 2002).

濟前景。威克姆還研究了埃及中間黨（瓦薩特黨）從穆兄會分離的歷史、埃及職業協會的伊斯蘭趨勢、穆兄會與埃及二〇一一年革命等問題。另外，在二〇一三年的新作《穆斯林兄弟會的演變》[10]中，威克姆系統地梳理了穆兄會的發展歷程，分析了穆兄會走向政治和溫和化的過程和原因，並展開討論了穆兄會在二〇一一年埃及革命中的角色。該書是探討穆兄會歷史的一本重要著作，唯一可惜的是沒有囊括穆爾西執政始末研究。穆罕默德・扎希德（Mohammad Zahid）在《穆兄會與埃及權力繼承危機》一書中，先是闡述了穆巴拉克執政中後期埃及的經濟狀況和政治危機，而後梳理了穆兄會變遷的歷史，最後分析了權力繼承危機中穆兄會的角色、作用和影響，並對埃及政治走勢做了預測。[11]扎希德的工作，為我們洞悉二〇一一年埃及革命發生的歷史背景提供了堅實的基礎。

除了國際學界對穆兄會的歷史研究，穆兄會自己的歷史學者也做出了很多相關工作，具有很高的參考價值。戈馬・艾明（Goma Amin）主編出版了一系列的穆兄會歷史文本，包括《來自伊瑪目班納的遺產》[12]等。穆兄會歷史學家阿巴斯・賽西（Abbas El Sissy）依據自己的個人觀察，寫了七本穆兄會相關著作，包括《在穆斯林兄弟會的車隊裡》[13]。伊斯蘭「中間主義」的宣導者、著名的穆斯林學者優素福・卡拉達維（Youssef El Qaradawy）著作等身，他對穆兄會的歷史解釋也是一個重要的文獻來源。

10 Carrie Rosefsky Wickham, *The Muslim Brotherhood: Evolution of an Islamist Movement* (Princeton, NJ: Princeton University Press), 2013.

11 Mohammed Zahid, *The Muslim Brotherhood and Egypt's Succession Crisis: The Politics of Liberalisation and Reform in the Middle East* (London: Tauris Academic Studies, 2010).

12 Goma Amin ed., *From the Heritage of Imam al-Banna, Book I~XI* [Arabic] (Alexandria: Islamic Publication and Distribution, 2004-2006).

13 Abbas El Sissy, *In a Convoy of the Muslim Brotherhood, Book I-IV* [Arabic] (Alexandria: Dar al-Qabas for Publication and Distribution, 1987-1990).

中國內地方面，鐘山[14]是最早對埃及穆兄會歷史給予關注的學者。
長期關注埃及近現代史的楊灝城[15]也對穆兄會歷史有一定研究，其著
作《當代中東熱點問題的歷史探索——宗教與世俗》對埃及世俗政權
與穆兄會的關係做了較詳細的分析。劉中民在《挑戰與回應：中東民
族主義與伊斯蘭教關係評析》[16]中，分析了世俗民族主義同政治伊斯
蘭的衝突與調和，並討論了穆兄會對埃及政治變遷的影響。畢健康在
《埃及現代化與政治穩定》[17]中，專門分析了穆兄會與埃及社會、埃及
政府、伊斯蘭激進勢力和中東各方力量的錯綜複雜的關係。除此之外，
楊曉璐[18]、雷昌偉[19]、史朝軍[20]、蔣灝[21]、張媛媛[22]等人也在穆兄會歷史
方面做了大量的工作，他們的研究縱跨穆兄會政治參與和政黨化問
題、穆兄會與政府的關係、穆兄會在埃及之外的發展等。張亞麗[23]、

---

14 鐘山：〈埃及穆斯林兄弟會的產生與發展〉，《西亞非洲》1982年第1期。

15 楊灝城對埃及近現代史的研究可謂廣博，其著作包括《埃及近現代史》、《列國志：
埃及》、《納賽爾和薩達特時代的埃及》、《當代中東熱點問題的歷史探索——宗教與
世俗》等。

16 劉中民：《挑戰與回應：中東民族主義與伊斯蘭教關係評析》（北京：世界知識出版
社，2005年）。另外，劉中民還在〈伊斯蘭復興運動與當代埃及〉一文中分析了政治
伊斯蘭對埃及當下的影響。

17 畢健康：《埃及現代化與政治穩定》（北京：社會科學文獻出版社，2005年）。

18 楊曉璐：《埃及穆斯林兄弟會政黨化問題研究》（北京：外交學院博士論文，2011
年）。

19 雷昌偉：《試論埃及穆斯林兄弟會政治動員和參與》（北京：中國社會科學院碩士論
文，2013年）。

20 史朝軍：《埃及穆斯林兄弟會興起與執政挑戰研究》（北京：外交學院碩士論文，
2013年）。

21 蔣灝：《埃及穆巴拉克政權對穆斯林兄弟會的政策研究》（上海：上海外國語大學博
士論文，2011年）。

22 張媛媛：《巨變前後埃及穆斯林兄弟會的政治發展》（上海：上海外國語大學碩士論
文，2013年）。

23 張亞麗：《埃及穆斯林兄弟會研究》（福州：福建師範大學碩士論文，2009年）。

馬傑[24]則從穆兄會的發展歷史出發，探討穆兄會對埃及政治、地區局勢以及伊斯蘭世界的影響。哈全安[25]、丁隆[26]等也保持著對埃及穆兄會政治走向和發展趨勢的關注，並分析這些變化對埃及和地區的影響。

## 二 穆兄會的政治思想與意識形態研究

　　埃及穆斯林兄弟會的政治思想和意識形態方面，來自穆兄會的直接材料和學者們的分析同樣重要。一般認為，穆兄會歷屆總訓導師和訓導局成員的著作、言論和觀點，穆兄會穆夫提發布的法特瓦（fatwas，宗教法令），穆兄會議員的立場和發言等，都可以在一定程度上代表穆兄會的政治立場和思想意識。另外，穆兄會的官方檔，如一九九四年政綱、二〇〇五年對埃及改革原則的意見、二〇〇七年黨綱草案、二〇一一年競選綱領等，都是其政治主張的展現。穆兄會第七任總訓導師阿夫卡也指出：除了穆兄會訓導局的集體立場，其他穆兄會成員的一切言論都只是個人的觀點，不能代表穆兄會整體的意識形態。

　　學者對穆兄會政治思想和意識形態的研究也有很多。英國蘇塞克斯大學的馬里茲‧塔德羅斯（Mariz Tadros）在《當代埃及的穆斯林兄弟會：民主的再定義還是民主的約束？》[27]一書中，詳細闡述了穆巴拉克時期埃及穆斯林兄弟會的政治思想變遷，包括其對世俗主義和伊

---

24 馬傑：《埃及穆斯林兄弟會發展演變研究》（昆明：雲南大學碩士論文，2013年）。

25 哈全安：〈埃及穆斯林兄弟會的演變〉，《西亞非洲》2011年第4期，頁25-31；哈全安：〈埃及現代政黨政治的演變〉，《南開大學學報（哲學社會科學版）》2007年第4期，頁133-140。

26 丁隆：〈埃及穆斯林兄弟會的崛起及其影響〉，《國際政治研究》2011年第4期，頁21-33；丁隆：〈後穆巴拉克時代的埃及穆斯林兄弟會〉，《阿拉伯世界研究》2012年第1期，頁37-51。

27 Mariz Tadros, *The Muslim Brotherhood in Contemporary Egypt: Democracy Redefined or Confined?* (Oxford: Routledge, 2012).

斯蘭間關係的認識，對政治多元主義、科普特人權益、婦女和性的態
度等。美國頗負盛名的伊斯蘭學者和中東問題專家 J. L. 埃斯波西托也
曾討論穆兄會問題。不同於媒體和部分學者對「伊斯蘭威脅」的鼓
吹，埃斯波西托在《伊斯蘭威脅：神話還是現實？》[28]和《誰為伊斯
蘭講話？》[29]兩本書中從客觀、理性的角度看待伊斯蘭文明與西方文
明之間的糾葛。

　　有關穆兄會主要人物的政治實踐和思想意識，學者們較多關注哈
桑・班納和賽義德・庫特卜。不過，隨著對穆兄會研究的深入，學者
們開始更多地關注穆兄會其他領導人物，芭芭拉・佐爾納（Barbara H.
E. Zollner）的著作《穆斯林兄弟會：哈桑・胡代比及其思想》[30]是其
中典型。哈桑・胡代比是穆兄會的第二任總訓導師，在任期間極力抵
制極端主義思想在穆兄會內的氾濫，致力於穆兄會的非暴力化。佐爾
納認為，正是胡代比及其追隨者的努力推動了穆兄會的轉型，構建了
今天的穆兄會意識形態。

　　中國大陸方面，畢健康、王泰、丁俊等人都研究過穆兄會的政治
思想和意識形態。畢健康曾專門辟文討論了穆兄會的宗教與政治、和
平與暴力的二重性問題[31]，同時分析了穆兄會思想在穆巴拉克時期的
新變化[32]。王泰在其博士論文中考察了政治伊斯蘭與埃及威權主義的
關係和相互作用。除此之外，他還關注了埃及政治現代化進程中的宗

28 J. L. 埃斯波西托（John L. Esposito）著，東方曉、曲紅等譯：《伊斯蘭威脅：神話
　　還是現實？》（北京：社會科學文獻出版社，1999年）。

29 J. L. 埃斯波西托（John L. Esposito）、達麗亞・莫格海德（Dalia Mogahed）著，晏瓊
　　英等譯：《誰代表伊斯蘭講話？》（北京：中國社會科學出版社，2010年）。

30 Barbara H. E. Zollner, *The Muslim Brotherhood: Hasan al-Hudaybi and Ideology* (Oxford:
　　Routledge, 2009).

31 畢健康：〈試論埃及穆斯林兄弟會的二重性問題〉，《世界歷史》2004年第1期，頁87-
　　100。

32 畢健康：〈穆巴拉克時代的埃及穆斯林兄弟會〉，《西亞非洲》2004年第2期，頁48-52。

教世俗問題[33]，中間主義思潮對穆兄會的影響問題[34]。八〇年代以來席捲伊斯蘭世界的中間主義思潮，對埃及穆斯林兄弟會產生了不可估量的影響。丁俊[35]和周麗婭[36]對中間主義思潮的歷史背景、基本主張、代表人物及其影響做了研究，還分析了中間主義思潮對穆兄會的影響。劉雲在其《美國西亞北非關係中的伊斯蘭教因素研究》一書中，將政治伊斯蘭和穆兄會作為分析美國中東關係的一個變數，並分析了穆兄會與美國的相互認知和彼此間關係的發展。[37]

## 三　二〇一一年埃及革命與穆爾西執政始末研究

關於二〇一一年埃及革命前後穆兄會的政治參與，洛倫佐・費蒂諾（Lorenzo Vidino）、埃里克・特拉格（Eric Trager）、內森・布朗（Nathan J. Brown）、伊斯梅爾・易卜拉欣・馬克迪西（Ismaeel Ibraheem Makdisi）等人做了大量的研究。

洛倫佐・費蒂諾長期關注穆兄會組織在中東和歐洲的擴散，他在《阿拉伯之春後的穆兄會：戰術、挑戰和前景》[38]一文中，不僅分析了埃及穆兄會的政治參與情況，還考察了突尼斯、加沙、約旦等地穆

---

33　王泰：〈埃及現代化進程中的世俗政權與宗教政治〉，《世界歷史》2011年第6期，頁52-61。

34　王泰：〈埃及伊斯蘭中間主義思潮的理論與實踐〉，《西亞非洲》2012年第2期。

35　丁俊對中間主義思潮的研究由一系列的文章構成，其中包括對該運動代表人物阿亞圖拉・泰斯希里、優素福・蓋拉達維思想的分析。

36　周麗婭：《當代伊斯蘭「中間主義」思潮研究》（西安：西北大學碩士論文，2012年）。

37　劉雲：《美國西亞北非關係中的伊斯蘭教因素研究》（杭州：浙江人民出版社，2013年）。

38　Lorenzo Vidino, "The Muslim Brotherhood after the Arab Spring: Tactics, Challenges and Future Scenarios", *European View* 12.2 (2013), p. 319.

兄會分支的情況。另外，早在二〇一一年革命推翻穆巴拉克時，洛倫佐・費蒂諾判斷穆兄會有奪取埃及最高權力的可能性[39]，後續的歷史也證明了他的判斷。華盛頓中東研究所的埃里克・特拉格在二〇一一年革命後赴埃及訪學，採訪了埃及政府、軍方、媒體和社會各界精英，獲得很多第一手資訊，並基於這些資料分析研究了埃及變局中穆兄會的發展。[40]

　　內森・布朗也一直關注埃及和巴勒斯坦的政治伊斯蘭運動，二〇一一年變局後他寫了兩本關於穆兄會走向權力的著作，即《當勝利可期：埃及穆斯林兄弟會面臨成功》[41]和《當勝利不再：阿拉伯世界中的伊斯蘭主義運動》[42]。另外，布朗還與阿姆魯・艾爾希波克（Amr Elshobaki）、克里斯蒂娜・卡奧西（Kristina Kausch）和阿爾瓦羅・德洛斯（Álvaro de Vasconcelos）合著有《埃及民主化與穆斯林兄弟會》一書[43]。卡爾希波克和卡奧西長期關注歐洲與伊斯蘭世界圍繞政治伊斯蘭的糾葛問題。馬克迪西在其博士論文《獨裁國家的集體行動：穆兄會在埃及》[44]中，基於社會運動理論分析穆兄會在埃及社會的角色，文中對穆兄會的政治參與也著墨甚多。除此之外，法爾哈・加納姆

---

39 Lorenzo Vidino, "Lessons Learnt: Post-Mubarak developments within the Egyptian Muslim Brotherhood", *Arts and Humanities Research Council (AHRC), UK* 9 (2011).

40 Eric Trager, "Egypt's Muslim Brotherhood Sticks With Bin Laden", *The Atlantic Mobile* 3 (2011).

41 Nathan J. Brown, "When Victory Becomes an Option: Egypt's Muslim Brotherhood Confronts Success", Carnegie Endowment for International Peace (2012).

42 Nathan J. Brown, *When Victory is Not an Option: Islamist Movements in Arab Politics* (Ithaca, NY: Cornell University Press, 2012).

43 Nathan J. Brown, Amr Elshobaki, Kristina Kausch, and Álvaro de Vasconcelos, *Egyptian democracy and the Muslim Brotherhood*, Institute for Security Studies November 2011.

44 Ismaeel Ibraheem Makdisi, "Collective Action in Authoritarian States: The Muslim Brotherhood in Egypt" (Doctoral Dissertation, University of Illinois Chicago, 2006).

（Farha Ghannam）[45]、穆罕默德・埃爾菲基（Mohamed El-Fiki）和蓋爾・羅索（Gail Rosseau）[46]、馬里斯・格拉修斯（Marlies Glasius）和傑弗里・普萊耶斯（Geoffrey Pleyers）[47]、奈拉・哈姆迪（Naila Hamdy）和埃哈卜・戈馬（Ehab H. Gomaa）[48]、穆罕默德・赫爾米（Mohamed M. Helmy）和薩賓・弗里希斯（Sabine Frerichs）[49]等人分別從不同的角度來分析二〇一一年埃及革命發生的背景、原因、過程和影響，以及穆兄會的參與情況。

研究穆爾西執政始末和二〇一三年軍事政變後的穆兄會發展趨勢的文獻較少。約書亞・哈伯（Joshua Haber）和赫利亞・伊加尼（Helia Ighani）的博士論文《革命後埃及的外交政策：一種微妙的平衡》[50]有重要價值。該文整理了穆爾西時期埃及政府的外交歷程，基於此分析了穆爾西政府的外交理念。值得一提的是，該文認為埃及穆兄會事實上是一個民族主義力量，而不是完全致力於真主的事業。

總的來看，國際學界對埃及穆兄會的研究已相當充分，但國內學界則仍有不足，迄今為止沒有一部專門介紹埃及穆兄會歷史的著作。本書的目的就是彌補這一遺憾。

---

45 Farha Ghannam, "Meanings and Feelings: Local Interpretations of the use of Violence in the Egyptian Revolution", *American Ethnologist* 39.1 (2012), pp. 32-36.

46 Mohamed El-Fiki and Gail Rosseau, "The 2011 Egyptian Revolution: A Neurosurgical Perspective", *World Neurosurgery* 76.1 (2011), pp. 28-32.

47 Marlies Glasius and Geoffrey Pleyers, "The Global Moment of 2011: Democracy, Social Justice and Dignity", *Development and Change* 44.3 (2013), pp. 547-567.

48 Naila Hamdy and Ehab H. Gomaa, "Framing the Egyptian Uprising in Arabic Language Newspapers and Social Media", *Journal of Communication* 62.2 (2012), pp. 195-211.

49 Mohamed M. Helmy and Sabine Frerichs, "Stripping the Boss: The Powerful Role of Humor in the Egyptian Revolution 2011", *Integrative Psychological and Behavioral Science* 47.4 (2013), pp. 450-481.

50 Joshua Haber and Helia Ighani, "A Delicate Balancing Act: Egyptian Foreign Policy after the Revolution", *IMES Capstone Paper Series* (2013).

# 主要問題和全書框架

本書的主要目標是闡釋清楚埃及穆兄會的歷史發展，包括其意識形態、政治思想、社會功能、與政府關係的變化。為此，本研究的內容聚焦於：一、自成立以來埃及穆兄會的組織形態、行為方式、意識形態和政治地位；二、穆兄會對埃及政治、經濟、社會和文化生活的影響；三、埃及政府、埃及民眾、中東各國政府、歐美政府和國際輿論對穆兄會的認知和態度變化。

全書正文包括六章。第一章分析穆兄會創立的歷史背景、哈桑・班納的個人思想和創立穆兄會的源起。在此基礎上，對穆兄會的早期政治組織和意識形態進行梳理，並總結其在埃及政治演進中的角色。穆兄會在過渡時期（1949-1951）的困境，也需要簡要分析。

第二章聚焦於一九五一至一九七三年埃及穆兄會的艱難時期。這一時期，穆兄會遭遇了一九五四年、一九六五年兩次大規模的鎮壓，其與政府的關係處於極度緊張狀態。也正式在這一時期，穆兄會完成溫和派和激進派的切割。奉賽義德・庫特卜為人生導師的一批人逐漸極端化，最終催生了宗教恐怖主義。而穆兄會主體則在總訓導師哈桑・胡代比的帶領下，秉持溫和化的策略，最終實現了同埃及政府的和解。

第三章聚焦於一九七〇至一九八〇年埃及穆兄會的溫和化進程。薩達特大赦前，穆兄會即已自我約束。薩達特大赦後，哈桑・胡代比堅持的溫和化政策被證明是可以走向成功的。胡代比之後的幾任總訓導師，繼續貫徹著胡代比的策略，終於讓穆兄會在埃及政治與社會生活中有了一席之地。也正是在這一時期，穆兄會深入埃及校園，吸納了一批親伊斯蘭主義的學生，他們未來將成長為穆兄會的「中間一代」。

　　第四章分析一九八一至二〇一〇年間埃及穆兄會的成長，包括「監獄一代」領導下穆兄會向埃及議會和各大行業協會的滲透、中間主義思潮對穆兄會的影響、年輕一代的崛起及其對穆兄會意識形態的衝擊。

　　第五章致力於分析穆兄會在埃及民主化中的角色、地位、作用和影響，分為三個部分：埃及權力繼承危機中的穆兄會、二〇一一年革命中的穆兄會、過渡政府時期的穆兄會。穆兄會如何一步步掙扎著走向權力，是本章要討論的主要內容。

　　第六章研究穆爾西執政始末，以及其遭遇軍事政變的原因。從二〇一二年七月履職到二〇一三年七月遭廢黜，穆爾西及其背後的穆兄會在埃及政壇的最高地位，似乎只是曇花一現。什麼因素導致穆爾西政府的垮臺，是本章要解答的主要問題。穆爾西垮臺後埃及穆兄會走向何方，也要做一定程度的分析。

　　結語部分將在總結穆兄會的意識形態、歷史進程和政治角色歷史演變的基礎上，深入探討「伊斯蘭主義與民族主義」、「政治伊斯蘭與激進主義」、「伊斯蘭教與民主化」等關鍵問題。

# 第一章
# 哈桑‧班納與埃及穆兄會的早期歷史（1928-1951）

　　埃及有著歷史悠久的文明，古波斯文明、古希臘文明、古羅馬文明、伊斯蘭文明都在這片土地上留下了各自的痕跡。它們有的只能通過恢弘的遺跡來追溯，有的埋藏於故紙堆中，有的仍然活著。埃及社會無疑是多元的，伊斯蘭文明在其中佔據最大分量。伊斯蘭文明自西元七世紀進入埃及以來，歷時接近一千三百多年。埃及社會深深鐫刻著伊斯蘭屬性，這是穆兄會在埃及誕生並呼籲「回歸純潔的伊斯蘭」的歷史背景。

　　穆斯林兄弟會扎根於一戰後的埃及社會，更是有著深刻的時代背景。自拿破崙入侵埃及以來，越來越多的歐洲士兵、官員、學者、探險家和尋求暴富者來到這片土地，他們不僅深刻影響著埃及政治，還通過經濟、文化活動深深地刺激了埃及社會。第一次世界大戰時，英國人與土耳其人在蘇伊士運河以東爭鋒，其對埃及的控制和壓榨也變本加厲。在此刺激下，穆兄會作為埃及社會的另一股反西方力量，於一九二八年崛起於伊斯梅利亞的運河之畔。穆兄會作為現代伊斯蘭主義的急先鋒，它與埃及民族主義的關係錯綜複雜，既存鬥爭，又有合作。這種競合在穆兄會與埃及華夫脫黨的關係中得到集中體現。

　　一九二八至一九三八年這十年，穆兄會以伊斯梅利亞為中心快速發展。此時的班納及其追隨者，專注於提供社會服務、反對陋習、規訓和學習。但當穆兄會急劇擴張後，班納的雄心也被激發，開始進軍

埃及政治。一九三六年，執掌埃及政府的華夫脫黨魁納哈斯同英國就
英埃關係、蘇伊士運河撤軍等問題達成協定。這個被稱為《一九三六
年英埃協定》的條約遭到埃及社會反英力量的嚴厲抨擊，由此掀起的
社會輿論熱潮，為穆兄會擴大群眾基礎提供了契機。

　　一九三八至一九四八年，穆兄會成員數量和分支數量持續增加，
其影響力也不斷上升。這期間，穆兄會兩次組織成員參加埃及議會選
舉，但均無功而返。與此同時，發生在巴勒斯坦的阿拉伯人與以色列
人的衝突，使穆兄會開始關注中東地區事務。穆兄會支持巴勒斯坦人
的鬥爭事業，為其奔走呼號，並派志願軍參加了一九四八年的第一次
中東戰爭。一九四八年前，穆兄會大體上貫徹著「非暴力」改造伊斯
蘭社會的原則。參與一九四八年中東戰爭後，穆兄會開始建立了自己
的半軍事組織及其指揮機構「特殊事務部」。特殊事務部捲進多起針
對猶太人、英國人和埃及政府的暴亂和刺殺事件中。

　　穆兄會「暴力」一面的過度膨脹，引起了埃及諾克拉西政府的警
惕。諾克拉西總理開始打壓穆兄會，逮捕其成員、沒收其財產。作為
報復，穆兄會特殊事務部的成員於一九四八年十二月二十八日刺殺了
諾克拉西，從而引發了埃及政壇地震。隨後，埃及政府開始對穆兄會
全力鎮壓。一九四九年二月十二日，哈桑・班納被政府特工暗殺。哈
桑・班納的時代由此結束。

# 第一節　穆兄會成立的歷史背景

　　西方列強在埃及的帝國侵略和殖民歷史，最早追溯到一七九八年
拿破崙・波拿巴入侵埃及。在此之前的四百年裡，埃及一直是奧斯曼
土耳其帝國的一個行省。一七九八年七月，拿破崙率領三萬五千名士
兵、二千門大炮和一百七十五名各行各業的學者在亞歷山大城登陸，

從而開始了他的中東征服之旅。[1]關於拿破崙入侵埃及的動機，存在很多爭議。流傳最廣的說法是拿破崙希望截斷英國與其最大的殖民地印度的陸路交通，打擊英國在中東的勢力。[2]但更可信的說法是拿破崙的浪漫主義情懷，疊加了法國一直存在著殖民奧斯曼帝國的夢想。[3]七月二十一日，法軍在金字塔之戰中擊敗埃及馬穆魯克軍團。七月二十五日，拿破崙佔領開羅。從一七九八年七月到一八〇一年夏法國佔領埃及的短短三年裡，雖然對埃及社會的擾動並不深，但卻極大的改變了埃及與外部世界的關係。

　　拿破崙遭遇失敗之後，來自阿爾巴尼亞的土耳其軍人穆罕默德・阿里逐漸掌握了埃及的權力，隨後開啟了長達一百五十年的埃及阿里王朝（1805-1953）。一八〇五年，阿里已經取得了駐紮在埃及的土耳其阿爾巴尼亞人分遣隊和埃及商人、宗教領袖的擁護，並從伊斯坦布爾獲得了埃及帕夏的職位。但是到一八〇七年，他又不得不應對英國人的入侵。

　　根據英法亞眠合約的規定，英軍於一八〇三年撤離了埃及。但此時，英國與奧斯曼帝國的關係惡化。英國一直希望將埃及納入到自己的殖民體系中，以溝通英國本土與印度的聯繫。一八〇七年三月，一支英國遠征軍在亞歷山大登陸，並沿著拿破崙曾經的進軍路線前進。不同的是，他們在拉希德遭到了阿里軍隊的阻擊，先鋒隊被截斷，很多士兵被俘虜。殘存的英軍退守亞歷山大城，隨後被圍困，直到英國與阿里達成協議。一八〇七年英埃戰爭，暫時遏制了西方帝國主義的

---

1　楊灝城：《埃及近代史》（北京：中國社會科學出版社，1985年），頁20。

2　詹森・湯普森（Jason Thompson）著，郭子林譯：《埃及史：從原初時代到當下》（北京：商務印書館，2012年），頁222。

3　M. W. Daly ed., *The Cambridge History of Egypt, Volume 2* (Cambridge: Cambridge University Press, 1998), pp. 116-117.

入侵，為埃及的現代化發展贏得了良機。這次戰役，也是近代埃及抗擊西方殖民入侵的第一次真正意義上的勝利。

阿里取得抗英勝利後，開始依照英法的經驗進行埃及現代化改革，這就是著名的穆罕穆德·阿里改革。穆罕穆德·阿里改革不僅鞏固了阿里王朝的統治，也從客觀上促進了埃及社會經濟的發展，改變了埃及的社會面貌，從而拉開了埃及近代史的序幕。但是，阿里的大規模對外入侵，將改革的成果消耗殆盡。從一八一一年開始，阿里先後派軍遠征努比亞、西南阿拉伯半島、希臘，並與宗主國奧斯曼土耳其發生了兩次大規模戰爭。阿里的大肆擴張，令英法等國恐慌。他們一方面擔心阿里征服會瓦解奧斯曼帝國，從而使北方的俄羅斯加速南下並掌控中東；另一方面，他們也害怕中東出現一個嶄新的強盛穆斯林王朝，阻礙到殖民擴張進程。為此，在第二次埃土戰爭中，英法糾集西歐多國進行武裝干涉，迫使阿里不得不承認失敗並遵守西方列強強加的不平等條約。從此之後，埃及雖然實際上脫離了土耳其的統治，但卻陷入到西方（尤其是英法）持續不斷的影響之下。

阿里死後的埃及史，就是一部埃及人與西方殖民主義者不斷鬥爭、博弈的歷史。阿巴斯一世（1848-1854在位）時期，阿里發動的很多改革都被取消了，這也使得阿巴斯被冠上極端保守主義者的名聲。儘管如此，阿巴斯仍不能阻止西方勢力在埃及的進一步滲透。一八五一年，英國迫使阿巴斯簽訂一條協議，要求建造一條鐵路將開羅和亞歷山大城連接起來。一八五六年，這條開羅—亞歷山大鐵路正式開通。隨後，另外一條溝通開羅和蘇伊士城的鐵路也正式通車。這兩條鐵路，構建了從地中海到紅海的陸路交通系統。這兩條鐵路建立後，埃及尼羅河三角洲地區都被納入到鐵路的輻射範圍，下埃及所有的大城市都將直接面對西方的衝擊。當蒸汽輪船被引入埃及時，上埃及到蘇丹的廣大地區都被歐洲人踏在了腳下。鐵路將尼羅河與世界連接在一起，使埃及內地直面歐洲的衝擊，這對埃及來說並非是個好事。

　　埃及帕夏穆罕穆德‧賽義德（1854-1863在位）任內最重要的活動就是修建蘇伊士運河。一八五四年，法國人費迪南‧德‧雷塞普斯向賽義德提出修建蘇伊士運河的建議時，賽義德欣然認可。一八五九年蘇伊士運河正式開工，一九六九年建成並正式通航。[4] 蘇伊士運河對埃及有重要意義，但它帶來的不是幸福，而是無窮無盡的苦難。有人就說：「不是埃及擁有了蘇伊士，而是蘇伊士擁有了埃及！」如果說鐵路將尼羅河谷底與世界連接起來，那麼蘇伊士運河則是將埃及變成世界範圍內的兵家必爭之地。

　　埃及赫迪夫伊斯梅爾（1863-1879在位）登位初期，蘇伊士運河仍在建造當中。伊斯梅爾比之前的埃及君主更加青睞西方，他想建立超過其祖父穆罕穆德‧阿里的業績。在其任內，他大規模改造開羅城市，修建了很多的宮殿，包括著名的阿布丁宮。他重新擴大了埃及軍隊到十二萬人，先後遠征了蘇丹、阿比西尼亞和紅海西海岸。伊斯梅爾維持著一種極度慷慨的生活方式，大肆揮霍埃及的財富。當無法從埃及農民身上壓榨出更多的東西時，伊斯梅爾轉而求助於歐洲的貸款來彌補財政虧空。從一八六二年埃及向英國第一筆三百二十九萬英鎊的貸款開始，一八六三至一八七六年間伊斯梅爾共舉外債七次，貸款金額六八四九點七萬英鎊，實際獲得的只有四七五七點三萬，超過二千萬英鎊被用作代辦費、發起費和風險費。埃及還得承受每年超過百分之七的利率。

　　如果說穆罕穆德‧阿里是近代埃及的創造者、奠基人，那麼伊斯梅爾無疑是埃及獨立地位的埋葬者。到一八七五年左右，埃及每年三

---

4　蘇伊士運河詳細的修建情況，參見詹森‧湯普森著，郭子林譯：《埃及史：從原初到當下》，頁238-240；楊灝城：《埃及近代史》，頁20。

分之一的收入要用於還債，伊斯梅爾已經絕望了。一八七五年十一月
二十四日，伊斯梅爾將埃及政府和自己個人持有的總計約百分之四十
四的蘇伊士運河公司的股票，以僅僅四百萬英鎊的低價（時價的不到
四分之一）賣給英國政府。自此，埃及數十萬勞工十年的汗水、淚水
和血水，被一朝斷送。

　　一八七八年，伊斯梅爾迫於巨額債務的壓力[5]，在埃及設立「二
元控制委員會」，延續英國和法國對埃及國家收入和政府管理進行
「雙重監督」。雙重監督委員會為了收集資金用於還債，嚴厲監督埃
及財政部的運轉，使得埃及政府失去了對財政部的控制，隨後其他政
府部門也開始受到委員會的強烈影響。正如一個歷史學家所言，西方
國家和債主利用埃及人的債務建立了一個國中之國，並最終佔領了這
個國家。伊斯梅爾也曾試圖扭轉這一局勢，他曾鼓動軍官暴動，並以
此為藉口解散了二元控制委員會。面對抵抗，一八七九年六月英國利
用其對奧斯曼帝國的影響力，指使伊斯坦布爾發布飭令廢黜了伊斯梅
爾，扶持其子陶菲克擔任埃及赫迪夫。

　　陶菲克登位後，雙重監督被重新建立，年輕的伊夫林・巴林（後
來被稱為克羅默勳爵）通過重建的二元控制委員會事實上控制了埃及
政府。值此之時，埃及民族主義者們喊出了「埃及是埃及人的埃及」
的吶喊。陸軍上校艾赫邁德・奧拉比將軍官、學生和農民團結起來，
開始謀求擺脫英法對埃及內政的掣肘。一八八二年六月十一日，亞歷
山大發生了埃及人與歐洲人的暴力衝突，導致了七十五名歐洲人和一
百六十三名埃及人的死亡。這給了英法武裝干涉的藉口。

　　一八八二年八月，英軍入侵蘇伊士運河。九月十三日，在靠近尼

---

5　此時伊斯梅爾的總債務已經達到一億英鎊。這個數字在今天幾乎沒有太大意義，但
　對當時的埃及政府卻是天文數字。那時埃及每年的財政預算還不到一千萬英鎊。

羅河三角洲的凱拜爾，英軍遭遇奧拉比帶領的埃及軍隊的抵抗。雖然埃及軍隊英勇抵抗，但被擊敗。隨後，英軍佔領開羅，陶菲克在英國的支持下重新成為埃及的君主。但是，此時的埃及君主，已經不再是埃及人的領袖，反而成為了英國對埃及殖民統治的工具。埃及由此進入英國佔領時期（1882-1956）。

英軍佔領下的埃及，事實上成為了大英帝國的殖民地。成為埃及總領事的克羅默勳爵（即伊夫林‧巴林）一直不斷宣傳：「埃及人不能很好的統治自己，需要在英國的監督下生活……埃及還沒有培養出可以成為合格管理者的人。」這種毫無根據的觀點，成為英國人統治埃及的合法依據，在英國國內頗具影響力。但是，英國的文化霸權和嚴密的殖民控制斷絕不了埃及人的反抗。一九〇四年，爆發了震驚埃及內外的丹沙微事件。因穆斯塔法‧卡米勒第一時間將此事披露在法國的報紙上，使英國人的暴行遭到世界輿論的指責。丹沙微事件之後，埃及民族主義的力量正式覺醒，穆斯塔法‧卡米勒領導的埃及新祖國黨隨即成立，並確立了反對英軍佔領、爭取英國撤軍的政治目標。英國統治埃及的根基，被徹底動搖了。

一九一四年第一次世界大戰爆發後，奧斯曼土耳其帝國加入到德意奧同盟國陣營，並隨後開始計畫重新征服埃及。英國隨即於一九一四年十二月十八日宣布埃及為其保護國，從而撕去了「埃及獨立」的偽裝。

戰爭強化了埃及人的仇恨和民族主義的力量，只待爆發。一九一七年秋開始的華夫脫運動，是埃及民族主義者非暴力爭取脫離英國殖民制度的重要嘗試，它在一九二二年結出碩果。在埃及民族主義者的巨大壓力下，英國政府不得不於一九二二年二月二十八日宣布結束對埃及的保護。埃及重新成為獨立的主權國家，但是英國為埃及獨立設置了諸多限制條款，這些後來被人們稱為「保留條款」。

　　一九二七年扎格盧勒死後，穆斯塔法・納哈斯成為華夫脫黨新的
領袖，再度開啟了與英國人就「保留條款」的談判。但也有人認為他
與英國人合作，並將埃及民族主義引入了錯誤的方向。一九三六年八
月二十六日，納哈斯代表埃及與英國外相安東尼・艾登簽訂了《英埃
條約》。英國駐埃及軍隊被減少到一萬人，並被限制在蘇伊士運河的
基地中。英國對蘇伊士運河的所有權被限制在二十年，英國高級專員
職務被廢除。埃及人在國際聯盟中的成員國身份被提高，外國人在埃
及的特權被削減。

　　埃及的一切似乎開始好轉，但英國人並未真正的離開埃及，蘇伊
士運河佔領區如一個傷疤始終留在埃及人的心中。而且，埃及人從不
懷疑，一旦開羅忤逆倫敦的意志，英國的軍隊將重新降臨在埃及。埃
及穆斯林兄弟會，即創立於這種與英國糾纏反覆的殖民主義氛圍中。

## 第二節　哈桑・班納與穆兄會的創建

> 安拉之外，無人知道我們到底有多少個夜晚無法入眠，以思考
> 這個國家發生的一切……分析她衰弱的原因，以及如何才能拯
> 救她。這些問題困擾我們良久，直到我們在殘酷的現實面前默
> 默流淚。
>
> ——哈桑・班納，一九三九年

　　哈桑・班納一九〇六年生於下埃及布海拉省的馬赫穆迪亞市，父
親謝赫艾哈邁德・班納（Shaykh Ahmad al-Banna, 1881-1958）是一個
罕百里學派的伊瑪目，同時也是當地清真寺中的宣禮員和教師。馬赫
穆迪亞是尼羅河聯通馬赫穆迪亞運河的樞紐城市，從上埃及前往地中
海的商船需要通過馬赫穆迪亞運河，而從亞歷山大逆流而上的貨船也

要經過馬赫穆迪亞城。貿易給這座古老的城市帶來新的活力，也帶給它西方文化的巨大衝擊。小班納正是在這樣一個受西方文化強烈衝擊的城市中成長起來的。

雖然西方文化不斷衝擊著少年時的班納，但得益於其父的伊斯蘭教傳統，班納一直保持著對伊斯蘭教的虔誠信念。班納的父親曾收集整理了伊瑪目罕百里的經典文集，並將之整理命名為《罕百里聖訓集》。這項工作使得艾哈邁德‧班納與一些知名的埃及伊斯蘭學者建立了聯繫，這對班納日後的發展有重要作用。[6]

儘管受父親的罕百里派清教主義思想的薰陶，班納卻並未停下思想的腳步，他也從拉希德‧里達主辦的《燈塔》報中吸取靈感。《燈塔》報一直致力於宣傳阿富汗尼、穆罕穆德‧阿卜杜等人的伊斯蘭復興思想。此外，班納還深受蘇菲主義（Sufism）的影響，他曾不停歇地參加每週的蘇菲主義集體儀式「哈達」（Hadra），並成為蘇菲團體哈薩菲葉（al-Hassafiyya）的成員。[7]

一九一九年埃及革命時，班納只有十三歲，但卻第一次涉足到權力政治。班納曾在自傳中，傲慢的將自己與當時的知名活動家相提並論。雖然這些話在當時令人發笑，但之後的歷史似乎確如所言。班納參加了在達曼胡爾的遊行示威，出版了自己的政治小冊子，同時成立了青年改革會社。這一經歷也促成了班納的政治覺醒，並隨後點燃了他的宗教熱情。

班納一家在馬赫穆迪亞有很高的聲譽，因為班納父親既是一個伊瑪目也是教師。儘管如此，班納一家仍非埃及的精英階層，也受貧窮困擾。第一次世界大戰使埃及人民的生活陷入困苦，班納一家也不例

---

6　Richard Paul Mitchell, *The Society of the Muslim Brothers* (Oxford: Oxford University Press, 1993), pp. 1-2.

7　Richard Paul Mitchell, *The Society of the Muslim Brothers*, p. 2.

外。一九二四年，生活壓力使得班納一家不得不遷往開羅，但經濟情況並未好轉。經濟困難並沒有挫傷班納父母重視孩子教育的堅定決心。為了使家中的每一個孩子都能接受良好的教育，班納的母親賣掉了自己所有的首飾。而根據伊斯蘭教文化傳統，這是難以想像的。也正因此，後來班納回憶自己的母親時，總會感動不已。

在開羅的時光裡，班納被城市人們的生活方式所震驚。班納親眼目睹了伊斯蘭教價值觀的衰落，賭博、酒精、賣淫無處不在，物質享樂主義盛行，所謂的「社會解放運動」被奉為圭臬。這一切極大地觸動了年輕的班納。在班納的腦海中，開始區分出埃及社會兩種不同的意識形態陣營──世俗的和伊斯蘭的。而他認為，世俗主義正在不斷侵蝕著埃及的未來，它們通過無神論、自由主義、雜誌、書籍和報紙等一切可供使用的手段來向伊斯蘭的埃及發動進攻。[8]

為了與世俗主義戰鬥，班納不斷尋求志同道合之人，為此周旋於愛資哈爾大學、開羅法學院的校園里。在此期間，他與愛資哈爾大學的學者謝赫·優素福·迪吉威（Shaykh Yusuf al-Dijwi）相識。迪吉威早已建立了一個致力於伊斯蘭教改革的組織，他告訴班納：「因為『拯救』來自於對伊斯蘭的信仰，因此必須促進伊斯蘭價值觀的改革。」[9]班納不同意他的觀點，他更傾向於從社會角度而非個人角度來重建伊斯蘭信仰，主張建立一個切實行動的組織來實現穆斯林社會的再伊斯蘭化。出於這種認知，班納後在父親摯友的介紹下加入了開羅的穆斯林青年會。穆斯林青年會是當時埃及境內最具有威望的組織

8  Mohammed Zahid, *The Muslim Brotherhood and Egypt's Succession Crisis: The Politics of Liberalisation and Reform in the Middle East* (London: Tauris Academic Studies, 2010), p.70.

9  Brynjar Lia, *The Society of the Muslim Brothers in Egypt: The Rise of an Islamic Mass Movement, 1928-1942* (Reading: Ithaca Press, 1998), p. 22.

之一，主要宗旨是反對英國人，並宣稱「只要英國人的軍隊還在埃及人民的土地上，埃及人民就拒絕和英國人的一切和談」。在穆斯林青年會中，班納憑藉自己的口才贏得了包括青年會創始人阿卜杜・哈米德・賽義德等人的欣賞，並認識了很多埃及的上層人士。

一九二七年班納從達爾・烏魯姆學院畢業後，被埃及教育部任命為伊斯梅利亞一所小學的教師。伊斯梅利亞是蘇伊士運河重要的樞紐城市，國際蘇伊士運河公司的總部就在於此。與開羅相比，伊斯梅利亞受西方政治、文化的影響有過之而無不及。在伊斯梅利亞，有為數眾多的英國官員、軍人、傳教士和尋求機遇的英國平民。來往的船隻也在此停留，帶來了大量的歐洲商人和水手。歐洲人往往住在奢華的公寓中，享受高人一等的生活；而埃及本地人則不僅受到盤剝，而且不斷遭受西方文化的劇烈衝擊。班納目睹了這些，於是希望借助伊斯蘭復興的理想來喚醒人們的意識，以進行社會改革。

在授課之餘，班納經常來到伊斯梅利亞三個主要的咖啡屋，在此宣講他的伊斯蘭復興理念，號召人們「回歸純淨的伊斯蘭」。在這一次次宣講之中，班納鍛鍊了自己的說服力，並且形成了獨特的個人魅力。隨著時間的推移，越來越多的人為班納的思想所感召。他們形成一個小圈子，經常聚在一起討論時事和伊斯蘭復興的觀念，並希望班納來引領這種小規模的私人討論小組。正是在這種私人討論小組中，班納的思想開始深入人心。這種小規模的私人討論小組，也成為後來穆兄會思想傳播的主要方式。[10]

一九二八年五月，六名在英國軍營中工作的勞工拜訪了班納，他們為班納的思想所吸引，希望班納領導他們推動「伊斯蘭復興」的事

---

10 Richard Paul Mitchell, *The Society of the Muslim Brothers*, p. 9.

業。[11]班納被完全感動了，坦然接受了這一重任，並向安拉起誓：「要為伊斯蘭的信念而奮鬥終身。」組織的名字為班納所確定：「我們是為伊斯蘭而奮鬥的兄弟，因而，我們是穆斯林兄弟會。」[12]由此，穆斯林兄弟會出現在埃及這片流淌著血與淚的土地上。

穆兄會成立以前，埃及人抵抗西方殖民入侵的主要力量是阿里王朝統治者和埃及民族主義者。但是，作為封建主義勢力代表的阿里王朝統治者，在一八八二年以後就喪失了抵抗西方殖民統治的意志，為了自己的權位甘願屈從於英國間接統治。埃及民族主義者對西方入侵者既抵抗又妥協，致力於使用談判的手段來尋求埃及獨立和英國撤軍。穆兄會則是歐洲殖民主義最堅決的反對者。在封建主義、民族主義和伊斯蘭主義之中，代表伊斯蘭主義的穆兄會是當之無愧的強硬派。縱觀隨後的埃及歷史中，穆兄會從未與英國人、以色列人、美國人妥協過。他們指責英國人對埃及的佔領、斥責以色列人對巴勒斯坦的入侵、反對薩達特與以色列人謀求和平、站在薩達姆一邊反對美國人發動的伊拉克戰爭、指責美國人對中東的干涉……

## 第三節　穆兄會早期的政治組織和意識形態

穆兄會建立之後，很快形成了自己的上層機構和基層組織模式。穆兄會上層機構的核心是「訓導局」，其領袖為「總訓導師」。班納擔任穆兄會第一任總訓導師直至一九四九年被刺身亡。總訓導師之下有第一副訓導師和二至三位副訓導師。隨著穆兄會在中東各國的快速傳

---

11 Carrie Rosefsky Wickham, *The Muslim Brotherhood: Evolution of an Islamist Movement* (Princeton, NJ: Princeton University Press, 2013), p. 21.

12 Alastair Iain Johnston, "Conclusions and Extensions: Toward Mid-Range Theorizing and Beyond Europe", *International Studies Organization* 59.4 (2005), pp. 1021-1023.

播，穆兄會訓導局也發展成為國際性的領導機構，其成員構成包括總訓導師、八名埃及穆兄會成員和來自敘利亞、約旦、黎巴嫩、科威特、阿爾及利亞各國穆兄會分支的代表各一人。訓導局下設六個委員會，分別負責學生、勞工、農民、工人等工作領域。除了訓導局，穆兄會還設立了「舒拉委員會」，作為諮詢和協商機構。舒拉委員會由三十名委員組成，其中十七人由訓導局成員兼任，其餘的來自各個阿拉伯國家，另外還有歐洲和美國的穆斯林代表各一人。一九八九年舒拉委員會成員增至三十八人[13]，一九九五年達到一百至一百五十人[14]。除了總部機構，穆兄會還在埃及各地設立分支辦公室，以處理地方事務，協調基層組織。

　　穆兄會最基礎的單元是名為「家庭」的小型聚會團體。每個「家庭」的成員最多不超過五人（後來改為上限十人），他們常常聚到一起學習穆兄會和伊斯蘭學者的宗教復興思想，討論埃及和阿拉伯世界發生的事情，並相互幫助處理工作和事業中遇到的問題。一個「家庭」就是穆兄會的一個基層單元，它相對獨立於穆兄會上層機構，但服從上層機構的指導。

　　從上層機構到分支辦公室，再到基層「家庭」，埃及穆兄會的組織結構就像一顆不斷延伸的樹狀圖。這種結構也賦予了穆兄會對埃及政治變化的抵抗能力。穆兄會通過根鬚一樣的無數「家庭」扎根埃及社會，堅固了自己的社會基礎。同時，上層的領導者和思想家不斷創新意識形態和政治思想，然後通過中間機構向「家庭」輸送營養。不斷壯大的「家庭」體系，則支撐著穆兄會上層機構向埃及政治的推進。

---

13　John L. Esposito, *The Oxford Encyclopedia of The Modern Islamic World, Vol. 3* (Oxford: Oxford University Press, 1995), p. 186.

14　Noman Sattar, "'Al Ikhwan Al Muslimin' (Society of Muslim Brotherhood) Aims and Ideology, Role and Impact", *Pakistan Horison* 48.2 (April 1995), p. 11.

而當埃及政治發生變動、穆兄會面對當局政府的鎮壓時，基層「家庭」又因其微小、靈活，故總能倖免於難。一旦鎮壓結束，被當局監禁的穆兄會領導人從獄中釋放，穆兄會的「家庭」體系又會支持這些領導人重建穆兄會上層組織。無法徹底從埃及社會中消除的「家庭」體系，是穆兄會總能死灰復燃的主要原因。而「家庭」體系與穆兄會上層結構結合的紐帶，則是穆兄會那一套意識形態和反西方思想。

哈桑·班納對穆兄會早期政治思想和意識形態的塑造有至關重要的作用。某種意義上說，哈桑·班納的思想成為了早期穆兄會意識形態的核心部分。哈桑·班納的思想源自三個因素的影響，即對西方文化和世俗主義的批判，對伊斯蘭傳統文化的繼承和反思，和對埃及國家和伊斯蘭世界命運的思考。

班納自小受到父親的薰陶，對伊斯蘭教經典和罕百里學派有很深的理解。少年時的班納長期接觸蘇菲主義團體，對蘇菲主義有清晰的認識。這些都是對傳統伊斯蘭文化的繼承。一八七二年，著名的伊斯蘭改良派領袖哲馬魯丁·阿富汗尼來到埃及，大力宣傳伊斯蘭復興改良主義思想，從而開創了埃及的伊斯蘭改革浪潮。隨後，穆罕穆德·阿卜杜和拉希德·里達承繼阿富汗尼的事業，開始大力推動伊斯蘭改良思想在埃及的傳播。阿富汗尼、阿卜杜、里達三人將伊斯蘭復興思想提升到理論的高度，而班納則將伊斯蘭復興主義付諸實踐。

從馬赫穆迪亞到開羅、從開羅再到伊斯梅利亞，班納一直生活於受歐洲文化不斷滲透的埃及城市當中，其對西方文化和世俗主義的批判事實上代表了那個時代很多埃及人的心聲。當年輕人越來越多的沉迷於酒精、賭博、享樂主義和放縱生活時，先知的教誨和古蘭經的訓誡已被他們拋諸腦後。但是，並不是所有的人都認同這種世俗生活方式，曾經迷失的年輕人也可能懺悔自己的放縱。於埃及穆斯林而言，伊斯蘭文化傳統是根深蒂固的。而伊斯蘭文化如何自我改良以應對外來衝擊，這就是哈桑‧班納和同時代埃及人所思考的問題。

　　知識份子總有一種「天下興亡匹夫有責」的情懷，這種情懷不分國界、不分種族、不分宗教。伊斯蘭世界自近代以來，慢慢落後於西方世界。落後意味著挨打，曾經強盛數個世紀的奧斯曼帝國飽受歐洲列強的蹂躪，伊朗處在俄羅斯和英國的瓜分之下，埃及、印度和蘇丹被英國獨佔，馬格里布則成為西班牙、法國和義大利的殖民地，伊斯蘭世界江河日下、處處烽煙。值此之時，伊斯蘭世界的人民開始救亡圖存，他們有的選擇「全面西化」，有的選擇在列強間制衡，有的選擇阿拉伯民族，而班納則傾向於「以伊斯蘭教拯救伊斯蘭」。

## 一　文化霸權和反霸權：班納對西方文明的感觀

　　站在文明與文化的視角上，哈桑‧班納創立穆斯林兄弟會的初衷就是反對英國和歐洲對埃及的文化霸權。這種反對（或言抗爭）是成系統的、有組織的。[15]

　　文化霸權理念脫胎於霸權——領導權概念。霸權（ἡγεμονία）[16]一詞最早出現在古希臘，希羅多德用它來形容對抗波斯帝國的「希臘聯盟至高統帥」斯巴達。希羅多德之後，修昔底德、色諾芬和埃福羅

---

15 Rupe Simms,"'Islam is Our Politics': A Gramscian Analysis of the Muslim Brotherhood (1928-1953)", *Social Compass* 49.4 (2002), pp. 563-582.

16 ἡγεμονία的拉丁化形式為hēgemonia，hegemony系其演化而來。根據約翰‧威克舍姆（John Moore Wickersham）對希羅多德《歷史》文本的分析，該詞的動詞形式含義為領導、帶頭，名詞性含義為領導權、霸權。在羅念生、水建馥所編《古希臘語漢語詞典》中，該詞譯為：一、嚮導、帶頭、帶路；二、領導權、統治權、（控制其他城邦的）霸權。羅念生的譯法未對霸權（領導權）與統治權進行區分。參見羅念生、水建馥編：《古希臘語漢語詞典》（北京：商務印書館，2004年，2021年重印），頁377；John Moore Wickersham, *Hegemony and Greek Historians* (Lanham, MD: Rowman & Littlefield, 1994), p.1-5.

斯等人都引用過霸權一詞。修昔底德還對雅典由「霸權」（領導的邏輯）滑向「帝國」（ἀρχή，統治的邏輯）[17]高度警惕。因此，霸權一詞在歐美知識系統中的原初含義即與「聯盟」（σύμμαχος）[18]和領導權深刻捆綁，且站在帝國統治邏輯的對立面。[19]

古希臘後，霸權一詞一度銷聲匿跡，直到十九世紀中葉再次出現在德意志邦聯（Deutscher Bund）。當時一些德意志歷史學家希望普魯士像斯巴達或雅典一樣，帶領德意志其他邦國走上統一的道路，故而重新拾起「霸權」概念，以形容普魯士在統一德意志之聯盟中的領導權。在此期間，全德工人聯合會的創始人斐迪南・拉薩爾（Ferdinand Lassalle）逐漸認同並宣揚這種觀點，引發社會主義各派思想家的爭論，其影響一直蔓延到俄國革命。[20]普列漢諾夫、阿克雪里羅得、列寧等人都討論過無產階級在俄國革命中的霸權／領導權問題。[21]季諾維也

---

17 ἀρχή的拉丁化形式為arkhē，其動詞形式意為統治、控制，名詞性形式意為統治權、帝國。參見羅念生、水建馥編：《古希臘語漢語詞典》，頁123；John Moore Wickersham, *Hegemony and Greek Historians*, pp. 32-33, 81-82.

18 σύμμαχος的動詞形式意為共同戰鬥、一同攻打、作援軍。在希羅多德口中，聯盟一般專指希臘人同盟，他提到：「希臘人同盟的最高指揮官是歐律比亞德斯，他是斯巴達人歐律克西德斯的兒子，因為其他盟國拒絕讓雅典人指揮，他們宣佈除非斯巴達人領導，否則將放棄任務。一開始確實有人建議艦隊應交由雅典人指揮，但盟國表示反對，雅典人屈服了，他們認為生存是希臘的主要目標，爭奪霸權將摧毀希臘。這是絕對正確的。」參見羅念生、水建馥編：《古希臘語漢語詞典》，頁844；John Moore Wickersham, *Hegemony and Greek Historians*, p. 9.

19 John Moore Wickersham, *Hegemony and Greek Historians*, pp.1-5, 32-33, 81-82.

20 一八五九年，拉薩爾出版《義大利戰爭與普魯士的任務》一書，主張在普魯士的領導下統一德國，引起馬克思、恩格斯和威廉・李卜克內西等人的批評。參見Ferdinand Lassalle, *Der italienische Krieg und die Aufgabe Preußens* (Berlin: Franz Duncker, 1859).

21 國內哲學和馬克思主義學一般將Hegemony翻譯為領導權，而國際關係學界則將之翻譯成霸權。

夫曾稱無產階級領導權（霸權）思想是「列寧主義的中心思想」。[22]

十月革命後，無產階級領導權（霸權）在俄國的思想地位被無產階級專政取代。但在共產國際中，義大利共產黨領袖安東尼奧・葛蘭西（Antonio Gramsci）將列寧的領導權思想理論化，並認為領導權（霸權）並非無產階級專有，而是任何社會階級為實現穩定統治都傾向於採取的策略，知識份子在其間承擔了為本階級爭奪文化領導權的任務。[23]由此催生的文化霸權理念，經由馬克思主義者、後馬克思主義者和第三世界學者的廣泛引用，由國內政治領域外溢到國際關係、跨文化交往等諸多領域。[24]

文化霸權理論認為，除了以暴力來維護社會的政治經濟秩序之外，還必須具有意識形態上的領導權，以此引導被統治者心理上的順從和安於現狀。這種文化領導權建立在統治者和被統治者的共同信仰之上，也就是建立在統一的意識形態基礎上。一些國家在對外傳播文化的同時又拒絕其他文化的流入，在某種程度上就可以稱之為文化霸權主義。

英國在其殖民佔領埃及期間，致力於建立一種文化霸權以維護其統治。被譽為「現代埃及的締造者」的英國駐埃總領事克羅默，在其《早期現代埃及》一書中就認為：「埃及人在文化上是落後的，在政治上是不成熟的，而英國人已被證明在各個方面優於阿拉伯人。埃及

---

22 安娜・瑪麗・史密斯（Anna Marie Smith）著，付瓊譯：《拉克勞與墨菲：激進民主想像》（浙江：江蘇人民出版社，2011年），頁58；Alan Shandro, *Lenin and the Logic of Hegemony: Political Practice and Theory in the Class Struggle* (Leiden: Brill, 2014), p. 4.

23 Jeremy Lester, *The Dialogue of Negation: Debates on Hegemony in Russia and the West* (London: Pluto Press, 2000), p. 69.

24 Perry Anderson, *The H-Word: The Peripeteia of Hegemony* (London: Verso, 2017), pp. 2-7; Ferdinand Lassalle, *Der italienische Krieg und die Aufgabe Preußens*; Alan Shandro, *Lenin and the Logic of Hegemony: Political Practice and Theory in the Class Struggle*, p. 4.

人只有在英國人的管理下，才能安然的生活。」[25]克羅默時期擔任埃及經濟部長英國顧問的米爾納（Alfred Milner），也於一八九三年出版了大眾歷史書《英國人在埃及》[26]。在該書中，米爾納認為英國佔據埃及並不是出於政治目的，而是被強加了一個艱巨的任務——引導埃及進行現代化建設。米爾納還認為保護國制度可以讓埃及政府處於政治組織能力強大、文化先進的英國文職官員的指導下，其影響是積極的。以克羅默和米爾納為首的英國官員不斷宣傳這種文化種族主義思想，其實就是為了建立英國在埃及的文化霸權。

美國芝加哥北園大學非洲研究中心主任魯佩‧西姆斯（Rupe Simms）經深入研究後發現，英國人在殖民統治期間，不斷通過新聞媒體宣傳西方價值觀念，以期改變埃及人的生活方式和價值觀念，而穆兄會的意識形態則是對英國文化霸權的一種有意識抵抗。[27]阿布丁（A.Z. Al-Abdin）也認為：「哈桑‧班納看到了歐洲人誘使伊斯蘭國家從他們手中大肆借款，隨後以此為藉口干涉他國經濟，使歐洲的銀行、工廠和資本慢慢侵入這些國家。他們按照自己的意志改造這些國家的經濟體系，以使之有利於他們謀取暴利。他們建立學校、文化機構，傳播不可知論、無神論，並輕蔑地對待我們的宗教信仰，粗魯地掠奪我們的故鄉。他們想通過教育改變伊斯蘭土地上的人們，使他們遵從西方的文化和宗教，並對歐洲人的一切行為保持敬畏。他意識到，西方帝國主義對穆斯林社會不僅是政治和經濟上的入侵，更是文化上的入侵。由此，班納認為西方化和世俗化直接威脅了穆斯林的身

---

25 The Earl of Cromer, *Modern Egypt* (New York, NY:Macmillan, 1908), Vol. 1, pp. 3-5.

26 Alfred Milner, *England in Egypt* (London: Edward Arnold, 1893), pp. 5-6, 24, 28.

27 Rupe Simms, "'Islam is Our Politics': A Gramscian Analysis of the Muslim Brotherhood (1928-1953)", pp. 563-582.

份、獨立和生活方式。」[28]

　　哈桑‧班納還認為，西方文化霸權導致一些穆斯林盲目親西方，從而危及穆斯林社團的生存和認同。他曾強調：「時至新近，作家、知識份子、學者和政府都以討論歐洲文明為榮，他們採用歐洲的生活方式，以增強自身的歐洲特色。這些人應被歸為國內帝國主義分子，他們有意識或無意識地背叛了國家，冷漠對待穆斯林社團的意志和利益，並且與外來入侵者沆瀣一氣。」[29]

　　班納還堅信西方文明賴以建立的社會原則已經遭遇了破產，週期性的經濟危機和第一次世界大戰則證明了這一點。

> 西方文明的根基已經破碎，它的制度和指導原則被廢置不用。專制獨裁已經摧毀了它的政治基礎，而經濟危機則掃蕩了它的經濟制度。成千上萬忍受著失業和饑餓的人們，起而反對它……（西方文明的）議會制已經失敗，條約和協定淪為廢紙。國際聯盟既無思想上的號召力，也沒用實際的影響力，淪為可有可無的幻想。而與此同時，政治強人逐漸崛起，他們對保障和平與安全的盟約不屑一顧，我行我素。
>
> ——哈桑‧班納，〈走向光明〉[30]

　　班納還認為：「西方文明建立在實用主義與技能的應用上，他們發明了各種各樣的機器和工具，建立了世界範圍內的市場，但它卻始

---

28 A.Z. Al-Abdin, "The Political Thought of Hasan Al-Banna", *Hamdard Islamicus* 11.3 (1988), pp. 55-70.

29 Richard Paul Mitchell, *The Society of the Muslim Brothers*, p. 218.

30 Hasan al-Banna, "Toward the Light", in Charles Wendell trans., *Five Tract of Hasan al-Banna (1906-1949)* (Oakland, CA: University of California Press, 1978), p. 106.

終未能對人類的思想提供一絲光明、一線希望、一點信仰，也不能給焦慮不安的人提供哪怕是最為狹窄的通往安寧與平靜之途。」[31]他相信：「儘管不信任和相互提防仍然存在，但人們要求回歸伊斯蘭原則、教義和生活方式的呼聲日漸隆起……伊斯蘭的某些準則與現代生活相得益彰，而這些準則只不過是伊斯蘭教的一小部分罷了。」[32]

## 二　托古改制：班納的伊斯蘭復興觀

　　哈桑・班納伊斯蘭復興觀的核心理念，一是「正本清源」，二是「重啟創制」。穆兄會最響亮的口號是「伊斯蘭是萬能的解藥」，這裡的伊斯蘭並非是班納所處時代的伊斯蘭，而是先知和哈里發時代的「純潔的、本真的伊斯蘭」。為此，穆斯林需要拋除一切異端學說和對《古蘭經》的錯誤解讀，對伊斯蘭進行「正本清源」。

　　但是，《古蘭經》不會說話，人們也無法回到正統哈里發的時代，正本清源如何進行，已經掌握在班納的手中。在要求正本清源之時，班納已事實上掌握了對「純潔伊斯蘭」的解釋權。而在班納的解釋過程中，不可避免的需要思考所處時代的諸多問題。對這些問題的思考和解釋，已經超出了伊斯蘭教經典的討論範圍，因此「重啟創制的大門」便順理成章。

　　「托古」的目的在於「改制」，在於回應時代的新需要。班納回歸純潔伊斯蘭的口號，其實就是對西方政治文化衝擊的回應，是對伊斯蘭社會自我改良的呼聲。而其最終目的，就是通過復興伊斯蘭來使

31　凱馬爾・H・卡爾帕特（Kemal H. Karpat）編，陳和豐等譯：《當代中東的政治和社會思想》（北京：中國社會科學出版社，1992年），頁147。

32　Hasan al-Banna, "The New Renaissance", in John L. Esposito and John J. Donohue eds., *Islam in Transition: Muslim Perspectives* (Oxford: Oxford University Press, 1982), p.78.

埃及乃至整個伊斯蘭世界擺脫西方的帝國入侵和殖民統治，消除穆斯林社會普遍存在的貧困、愚昧和不發達，從而扭轉伊斯蘭社會的世俗化、西方化傾向，抵抗西方的文化霸權主義。不同於民族主義者訴諸於語言、種族、地域的認同，班納從伊斯蘭教中汲取社會力量，因為他認為純潔的伊斯蘭本身就是一個完備的體系，包含所有的美德。

　　班納認為體系完備的伊斯蘭教不只是一種信仰，還是社會生活領域的至高原則和最後仲裁者，《古蘭經》和遜奈是伊斯蘭教的源泉和基礎，而伊斯蘭則適用於所有的時空環境，具有時空超越性。用班納的話說：「伊斯蘭既是崇拜，又是領導；既是宗教，又是國家；既是精神，又是行動；既是禮拜，又是聖戰；既是順從，又是統治；既是經典，又是寶劍。」[33]

　　班納認為，伊斯蘭早已包含了所有的美德，適用於一切時空，是最強大、最高貴、最仁慈、最美德的宗教。班納指出：「如果說法國大革命賦予人以自由、平等、博愛，俄國十月革命帶給每個社會階級以社會正義，那麼偉大的伊斯蘭革命早在一千三百年前就給予了這一切。她不把自己限於哲學理論的層面，而是致力於將這些美德傳播至人類生存的每一個角落。」[34]

　　班納還認為伊斯蘭本身就足以實現國家的復興，故而呼籲：「回歸《古蘭經》和先知的遜奈，使之成為重建伊斯蘭政府體系的主要源泉……穆斯林必須追溯過去，超越刪節的歷史，回歸伊斯蘭的早期規範，即先知和正統哈里發時代。」[35]伊斯蘭的早期規範，其實就是一個獨特的、純潔的「伊斯蘭秩序」（Islamic Order）。在這個伊斯蘭秩

---

33　邁爾斯‧納維晟：《穆斯林兄弟會》（開羅：阿拉伯新聞中心，1991年），頁71。

34　Richard Paul Mitchell, *The Society of the Muslim Brothers*, p. 233.

35　John L. Esposito, *Islam and Politics* (Syracuse, NY: Syracuse University Press, 1991), pp. 131-132.

序中，真主擁有最高的權威，《古蘭經》和聖訓是國家的根本大法，
伊斯蘭教法（沙里亞法）是立法的主要來源，伊斯蘭烏瑪就是一個統
一的民族，而統治者則是真主和人民之間的負責人，是人民的雇員和
公僕。據此，他援引先知的訓示：「你們都是主人，你們都是老百姓
的負責人。」另外，班納還以社會契約論來解釋四大哈里發的統治，
即統治無非是烏瑪與統治者就照看公共利益達成的契約，而統治者對
真主和烏瑪負有責任，這就是伊斯蘭式的「統治責任制」。[36]

　　在班納眼中，伊斯蘭教並不禁止國家元首的存在和享有權力。班
納認為元首擁有對國家行為的自由處置權，但他需要向烏瑪（即整個
伊斯蘭社會）做出說明解釋，並聽從伊瑪目的意見。對埃及模仿西方
的責任內閣制和多黨制，班納持保留意見。他贊同曼烏爾迪在《素丹
制》一書中對執行內閣的評論，認為：「執行內閣的統治能力比較低
下，因為它目光短淺、缺少籌畫。內閣大臣成了統治者與其臣民的仲
介人，聽從統治者的命令，實施統治者的指示。」[37]

　　班納對埃及政黨進行了猛烈的批評，認為埃及大多數政黨眾弊纏
身、腐朽墮落、沒有鬥爭綱領、俯首於殖民主義。他認為埃及的政黨
是這個偉大國家的最大醜行，是社會腐敗的根源，稱：「埃及的政黨
並不是真正意義上的政黨，它們無非是政治精英的個人分歧所帶來的
政治分裂而已，總有一天埃及人民會以烏瑪的名義拿回這些權利。人
們一致認為，埃及的這些政黨沒有自己的政綱和方略，除了個人（分
歧）外別無他物……」[38]班納事實上並不是反對西方政黨制度，而是

---

36 哈桑・班納：《哈桑・班納文集：達瓦和傳教士的回憶錄、社區的真相》（開羅：阿
　拉伯媒體中心，2011年），頁318。

37 哈桑・班納：《哈桑・班納文集：達瓦和傳教士的回憶錄、社區的真相》，頁322-
　323。

38 哈桑・班納：《哈桑・班納文集：達瓦和傳教士的回憶錄、社區的真相》，頁326。

反對埃及的「東施效顰」。班納認為，英國和美國的兩黨制就運行良好，而黨派叢生的法國則不斷遭受苦難。[39]

　　埃及是一個文化融合的國度，古埃及文化、希臘文化、羅馬文化、伊斯蘭文化都融入到埃及民族個性之中。埃及除了為數眾多的阿拉伯人外，還有占人口百分之十六的科普特基督徒和其他信徒。如何對待這些非穆斯林，是班納在復興伊斯蘭過程中必須直面的問題。班納時期穆兄會的主要任務是反對英國殖民統治，為此需要聯合一切可以聯合的力量，因而對非穆斯林比較包容。穆兄會在訓導局中建立了高級顧問團，其中就有三位科普特人，他們是馬克拉姆·奧貝德（Makram Ebeid），愛哈努哈·拉比卜·愛哈努哈（Akhnoukh Labib Akhnokh），卡里姆·薩比特（Karim Thabet）。馬克拉姆·奧貝德還於一九四九年出席了哈桑·班納的葬禮。穆兄會建立的一系列工廠中，也不排斥包括科普特人在內的非穆斯林。但與此同時，穆兄會成員焚燒基督教堂、拆毀十字架的行動也並非沒有。[40]

　　穆兄會對科普特人的友善姿態，並不能完全掩蓋伊斯蘭復興主義同埃及非穆斯林群體的根本利益衝突。科普特人和世俗主義的領袖們對穆兄會也並不十分信任。一九三六年他們羅列了五十條宣言，提交給穆兄會領導人、宗教領袖、大學和相關機構等，以討論埃及的政治、社會和經濟發展。他們認為班納提倡的在軍中宣傳聖戰思想、對政府官員進行伊斯蘭教育、大力推進古蘭經教育、為愛資哈爾大學畢業生分配軍隊和政府工作等措施，是對埃及非穆斯林公民基本政治經濟權利的剝奪和壓制，強調「伊斯蘭化」是對埃及固有的文化多樣性

---

39 哈桑·班納：《哈桑·班納文集：達瓦和傳教士的回憶錄、社區的真相》，頁325。

40 Mariz Tadros, *The Muslim Brotherhood in Contemporary Egypt: Democracy Redefined or Confined?* (Oxford: Routledge, 2012), pp. 94-95.

的否定。[41]作為一九一九年反英起義領袖之一的法澤爾‧賽爾格斯
（Father Sargious），也於一九四八年十月向埃及政府提交了一份請願
書，呼籲取消所有不利於公平的、試圖將宗教融入政治的組織，目標
直指穆兄會。[42]對此，班納回應稱：「伊斯蘭國家中的科普特人擁有完
全的權利，他們擁有與我們（穆斯林）一樣的權利，也擁有與我們一
樣的義務。」[43]但是，這些回應本身也充滿著對穆斯林與非穆斯林的
身份區隔，因此被視為一種「權宜之策」。

　　總的來看，哈桑‧班納時期的穆兄會已經形成了完整的政治綱
領。這個綱領掩蓋在「伊斯蘭是萬能解藥」的口號下，包括改造伊斯
蘭國家制度、削弱議會制、改革政黨體制、在政府部門和軍事部門進
行伊斯蘭化、推進教育改革、考慮恢復哈里發制、將沙里亞法作為憲
法主要來源等，涉及到埃及政治、經濟、社會各個方面。哈桑‧班納
並不完全排斥西方事物，但他反對西方殖民統治和文化霸權。而他的
伊斯蘭復興思想，本質上就是一種托古改制。

## 三　自下而上的革命：班納的社會改造理念

　　一直以來，人們對穆兄會的印象停留在「宗教性」、「伊斯蘭原教
旨主義」、「政治組織」或「極端組織」的認識上，卻忽視了其作為一
個「社會運動」的存在。趙鼎新認為：「所謂社會運動，就是有許多
個體參加的、高度組織化的、尋求或反對某些特定社會變遷的體制外

---

41 哈桑‧班納：《哈桑‧班納文集：達瓦和傳教士的回憶錄、社區的真相》，頁256-
　　257。

42 B. L. Carter, *The Copts in Egyptian Politics* (London: Croom Helm, 1986), pp. 276-277.

43 Mariz Tadros, *The Muslim Brotherhood in Contemporary Egypt: Democracy Redefined or
　　Confined?*, p. 96.

政治行為。」[44]站在這個視角上，穆兄會毫無疑問可以稱得上是一個社會運動。而以往的研究之所以不願站在社會運動的視角上審視穆兄會，主要是因為穆兄會自身力量膨脹後，過早的涉足到埃及政治鬥爭中。穆兄會政治實踐的那一面，遮蓋了其作為社會運動的那一面。

穆兄會在埃及政治中的實踐往往以悲劇告終，而這種政治悲劇卻難以對其造成根本性打擊。究其原因，是因為穆兄會有很深的社會根基。追溯穆兄會作為社會運動的歷史，顯然有利於理解穆兄會「政治失敗、社會成功」的原因，並使我們避免對穆兄會政治一面的過度關注而造成的錯誤認知。

穆兄會作為一個社會運動，其核心目標就是用伊斯蘭來改造穆兄會社會，以抵禦西方文化的入侵。二十世紀二、三十年代，埃及年輕女子以模仿歐洲時尚為榮。時至今日，他們越來越多地用頭巾將自己的面容包裹起來。埃及曾經是肚皮舞的故鄉，但現在是印度的、中國的舞者霸佔這個舞臺，而埃及舞娘早已鮮為人知。埃及人時風之轉變，一至於斯。而這與穆兄會九十餘年來不斷進行伊斯蘭社會改造，存在密切關係。

伊斯蘭社會改造理論的核心是「改造思想」。班納認為，要改造埃及社會，首先要改造埃及人的思想，使之重歸伊斯蘭信仰。為此，班納時期的穆兄會致力於推動宣教、伊斯蘭教育，提供社會服務，並反對陋習。

宣教是伊斯蘭社會改造思想的核心部分，宣教的手段包括出版報刊書籍、小冊子和其他讀物，在清真寺或其他場合宣講，向國外派遣宣教團等。宣教一直是班納早期活動的核心。在伊斯梅利亞的時期，

---

44 趙鼎新：〈西方社會運動與革命理論發展之述評──站在中國的角度思考〉，《社會學研究》2005年第1期，頁168-209。

班納一直厲行宣教，以期將穆斯林信眾從西方文化的桎梏中拯救出
來。在穆兄會建立之前，圍繞班納演講的私人討論小組，成為了班納
主要的宣教陣地。穆兄會成立後，班納依舊在清真寺、公共場合宣講
「回歸純潔伊斯蘭」的思想，而此前的私人討論小組則逐漸演變成穆
兄會的基礎組織──「家庭」。一個「家庭」，就是穆兄會的一個宣教
單元。在其間，班納的思想通過「家庭」成員間的相互討論和學習，
得以深入人心。

　　推動伊斯蘭教育的目標是培育一代真正理解伊斯蘭教義的年輕
人，進而改善一代人的精神面貌，深化穆斯林間的兄弟情義，以壯大
伊斯蘭復興主義的力量。穆兄會通過自己建立的工廠、學校、診所、
庇護所和清真寺等，為民眾提供社會服務。提供社會服務是穆兄會成
立後十年做得最多的事情，它大大提高了穆兄會的社會影響力和吸引
力，為穆兄會的快速擴張奠定了基礎。反對陋習是「回歸純潔伊斯
蘭」的必要步驟，旨在扭轉當時社會上存在的酗酒、吸毒、賭博、賣
淫等不良風氣，以期把年輕人引導到正確的道路上來。

　　一直以來，西方學者視班納的「聖戰」（Jihad，吉哈德）思想為
穆兄會暴力思想的來源。[45]但在班納眼中，聖戰分為兩個層次，即小
吉哈德和大吉哈德。兩者的目標都是擴大伊斯蘭世界的土地和力量，
並保護穆斯林社團免受不信者和異教徒的入侵，二者的區別在於前者
以暴力方式進行，後者依託於和平宣教，即通過感化異教徒的心靈來
讓他們在真主的感召下成為偉大的穆斯林。[46]

　　班納認為，大吉哈德是每個穆斯林的宗教義務。如其所言：「我

45 Carrie Rosefsky Wickham, *The Muslim Brotherhood: Evolution of an Islamist Movement*,
　 p. 25.

46 畢健康：〈試論埃及穆斯林兄弟會的二重性問題〉，《世界歷史》2004年第1期，頁87-
　 100。

們應該遵從大吉哈德。大吉哈德是什麼？是心靈的吉哈德，或曰靈魂
的吉哈德。」[47]

> 有目共睹的是，當下這個時代，穆斯林被迫恭順地面對非穆斯
> 林，其命運被不信者所主宰。他們的土地被踐踏，榮譽被玷
> 污。穆斯林的敵人們掌管著他們的主權事務，曾經的宗教儀式
> 被廢置不用……因此，穆斯林兄弟們必須拿起他們的武器，將
> 自己的心靈沉浸在吉哈德之中，做好準備以等待時機的成熟。
> 真主的意志必得以貫徹，而這是每個穆斯林的義務。
>
> ——哈桑‧班納，〈論吉哈德〉[48]

## 第四節　穆兄會早期活動和政治實踐（1928-1949）

　　哈桑‧班納對歐洲人和西方文明的敵視，與同時代的埃及人並沒
有什麼差別。當然也不僅是班納推崇伊斯蘭復興主義，當時這股思潮
已近乎風靡埃及，班納甚至不是唯一一個將伊斯蘭復興主義引入政治
實踐的人，還有一些人也根據伊斯蘭復興思想組建了相應的政治組
織。那麼，在風雲際會的二十世紀二、三十年代，哈桑‧班納及其背
後的穆兄會，緣何驟然而興，始終保持著一片意識形態陣地，吸引著
越來越多的埃及年輕人，並歷時八十餘風風雨雨而不衰頹？為了追尋
這個問題的答案，首先需要深入剖析班納時期穆兄會的社會改造和政
治實踐。

---

47 哈桑‧班納：《哈桑‧班納文集：達瓦和傳教士的回憶錄、社區的真相》，頁336。
48 Hasan al-Banna, "On Jihad", in Charles Wendell trans., *Five Tract of Hasan al-Banna (1906-1949)*, p. 150.

# 一　致力於社會改造的穆兄會，一九二八－一九三八

　　一九二八年穆兄會成立以後，其分支機構在蘇伊士運河區和尼羅河三角洲地區大量出現。一九三〇年時穆兄會擁有五個分支辦公室，一九三二年發展到十五個，一九三八年更是達到三百個。儘管每個分支中的會員數量難以確切得知，但根據粗略的估計，三百個分支的總成員數也在五萬到十五萬之間。[49]由此可見穆兄會最初十年發展速度之迅猛，而這主要歸功於穆兄會的社會服務。

　　穆兄會作為一個社會組織，它為人們提供了諸多社會服務。穆兄會設立學校以促進男孩、女孩的教育，提供廉價醫藥和免息借貸，還為人們制定職業培訓計畫。這些服務為穆兄會帶來巨大聲望的同時，也夯實了穆兄會的社會基礎。穆兄會一直宣稱只要「回歸純潔的伊斯蘭」就能拯救穆斯林社會，但苦於沒有證據來證明這一口號。但當穆兄會切實的為埃及社會做出貢獻，並讓人們感受到這些貢獻的作用時，「伊斯蘭是萬能解藥」這一口號似乎變得有說服力了。事實上，這些社會服務證明了穆兄會有貫徹其經濟社會承諾的能力。[50]

　　教育對培養人的知識、能力和職業技能有至關重要的作用，它還是塑造人的價值觀、世界觀和人生觀的重要工具。哈桑·班納很早就意識到教育對復興伊斯蘭、抵抗西方文化的重要作用，他在大學時就已形成了自己的道路——「通過教育復興伊斯蘭」。[51]穆兄會成立後，隨即建立了自己的教育機構，以扭轉埃及教育的世俗化趨勢。在伊斯

---

49　Richard Paul Mitchell, *The Society of the Muslim Brothers*, p. 328.

50　Mohammed Zahid, *The Muslim Brotherhood and Egypt's Succession Crisis: The Politics of Liberalisation and Reform in the Middle East*, p. 72.

51　Carrie Rosefsky Wickham, *The Muslim Brotherhood: Evolution of an Islamist Movement*, p. 21.

梅利亞，穆兄會成員們創立了很多學校，採用伊斯蘭文化與西方教育理念相結合的方式，同等招收男孩和女孩。[52]班納一直堅定不移地推廣教育，以提升穆斯林的文化素質和受教育水準。他還提倡普及免費教育，大力推動基礎教育設施的建設，建立更多的圖書館和大學。[53]穆斯林兄弟會和穆斯林姐妹會一直視伊斯蘭社會是一個不朽的社會，他們希望通過在學校裡開展更多的伊斯蘭教育來回應西方文化的入侵。

　　清真寺是穆兄會用來宣傳其政治思想、提供其他社會服務的重要場所。一九三〇年，眾多穆兄會成員慷慨解囊，在伊斯梅利亞建立了穆兄會的第一所清真寺。穆斯林兄弟們對修建清真寺的事業如此熱情，以至有一個成員為之賣掉了自己的自行車，而那是他最為貴重的私人物品。[54]穆罕穆德·侯賽尼·扎馬魯特和穆罕穆德·伊芬迪·蘇萊曼二人為修建清真寺鞍前馬後，前者提供了大量的資金，後者提供了土地，由此保證了清真寺的順利修建。在埃及，清真寺有崇高的地位並獨立於政府的監管。穆兄會清真寺的建立，使穆兄會成為一個有凝聚力的組織。[55]

---

52 人們往往認為伊斯蘭原教旨主義者們如穆兄會歧視婦女、限制他們受教育的權利。但這個說法很難站得住腳。事實上，伊斯蘭主義者並不反對女性受教育，而只是反對「男女同校制度」而已。在他們看來，男女同校有傷風化。目前，埃及兒童在幼稚園和小學時男孩、女孩同校上學，中學以後男女開始分校。從數據上來看，即使在幼稚園，男女童入學比例都是幾乎相等的。由此來看，在教育層面，伊斯蘭社會很好的貫徹了「男女機會均等」，不存在什麼性別歧視。

53 Annamarie Amy Edelen, "The Muslim Brotherhood and their Quiet Revolution" (Doctoral Dissertation, University of Wisconsin-Madison, 1999), p.53.

54 哈桑·班納：《哈桑·班納文集：達瓦和傳教士的回憶錄、社區的真相》，頁91-92。

55 在埃及和伊斯蘭世界，清真寺有非常崇高的地位。建立清真寺是一種善政，而清真寺的建立者們則享有巨大的聲望。政府往往不敢過多插手清真寺的事務，而只能將清真寺的事務委託給烏里瑪們，並保證清真寺的獨立性。因而，清真寺往往成為社會團體的根據地，一個清真寺背後可能就有一個小的社會團體，而按道義它們是「合法的」。歷史上，有很多伊斯蘭運動就是從清真寺或類似清真寺的場所中走出來的。穆兄會也是這一模式的跟隨者。

　　在清真寺中，穆兄會為窮人們提供諸多救濟，他們分發食品、衣物，提供臨時的免息借貸，並且幫助失業者尋找工作。為統籌這些事務，一九四五年穆兄會專門成立了「慈善和社會服務部」。根據班納的描述，到一九四九年該部門協調著總計五百個穆兄會分支的慈善救濟活動。一九四四年，隨著越來越多診所和藥房的建立，穆兄會也成立了專門的「醫藥部」。開羅的一個穆兄會診所在一九四七年共接納了五萬人次的病患，另外一個坦塔的診所則接納了七千人次。醫藥部給開羅的一家穆兄會醫院每年撥款二萬三千英鎊，以支持該醫院提升醫療服務品質、造福埃及社會。[56]

　　穆兄會致力於提供社會服務，但這需要大量的資金支持。為了彌補財政虧空，班納甚至一度向伊斯梅利亞的蘇伊士運河公司借貸了五百埃鎊的分期貸款。但是，借貸並非長久之計，為此穆兄會另闢蹊徑，開始自己從事商業活動。這期間，穆兄會先後建立了一個伊斯蘭知識教育中心、一個採礦公司、一個紡織公司、一個銅冶煉工廠和一個廣告代理店。另外，穆兄會還創立了伊斯蘭商業運輸公司，在亞歷山大成立了商業和工程建築公司，並於一九四五年建立了伊斯蘭印刷與日報社。在這些公司中，工人、伊斯蘭復興主義者和穆兄會成員都可以購買股份，以獲取投資回報。

　　這些公司不僅僅為穆兄會的財政獨立做出了重要貢獻，還提供了大量的工作崗位。這些公司里的工人們，自然而然地形成了一個個的穆斯林社區。這些穆斯林社區是哈桑・班納理想中對抗西方文化入侵的避風港。但是，班納也堅持穆兄會工廠中工人自由工作與生活的權利，確保他們獲得相對應的工資，設置了最長工作時間，提供生病和

---

56 Annamarie Amy Edelen, "The Muslim Brotherhood and their Quiet Revolution", p. 56.

傷殘保險，並抵制使用未成年兒童。[57]這一切與歐洲公司所提倡的並無二致。這些公司帶來的盈利，逐漸成為穆兄會活動經費和社會服務經費的主要來源，之後還能為新成立的穆兄會半軍事組織提供經費支持。[58]

在二十世紀三十年代，穆兄會最主要的鬥爭就是「反對惡習」。這一鬥爭是在班納的呼籲下進行的，是重建「純潔伊斯蘭」的必要步驟之一，而鬥爭的對象則是「賣淫、賭博和酒精」。[59]賣淫是穆兄會鬥爭的焦點，它不僅與穆兄會社會改造思想有根本的衝突，而且是西方潮流進入埃及後新出現的陋習。班納在一系列的著作和演講中，都主張通過法律和社會途徑斷絕這一陋習。他曾提到「賣淫、亂倫，無論是暗地裡還是公然的，無論什麼樣的特殊情況，都是可憎的犯罪，犯罪者都必須受到鞭撻。」[60]一九四二年班納與華夫脫黨領袖納哈斯達成協議而放棄下議院選舉時，他提出要求，希望政府出臺禁止賣淫的法規。[61]

報紙是穆兄會改造社會的重要根據。一九三三年，穆兄會建立了自己的第一份報紙《穆斯林兄弟會報》（*The Journal of Muslim Brotherhood*），但只出版了四年。隨後是穆兄會的第二份報紙《警示報》（*Al Nadhir*），約在一九三八年出現。穆兄會以這些報紙為喉舌，不斷宣傳自己的意識形態和政治思想，同時也用來反對陋習。《穆斯林兄弟會報》經常發表反對社會陋習的文章，批評埃及的世風日下。

---

57 Ishaq Musa Husaini, *Muslim Brotherhood: The Greatest of Modern Islamic Movement* (Lahore: The Book House, 1984), p. 57.

58 Annamarie Amy Edelen, "The Muslim Brotherhood and their Quiet Revolution", p. 58.

59 Annamarie Amy Edelen, "The Muslim Brotherhood and their Quiet Revolution", p. 58.

60 Ishaq Musa Husaini, *Muslim Brotherhood: The Greatest of Modern Islamic Movement*, p.127.

61 Christina Phelps-Harris, *Nationalism and Revolution in Egypt: The Role of the Muslim Brotherhood* (The Hague: Mouton and Co., 1964), p. 182.

## 二 走向政治和暴力鬥爭，一九三八－一九四九

　　一九三八年對埃及穆兄會而言，具有重要意義。該年五月，哈桑・班納在穆兄會官方報紙《警示報》上發表《兄弟們，準備在另一條道路上奮鬥吧》的綱領性文章。班納在文章中指出：「行動的時刻已經到來，不必再拖延。計畫需要準備充分，但首先要排除疑慮、下定決心，否則再好的計畫也難以實施……從現在開始，我們將不再局限於口頭的宣教，而將伴隨著行動和鬥爭的宣教。我們將面向政府負責人、大臣、省長、謝赫、議員、政黨和其他組織，呼喚他們追隨我們的道路。」[62]班納的這一宣言，標誌著穆兄會開始介入埃及政治，從單純的社會組織轉變為政治與社會的二元組織。次年穆兄會召開了高層會議，正式將自己定義為政治組織。[63]

　　這一時期，穆兄會並不僅僅將自己局限於國內事務，還將觸角伸展到整個阿拉伯世界，其中最突出的就是對巴勒斯坦阿拉伯人與以色列人衝突的關注和疾呼。自一八八二年第一次「阿利亞」[64]開始，猶太復國主義者大批進入巴勒斯坦地區，購買大量土地，建立定居點並

---

62 邁爾斯・納維晟：《穆斯林兄弟會》，頁101。

63 Mohammed Zahid, *The Muslim Brotherhood and Egypt's Succession Crisis: The Politics of Liberalisation and Reform in the Middle East*, p. 74.

64 阿利亞的希伯來語為Aliyah，意為「上升」，代指回到聖地耶路撒冷的猶太人移民潮。第一次阿利亞發生在一八八二年，起源於俄國反猶騷亂，移民們在巴勒斯坦城市雅法東南建立了第一個定居點里雄（Rishon Le Zion，意為「聖地中的第一個」）。第二次阿利亞開始於一九〇四年，起因也是俄國反猶騷亂。一九一七年，英國為了取得猶太人銀行家們的支持，發表了著名的《貝爾福宣言》，表明支持在巴勒斯坦為猶太人建立「民族家園」。一九一九至一九二三年的第三次阿利亞中，越三萬名猶太人移居巴勒斯坦。一九二四至一九二六年的第四次阿利亞，又有六萬多猶太人來到巴勒斯坦。一九三二至一九三七年間為躲避德國納粹的迫害，約十七點五萬名猶太人來到巴勒斯坦，這次被稱為「德國阿利亞」。參見阿倫・布雷格曼（Ahron Bregman）著，楊軍譯：《以色列史》（上海：東方出版中心，2009年），頁8-28。

謀求建國。一九三七年七月，英國皇家委員會提出分割巴勒斯坦的皮爾計畫，從而拉開穆斯林與以色列人暴力對抗的序幕。

　　一九三七年，穆兄會領導人參加了巴勒斯坦的一次伊斯蘭高級會議，討論阿拉伯世界聯合抵制以色列人的問題。一九三八年十月，穆兄會在開羅召開討論會，以研究如何支持巴勒斯坦的阿拉伯人。穆兄會還在埃及國內大力宣傳巴勒斯坦問題，以期贏得埃及人對巴勒斯坦阿拉伯人的同情。一九三八年開始，班納開始鼓吹對以色列人的「小吉哈德」，鼓勵穆兄會成員參加軍訓，為鬥爭做準備。另外，穆兄會還在埃及國內多次組織示威遊行和罷工，並且將穆兄會產業的盈利拿出來支援巴勒斯坦人的事業。[65]這些活動，使得人們感受到穆兄會對巴勒斯坦人命運的深切關注，並為穆兄會在巴勒斯坦成立分支機構鋪平了道路。

　　國內政治方面，一九四一年穆兄會召開第六次代表大會，決定在這個「恰當的時間」推選穆兄會候選人參加議會選舉。十七名穆兄會成員被選派參加一九四二年埃及國民議會選舉，包括班納自己，他作為伊斯梅利亞選區的候選人參選。但是，穆兄會介入埃及政治的行動，引起了當政的華夫脫黨的警惕。一九四一年十月，華夫脫政府將班納逮捕入獄，並在迫使其承諾放棄參與選舉後，才給予釋放。一九四五年，班納和五名穆兄會候選人再一次參加埃及議會選舉，但當局操縱選舉使他們全部落選。[66]在穆兄會接下來的歷史中，像這樣的選舉悲劇不斷上演。但這兩次選舉失敗仍有重要意義，它告訴穆兄會：「在政府不允許你分享權力時，你永遠不可能加入到埃及政治的遊戲當中。」

---

65　Annamarie Amy Edelen, "The Muslim Brotherhood and their Quiet Revolution", p. 60.

66　Carrie Rosefsky Wickham, *The Muslim Brotherhood: Evolution of an Islamist Movement*, p. 25.

　　一九三八年穆兄會涉足埃及政治和地區政治，與其自身的不斷壯大有直接關係。一九三六年七月，穆兄會分支的數量達到一百五十個。根據穆兄會官方統計，一九三七年該組織的分支機構已達到二百一十六個。一九三八年，班納宣布穆兄會分支已經超過三百個。儘管一九三九年末穆兄會的發展遭遇小危機，但其分支機構在一九四一年初進一步躍升到五百多個。[67]穆兄會的這次大擴張，貢獻最大的是尼羅河三角洲地區。一九三八年時，班納對該地區進行了一次特殊的旅行，在三十三天內拜訪了三十一所村莊和小鎮，之後花了五天時間專門與當地的上層人士接觸。[68]班納回到開羅後，大力稱讚三角洲的這些上層阿拉伯人。隨後，穆兄會分支機構在這些地區如雨後春筍。

　　穆兄會影響力的增強，一是體現在埃及政府高官同班納的不斷接觸，比如時任首相伊斯梅爾‧西德基（Ismail Sidky）；二是體現在一九三六年穆兄會舉行遊行以慶祝法魯克國王的加冕禮。正是穆兄會組織的這次大規模遊行，讓埃及人看到他的巨大能量，同時也讓年輕的法魯克國王看到了穆兄會對自己的「忠誠」。

　　一九三八年穆兄會政治的另一個重要因素，是一九三八年前後埃及的政治混亂。一九二七年，埃及民族主義的領袖扎格盧勒去世後，作為民族主義標杆的華夫脫黨迅速變質。一九二八年，華夫脫黨第二任領袖納哈斯陷入腐敗醜聞，隨後被迫辭職。在此後的數十年間，納哈斯領導的華夫脫黨一再因腐敗、裙帶關係、治理低效而為人詬病。更重要的，作為埃及民族主義力量領導者的華夫脫，在嘗到與英國人談判的「甜頭」後，開始逐漸轉變策略，放棄了對英國的堅定反抗，轉而「既競爭又合作」。為了維持華夫脫的權力地位並壓制埃及國王

---

67 Franz Rosenthal, "The Muslim Brethren in Egypt", *The Muslim World* 37 (1947).
68 哈桑‧班納：《哈桑‧班納文集：達瓦和傳教士的回憶錄、社區的真相》，頁10。

的力量，納哈斯有時依賴於同英國的合作，因而被一些人怒斥為英國人的工具。華夫脫黨、埃及國王和英國人的三角權力角逐，構成了議會時代埃及的主旋律。貪污、腐敗、選舉舞弊、政黨制度混亂、民族主義的衰落、英國人至高無上的地位，這一切造成了人們對埃及政治環境的極端失望。一九三六年納哈斯主導的《英埃協定》，則添加了最後一把火。該協定被穆兄會視為出賣國家利益的典型事件，對該協議的激烈批評則為穆兄會帶來了越來越多的追隨者。

　　造成穆兄會崛起的另一個重要原因，就是二戰期間英埃矛盾的加劇。埃及近代史上發生了一個名叫「大恥辱」的事件，即一九四二年二月四日的阿布丁宮事件。[69]一九三九年九月一日，希特勒進攻波蘭，第一次世界大戰歐洲戰場正式開啟。一九四〇年六月，墨索里尼領導的義大利加入戰爭並站在德國一邊。義大利當時已擁有利比亞和埃塞俄比亞，在東北部非洲可以動員五十萬部隊，而英國影響下的埃及和蘇丹被夾在中間。十七歲繼承王位的法魯克國王並不甘心做英國人的傀儡，他希望擺脫控制。一九四二年，法魯克已經參與了很長一段時間的反英活動，並想替換掉親英的埃及首相。為了挽回正在坍塌的戰略形勢，英國人決定用武力維持埃及從屬於英國的狀況，建立一個支持《一九三六年英埃協定》的埃及內閣。一九四二年二月四日，英國駐埃專員邁爾斯‧蘭普森用英國坦克包圍了開羅阿布丁宮。在宮殿裡，他命令被戲稱為「男孩」的法魯克國王（當時22歲）做出選擇，要麼退位，要麼退讓。法魯克被迫讓步，英國隨即扶持納哈斯組建了新的親英內閣。此即阿布丁宮事件。這一事件不僅擊碎了法魯克的雄心壯志，使這個曾經年輕陽光的埃及國王墮落成為中年淫邪的花花公子，而且成為英埃關係不平等的標誌，被埃及人視為恥辱。由之而來

---

69 詹森‧湯普森著，郭子林譯：《埃及史：從原初時代到當下》，頁287。

的憤怒，也成為二戰後埃及全力擺脫英國殖民控制的思想根源。[70]一九四二年以前，埃及存在以攻擊英國軍人為目標的極端主義團體，但不成氣候。一九四二年末，一批新的有組織且目標明確的武裝組織相繼出現。到一九四六年左右，襲擊英國人的行動達到了頂峰。[71]

正是在這個背景下，埃及穆斯林兄弟會建立了半軍事武裝力量「特殊事務部」（al-Nidham al-Khass）。特殊事務部建立於一九四二年末或一九四三年初，對外宣稱是「秘密裝備部」（al-Jihaz al-Sirri）。[72]特殊事務部隸屬於總訓導師，但班納並不親自參與具體事務，而是由阿卜杜‧拉赫曼‧薩奈迪（'Abd al-Rahman al-Sanadi）和艾哈邁德‧阿迪勒（Ahmed Adly）等專門負責。特殊事務部組建了軍訓委員會，在開羅、亞歷山大和三角洲地區組織軍訓。軍訓總教官為軍官出生的馬哈茂德‧萊比布，訓練科目包括爆破、鐵路毀壞作業、敢死隊作戰、遊擊戰等。特殊事務部的預算獨立於穆兄會總預算之外，不受監管。該機構還下設情報部門，專門收集埃及政府、政黨和英軍的情報。[73]

特殊事務部起先主要襲擊英國軍隊，這一活動在二戰結束英國大部隊撤出埃及後達到頂峰。一九四七年七月一個月，穆兄會就組織了四次針對英國軍人的襲擊，使用炸彈、槍枝等武器，造成共計一百二十八名英國人死亡。一九四七年十一月以色列人在巴勒斯坦建國後，特殊事務部的職責擴大到對猶太人的戰鬥。一九四七至一九四八年，埃及發生了一系列針對在埃及猶太人的暴力事件，特殊事務部至少參

---

70 Mohammed Zahid, *The Muslim Brotherhood and Egypt's Succession Crisis: The Politics of Liberalisation and Reform in the Middle East*, p. 75.

71 Mohammed Zahid, *The Muslim Brotherhood and Egypt's Succession Crisis: The Politics of Liberalisation and Reform in the Middle East*, p. 75.

72 Carrie Rosefsky Wickham, *The Muslim Brotherhood: Evolution of an Islamist Movement*, p. 26.

73 畢健康：〈試論埃及穆斯林兄弟會的二重性問題〉，頁87-100。

與了其中一部分。[74]一九四八年四月，班納從特殊事務部中抽調三個營的士兵加入了第一次中東戰爭，以支持巴勒斯坦人抗擊以色列的事業。[75]

　　借助巴勒斯坦戰爭，穆兄會取得了阿拉伯聯盟頒發的武器擁有證，隨後迅速武裝起來，並涉足軍火工業。穆兄會的武裝力量，起初並未引起政府的重視。一九四八年五月，特殊事務部成員暗殺了一位著名法官，隨後位於開羅和伊斯梅爾的穆兄會軍火庫又被發現，這導致埃及政府和宮廷的恐慌。一九四八年十一月，穆罕默德‧諾克拉西（Mahmoud El Nokrashy）領導的埃及政府取締了穆兄會，沒收了穆兄會的大量財產，查封了報刊《穆斯林兄弟會》，並逮捕了大批穆兄會成員。

　　作為報復，一九四八年十二月二十八日，穆兄會特殊事務部成員、二十二歲獸醫專業學生阿卜杜勒－馬吉德‧艾哈邁德‧哈桑（'Abd al-Majid Ahmad Hasan）刺殺了首相諾克拉西事件，史稱「吉普車案」。[76]此案是穆兄會與埃及政府關係的分水嶺。在此之前，埃及王室和政府對穆兄會最多只是提防；而在此之後，政府開始採取武力鎮壓等手段來遏制穆兄會，一九五二年革命後的埃及共和國政府也不例外。由此可見，穆兄會暴力一面的過度伸張，招來了政府的警惕和強力打壓。

　　諾克拉西死後，易卜拉欣‧阿卜杜勒‧哈迪繼任新首相。他決心徹底解散穆兄會，對穆兄會的殘餘力量進行了嚴酷的鎮壓。埃及軍事法庭開始審判穆兄會組織，而大批穆兄會成員面對謀反、非法持有武

---

74　Richard Paul Mitchell, *The Society of the Muslim Brothers*, pp. 63-64.

75　Ziyad Abu-Amr, *Islamic Fundamentalism in the West Bank and Gaza: Muslim Brother-hood and Islamic Jihad* (Bloomington, IN: Indiana University Press, 1994), pp. 2-3.

76　Richard Paul Mitchell, *The Society of the Muslim Brothers*, p. 67.

器、組織和參與恐怖活動的指控。埃及的「穆兄會審判」很可能導致穆兄會組織最終被解散。面對這一困境，班納極力試圖緩和與政府的關係。他多次發表聲明譴責暴力和暗殺諾克拉希事件，並努力使自己與這些暴力活動保持距離。他聲稱暗殺諾克拉西完全是穆兄會成員的個人行為，穆兄會本身無意謀反，穆兄會武裝力量的目標是巴勒斯坦的以色列人，因此穆兄會事實上在維護埃及的國家利益。[77]

但是，班納的努力沒有成功。一九四九年二月十二日，班納被政府特工暗殺於開羅，政府隨後開始大肆逮捕穆兄會領導人及其主要成員。[78]到一九四九年七月，埃及監獄已人滿為患，關押了近四千名穆兄會成員。

班納的死亡，不僅僅標誌著穆兄會一個時代的終結，同時也標誌著穆兄會暴力鬥爭政策的破產。後來的歷史也證明，作為一個致力於自下而上改造社會的組織，穆兄會不適應武裝鬥爭。它既不會搞遊擊戰爭，也不善於策劃軍事政變，而其經常使用的暗殺手段，則往往成為政府打壓的理由。

# 第五節　過渡時期的穆兄會（1949-1951）

早期穆兄會的快速發展，很大程度上得益於其創始人哈桑・班納的超凡魅力。而當班納一九四九年被政府特工暗殺之後，穆兄會立即陷入群龍無首的境地。此時，因為一九四七年以來的暴力活動，穆兄會與埃及政府的關係極度惡化，面臨著政府的打壓和審判。與此同時，穆兄會內部的爭論與派系鬥爭也不斷加劇。

---

77 Richard Paul Mitchell, *The Society of the Muslim Brothers*, pp. 55-58.
78 Richard Paul Mitchell, *The Society of the Muslim Brothers*, pp. 62-71.

　　早在班納後期，穆兄會的內部分裂就已顯現。內部爭鬥首先源自於特殊事務部的領導權問題。特殊事務部建立於一九三六年，當時是為了派遣志願者和民兵前往巴勒斯坦以支持阿拉伯人的鬥爭事業。穆兄會一直宣稱特殊事務部只有有限的目標——幫助巴勒斯坦人抗擊以色列，但事實上他參加了在埃及很多的暴力事件。特殊事務部雖然隸屬於總訓導師，但哈桑・班納並不親自管理該部門事務。特殊事務部保持秘密狀態，即使穆兄會上層也很少瞭解該部門情況。

　　特殊事務部第一任領導人是薩利赫・阿什瑪維，他擁有對該部門的實際領導權。一九四七年，阿什瑪維被任命為穆兄會副訓導師，他在穆兄會組織內的影響力快速上升。第二任領導人阿卜杜勒・拉赫曼・薩奈迪與阿什瑪維關係緊密。在薩奈迪時期，特殊事務部發展成為一支脫離穆兄會組織領導、自行其是的組織。[79]特殊事務部肆無忌憚製造暴力事件，甚至襲擊刺殺埃及政府官員，造成了埃及政府與穆兄會的最終對抗。刺殺諾克拉西，就是特殊事務部成員所為。一九四九年哈桑・班納死後，特殊事務部更加的自行其是。

　　除了特殊事務部的問題，穆兄會高層也多次陷入權力困境。有兩件事情比較突出，一個是關於時任穆兄會秘書長阿卜杜・哈基姆・阿布丁指控案，另一個事關副訓導師阿卜杜・拉赫曼・蘇卡利出走事件。

　　阿卜杜・哈基姆・阿布丁是班納的姐夫，一直擔任穆兄會秘書長。一九四五年開始，對阿卜杜・哈基姆・阿布丁以權謀私的指責之聲日隆。一九四七年，穆兄會訓導局根據相關調查意見，罷免了阿卜杜・哈基姆・阿布丁的秘書長職位。[80]但班納不滿這一裁決並進行了干涉，最後迫使這一裁決未能生效。這一事件引發了穆兄會內部的爭

---

79　Richard Paul Mitchell, *The Society of the Muslim Brothers*, p. 67.

80　Richard Paul Mitchell, *The Society of the Muslim Brothers*, pp. 52-54.

議，班納的好友易卜拉欣・哈桑為此宣布離開穆兄會。[81]

　　蘇卡利是穆兄會創始人之一，時任副訓導師、會內第二號人物，地位僅次於班納。他對班納對待埃及政黨的態度感到不滿，尤其反對班納與華夫脫黨對抗的態度。蘇卡利的態度引起了班納的不滿。在班納的壓力下，穆兄會訓導局最終驅逐了蘇卡利，並任命特殊事務部領導人阿什瑪維頂替了他的職位。班納與蘇卡利的決裂，是穆兄會成立以來第一次嚴重的高層內部衝突，這也反映了班納在穆兄會內部事務上越來越多的獨斷專行。阿什瑪維成為副訓導師，使得「暴力鬥爭」思想在穆兄會內部佔據重要地位。而隨著特殊事務部發展為穆兄會暴力政策的急先鋒，班納對穆兄會組織的控制力開始下降。即使這樣，班納活著時仍然可以約束穆兄會整個組織。但當他一九四九年遇刺身亡後，穆兄會的內部權力鬥爭便開始激烈起來。[82]

　　一九四八至一九五一年過渡時期，穆兄會的生存得益於戰略撤退和保密化的成功。儘管穆兄會多數領導人被逮捕監禁，組織也風雨飄搖，但穆兄會的基層組織和社會網路艱難地生存下來。這一時期穆兄會的主要領導人包括：阿卜杜・哈基姆・阿布丁、拉赫曼・班納、謝赫・哈桑・巴庫利、穆斯塔法・穆敏和阿什瑪維。其中，阿什瑪維是特殊事務部和穆兄會激進派的代表，而穆斯塔法・穆敏則是溫和派的領袖。穆敏非常青睞於埃及民族主義領袖——華夫脫黨。兩派的矛盾日趨激烈，最終在在一九五〇年的「吉普車案審判」（'Jeep Case' Trial）中全面爆發。[83]當時的訓導局站在副訓導師阿什瑪維一邊，將

---

81 Barbara H. E. Zollner, *The Muslim Brotherhood: Hasan al-Hudaybi and Ideology* (Oxford: Routledge, 2009), p.15.

82 Barbara H. E. Zollner, *The Muslim Brotherhood: Hasan al-Hudaybi and Ideology*, p.15.

83 Olivier Carré, *Mysticism and Politics: A Critical Reading of Fi Zilal al-Qur'an by Sayyid Qutb (1906-1966)* (Leiden: Brill, 2003).

穆敏開除出訓導局，並調至穆兄會學術部。[84]

　　根據穆兄會的章程，在沒有選舉出新的總訓導師之前，由副訓導師代行領導職責。阿什瑪維在與穆敏的鬥爭中得到訓導局多數成員的支持，他還是特殊事務部的前領導，並與該部繼任領導薩奈迪關係密切。基於這些，阿什瑪維開始在過渡時期掌握了穆兄會的領導權。而隨著阿什瑪維權力的不斷鞏固，特殊事務部參與暴力活動日趨嚴重，穆兄會開始逐漸激進化。

　　根據《穆斯林兄弟會組織法》，穆兄會訓導師由協商委員會（舒拉委員會）選舉而來，且選舉到場人數必須不少於委員會全體成員的百分之八十。[85]在當時政府大量逮捕穆兄會成員的背景下，很難湊足選舉新訓導師的法定人數。而且，穆兄會最高領導層之間也很難達成協調。阿什瑪維雖然是最有力的候選人，但他的地位並非不可動搖，他還有著一些強有力的競爭對手，包括哈桑‧班納的妹夫阿卜杜‧哈基姆‧阿布丁、班納的弟弟拉赫曼‧班納、受人尊敬的伊斯蘭教法學家謝赫‧哈桑‧巴庫利。另外，仍擔任穆兄會學術部主管的穆斯塔法‧穆敏仍有巨大影響力。

　　當時，穆兄會高層一些人對阿什瑪維的激進思想極端不信任，因此可以想像，一旦阿什瑪維當選總訓導師，穆兄會有極大可能分崩離析。而且，穆兄會之前一直以良好的社會組織形象吸引埃及民眾的支持，秉持軍事暴力思想的阿什瑪維當選，將很可能極大損害穆兄會的公眾想像，並進一步挫傷穆兄會與埃及王室和政府的關係。在這種左右為難的情況下，穆兄會選擇了擱置爭議，暫不選舉總訓導師，專注於先處理與政府和王室的關係。

---

84　Barbara H. E. Zollner, *The Muslim Brotherhood: Hasan al-Hudaybi and Ideology*, p.17.
85　Richard Paul Mitchell, *The Society of the Muslim Brothers*, p. 165.

　　諾克拉西遇刺事件和對穆兄會非法持有軍火的指控，是關乎穆兄會生死存亡的大事情。在審判過程中，薩阿迪政府發現了大量涉及特殊事務部參與暴力活動的秘密資訊，這使穆兄會陷入極為被動的境地。一旦穆兄會的罪名成立，它將逃不過被解散的命運。

　　但是，埃及局勢的轉變，為穆兄會的命運轉變提供了契機。一九五〇年一月的埃及議會選舉中（投票率只有40%），華夫脫黨獲得了大多數席位，納哈斯隨即重新成為首相。[86] 一九三八至一九四九年間，穆兄會一直在華夫脫黨和埃及國王間左右逢源，這次也不例外。因為有共同的對手——法魯克國王和支持國王的哈迪政府，穆兄會與華夫脫黨重新走到一起。穆兄會是一九五〇年議會選舉中華夫脫黨的重要支持者。作為回報，納哈斯上臺後結束了埃及的「緊急狀態」，將穆兄會的案件從軍事法庭轉移到民事法庭審理，並允許穆兄會為自己辯護。另外，納哈斯還撤銷了原來親國王的律師團，代之以華夫脫黨人為主的律師團。[87]

　　諾克拉西案的關鍵是班納的責任問題。公訴者一再試圖證明哈桑·班納對刺殺事件負有直接責任，希望以此判定穆兄會組織對暗殺負有責任，因此應被取締。儘管年輕的暗殺者是特殊事務部的成員，但已有的證據不足以證明他受到穆兄會高層的直接命令。而且，被指控的同謀者們在接受員警審訊時死亡，未能提供任何的有效證據。因此，法官們最後於一九五〇年四月二十五日宣布審判結果，裁定暗殺首相的兇手阿卜杜勒·馬吉德·艾哈邁德·哈桑死刑，但穆兄會整個組織的罪名不成立。

　　隨後，事情轉向「吉普車案」審判。該案源自埃及政府在穆兄會

86 詹森·湯普森著，郭子林譯：《埃及史：從原初時代到當下》，頁292。
87 Barbara H. E. Zollner, *The Muslim Brotherhood: Hasan al-Hudaybi and Ideology*, p.19.

成員的車輛中發現武器和能有效證明穆兄會參與恐怖活動的書面材料。面對使用暴力的指控，穆兄會的辯護律師反駁整個組織對一個成員的行為負有責任，認為該成員的行為「違背了穆兄會對其進行培訓的初衷」。[88]辯護律師還強調，穆兄會特殊事務部對埃及政府系統沒有任何圖謀，也從未想過推翻政府，穆兄會也沒有傷害到國家安全。隨著案件審理的逐漸展開，新的資訊也被披露出來。新證據顯示，此前英、美、法三國的大使們曾私下要求埃及政府借此機會徹底解散穆兄會，而哈迪政府也曾唆使法官帶有政治目的的審判。外國干涉和司法的政治化問題，導致吉普車案開始反轉。一九五一年三月十七日埃及法院最終得出結論：「在現有的證據和調查基礎上，說穆兄會是一個旨在推翻政府的陰謀集團，是無根據的。」[89]由此，穆兄會涉嫌參與恐怖主義的嫌疑被清除。

　　諾克拉西案和吉普車案這兩次審判，對穆兄會的生存而言至關重要，而審判的結果也使穆兄會重建了自己的聲譽和影響力。與華夫脫黨的合作，無疑是穆兄會贏取審判最重要的因素。為此，穆斯塔法‧穆敏還曾專門對接華夫脫黨的侯賽因‧西里。[90]一九五一年五月政府的戒嚴令取消後，穆兄會訓導局立刻重新開會，以宣告穆兄會的繼續存在。兩週之後的五月十七日，穆兄會舒拉委員會重新召開，討論選舉新訓導師的問題。出人意料的是，並非穆兄會正式成員的哈桑‧胡代比被選為新的總訓導師。

---

88　Richard Paul Mitchell, *The Society of the Muslim Brothers*, p. 76.

89　Richard Paul Mitchell, *The Society of the Muslim Brothers*, p. 78.

90　Barbara H. E. Zollner, *The Muslim Brotherhood: Hasan al-Hudaybi and Ideology*, p.19.

# 第二章
# 哈桑‧胡代比與穆兄會的艱難時代（1951-1970）

　　一九五一至一九七〇年無疑是埃及穆兄會最艱難的時代，其與政府的關係也跌宕起伏。班納死後的兩年裡，穆兄會一直在暴力和非暴力之間徘徊，內部忙於爭權奪利，對外則在埃及國王和華夫脫黨間逢源。一九五一年哈桑‧胡代比執掌穆兄會後，情況還未好轉，即遭遇埃及自由軍官革命。

　　哈桑‧胡代比成為穆兄會總訓導師前是一名高級律師，且非穆兄會正式成員或訓導局成員，他的當選是穆兄會內部各派系妥協的結果。當時，穆兄會高層認為胡代比在埃及司法界的崇高聲譽及其與王室的關係，可以改變公眾和王室對穆兄會的形象。哈桑‧胡代比雖然認同伊斯蘭復興思想，但卻極度反對使用暴力的方式來重建伊斯蘭秩序。他執掌穆兄會二十二年（1951-1973），極大地改變了穆兄會的行為模式，並開啟了穆兄會的溫和化進程。

　　一九五二年自由軍官組織發生革命推翻法魯克國王時，胡代比因與王室的關係，而選擇低調行事。但穆兄會一些高級成員與自由軍官組織有十分密切的聯繫，他們多屬於激進派。基於當時穆兄會在埃及社會中的巨大影響力，穆兄會希望與自由軍官組織分享權力，但遭到革命政府的拒絕。在納吉布與納賽爾權力鬥爭的過程中，胡代比領導下的穆兄會傾向於納吉布，這成為之後納賽爾鎮壓穆兄會的重要原因。另一方面，穆兄會秉持其反西方傳統，極度反對納賽爾與英國的蘇伊士撤軍談判。在一系列爭論之後，穆兄會與納賽爾逐漸分道揚鑣。一九五四年十月二十六日納賽爾在亞歷山大演講時遇刺，穆兄會成為被懷疑的目標。隨後，穆兄會面臨革命政府的全方位鎮壓，「監獄時期」由此開始。

即使面對鎮壓，哈桑・胡代比也未放棄對「非暴力鬥爭」的堅持。一九五六年蘇伊士運河戰爭之後，納賽爾聲譽日隆，其提倡的阿拉伯民族主義也風靡中東。但到六十年代，隨著埃及與敘利亞聯合的破產，納賽爾的事業開始走下坡路。為了緩和國內外壓力，納賽爾政府放寬了對穆兄會的限制，並於一九六四年以大赦的名義釋放了大批穆兄會領導人。穆兄會與政府的隔閡似乎開始消融，但隨即發生的「一九六五年團刺殺事件」導致了政府新一輪的鎮壓。著名的伊斯蘭激進主義賽義德・庫特卜，隨後被判絞刑，成為一名殉道者。一九六五年後，信奉庫特卜主義的穆兄會激進派與哈桑・胡代比領導的溫和派開始分道揚鑣，穆兄會分裂於李曼勒・圖拉監獄之中。

## 第一節 哈桑・胡代比繼任總訓導師

哈桑・胡代比一八九一年十二月生於開羅東北部的阿拉伯小村莊蘇瓦里哈，有四個妹妹、三個弟弟。胡代比的家庭是一個工人階層家庭，其父希望他能成為阿訇，故而將之送到當地的「庫塔巴」[1]去學習古蘭經閱讀和吟誦。被父親寄予厚望的胡代比，隨後又被送往愛資

---

1 庫塔巴系借鑒西式教育體系而形成的伊斯蘭幼稚園，接收四到六歲的穆斯林學前兒童。庫塔巴的宗旨就是在指導兒童學習閱讀、寫作和算術的同時，引導他們學習《古蘭經》和伊斯蘭教，以保證伊斯蘭文化的傳承。庫塔巴幼稚園在埃及、馬格里布地區盛行。一九六八年，摩洛哥王室子弟開始在「庫塔巴」中接受幼稚教育，「庫塔巴」的地位在摩洛哥得到巨大提升，並為全民認可。

哈爾大學附屬小學讀書。但僅僅一年之後，胡代比就轉學到一所政府創辦的世俗化小學[2]。米切爾後來為此採訪過胡代比，胡代比說轉學是他自己的決定，他想成為律師，而不是阿訇。[3]在完成了小學學業後，胡代比又進入一所公立中學讀書，一九一一年考入埃及法學院，四年後完成學業並獲得律師從業證書。

胡代比求學期間，正值埃及處於民族獨立運動的高潮時期，埃及各級學校中的一些人積極地參與到反對英國統治的各種示威遊行活動中。但胡代比回憶說，他並不是一位積極的政治參與者。在這期間，他除了參加了民族主義領袖穆斯塔法・卡米勒的葬禮外，未參加任何形式的示威遊行活動。[4]

一九一五年胡代比畢業後，進入卡米爾・侯賽因和哈菲茲・拉姆丹的法律事務所上班。拉姆丹是埃及新祖國黨[5]的領導人。一九一八年，胡代比在卡奈爾島開辦了自己的法律事務所，但由於時局動盪，事務所的業務並不興隆。之後不久，胡代比又搬到了桑哈賈地區，渴望在那裡能夠獲得提升的機會。在此其間，胡代比參加了一九一九年革命。但是較之其他革命人士，他缺乏熱情，並且表現出對暴力活動的厭惡。[6]一九二五年，胡代比被提升為巡迴法庭的法官，開始頻繁輾轉於埃及各個城市，最終在吉薩安定下來，並逐漸進入到其職業的

---

2　世俗化小學和愛資哈爾附屬小學所代表的是兩個不同的學習背景，前者是現代西方式的，後者是傳統伊斯蘭式的。在這兩類小學中讀書，其未來前途也是不一樣的。

3　Richard Paul Mitchell, *The Society of the Muslim Brothers* (Oxford: Oxford University Press, 1993), p. 86.

4　Richard Paul Mitchell, *The Society of the Muslim Brothers*, p. 86.

5　新祖國黨由穆斯塔法・卡米勒於一九〇七年成立。穆罕默德・法里德（Mohammad Farid）是第二任領導。

6　Sayed Khatab, "Al-Hudaybi's Infleunce on the Development of Islamist Movements in Egypt", *The Muslim World* 91.3 (2001), pp. 451-480.

巔峰時期。在吉薩，胡代比逐漸躍升為司法體系的上層人士。二十世紀四〇年代末，胡代比已成為一名高級法官，在埃及最高法院任職，是民事訴訟部門的主管、上訴法庭的顧問和司法稽查機關的領導。

胡代比一九五一年成為穆兄會總訓導師之前，與穆兄會的聯繫並不多。根據胡代比自己的陳述，他是在二十世紀三〇年代前後才知道穆兄會這一組織的存在。一九四五年二月，胡代比聽了班納的一次演講，結識了對方。這次會面對胡代比的生活產生了重大的影響。不久之後，胡代比成為穆兄會的法律顧問，開始協助班納推動穆兄會事業的發展。在此期間，胡代比與班納的友誼不斷加深，他對穆兄會的諸多內部事務也有了大概的瞭解。但這並不意味著胡代比正式成為穆兄會的成員，因為埃及法律明確禁止司法人員參與到社會組織的活動中並成為其會員。一九五一年，胡代比被任命為穆兄會的總訓導師，隨後就辭去了其巡迴法官的職務。[7]

胡代比被任命為總訓導師，是穆兄會頗具策略的選擇。這種選擇不僅可以對內暫時緩和各派系間的鬥爭，恢復派系平衡，對外也可以改善因暴力行動而造成的不良影響，緩和穆兄會同埃及王室、政府和知識界的緊張關係。

穆尼爾‧迪利亞是胡代比擔任總訓導師的一力宣導者。穆尼爾‧迪利亞認為，選擇訓導局成員擔任領袖不利於當時的團結，因為此時穆兄會高層因為溫和派與軍事激進派的鬥爭而無法協調，組織內部也沒有一個像哈桑‧班納那樣富有魅力的權威領袖。當時，薩利赫‧阿什瑪維掌控著穆兄會的主要領導權，激進派的拉赫曼‧班納、阿卜杜‧哈基姆‧阿布丁和溫和派的謝赫‧哈桑‧巴庫利，都威脅著阿什

---

7 Barbara H. E. Zollner, *The Muslim Brotherhood: Hasan al-Hudaybi and Ideology* (Oxford: Routledge, 2009), pp.21-22.

瑪維的地位，且彼此爭鬥。各派系之間的相互鬥爭，極大地損害了穆兄會的內部團結和思想統一。值此之時，選擇一個沒有實權的名譽領袖，看上去是一種可行的權宜之計。用薩拉赫‧沙迪的說法：「新的總訓導師若是作為一個象徵，我們將心滿意足並聚集在他身旁。此時，兄弟們將一起擔負起（復興穆兄會的）重擔。」[8]

選擇胡代比的另一個重要因素，是他能對緩和穆兄會與政府、王室和知識份子的關係起到作用。四十年代末期穆兄會捲入一系列的武裝暴力、暗殺和違法活動，極大地損害了穆兄會的公眾形象和同政府的關係。因此在渡過吉普車案審判後，穆兄會亟需改變其暴力形象。但是，當時穆兄會的主要高層都或多或少參與了暴力活動，或主張暴力活動。作為對比，一直主張「非暴力」的胡代比，顯得更有「對沖」價值。而且，胡代比當時已是埃及的高級法官，在社會上享有很高的聲譽，為公眾所熟悉。胡代比還擁有廣泛的社會關係網路，他的妹夫是埃及王室財政大臣，他自己與王室也有一定的聯繫。更重要的是，胡代比也是班納思想的信奉者，在班納最後幾年裡一直擔任穆兄會法律顧問，並且在吉普車案中為穆兄會出力良多。

因此，選擇胡代比繼任總訓導師，不僅可以有效避免內部矛盾的進一步加深，而且可以改善穆兄會與王室的關係，胡代比的個人身份還能重塑穆兄會在埃及知識份子和律師行業協會中的形象。因此，任命胡代比繼任總訓導師，無疑是一個頗具智慧的選擇。當然，穆兄會組織的實際領導權仍在高層領袖的手中。

根據穆兄會的選舉法，新任訓導師候選人應是穆兄會成員且至少在舒拉委員會任職五年，應由舒拉委員會選舉，選舉大會必須有百分

---

8　Barbara H. E. Zollner, *The Muslim Brotherhood: Hasan al-Hudaybi and Ideology*, pp.23-24.

之八十以上的委員會成員到場，且候選人必須得到在場成員百分之七
十五的同意票。胡代比顯然沒有達到相關要求，他既非穆兄會成員，
也沒有獲得穆兄會舒拉委員會的多數支持。他的任命事實上是穆兄會
高層在穆尼爾・迪利亞的家中決定的。之後的舒拉大會未能達到法定
人數，它事實上只是為了確定先前的決定，並賦予新總訓導師名義上
的合法性。[9]

　　胡代比也明白自己的當選是多方妥協的結果，只是名譽上的領
袖，而非真正的領導者。但他並不是一個沒有獨立想法、可以任人擺
布的人。作為一名法官，他極度排斥「暴力解決問題」的方法。他認
為暴力活動並不能將埃及從英國統治下解放出來，漸進的社會教育變
革才是結束英國佔領的有效方法，穆兄會的首要任務是組織和教育埃
及人，讓他們在信仰和精神上做好準備。因此，穆兄會應該走宣教和
教育之道，專注於古蘭經的學習和研讀。胡代比公開宣稱不支持且譴
責穆兄會成員參與暴力活動，他認為一九四六至一九四八年穆兄會的
暴力活動偏離且違背了穆兄會的最初目標。

　　在胡代比就任總訓導師前，他就堅持解散特殊事務部。胡代比認
為該部門一開始就是個錯誤，強調：「這個錯誤必須給予修正，因為
在真主安拉的事業中，不存在任何秘密……而且在傳教過程中也不存
在任何秘密，宗教中更不允許存在恐怖主義活動……」[10]胡代比上臺
後仍聲稱如不解散該組織，他就會辭職。但是，取消特殊事務部的阻
力太大，新設立的負責解散該組織的管理小組，四個月後還沒達成原
定目標。[11]

---

9　Richard Paul Mitchell, *The Society of the Muslim Brothers*, p. 87.

10　Richard Paul Mitchell, *The Society of the Muslim Brothers*, pp. 87-88.

11　Sayed Khatab, "Al-Hudaybi's Infleunce on the Development of Islamist Movements in Egypt", pp. 451-480.

　　胡代比解散特殊事務部、杜絕穆兄會參與暴力活動的主張和行動，遭到穆兄會很多高層的抵抗。特殊事務部本身就獨立於兄弟會的主體，在班納死後基本不再受穆兄會訓導局的鉗制。而且，穆兄會內部許多高層與該部有穩固的聯繫，副訓導師阿什瑪維也對胡代比解散該部門的意圖十分不滿。[12]在一系列抵制下，胡代比致力於解散特殊事務部的努力最終失敗，這導致胡代比與特殊事務部及其支持者的矛盾激化，而這也為穆兄會的分裂埋下了伏筆。

　　在致力於解散特殊事務部的同時，胡代比為了鞏固自己的權威，還對穆兄會的組織結構進行了調整。他首先設立了穆兄會對外發言人一職，該職位高於副訓導師，由訓導師任命。與此同時，胡代比任命阿卜杜勒‧卡迪爾‧奧達取代阿什瑪維擔任新的副訓導師。胡代比還提拔了一批年輕的穆兄會成員擔任訓導局成員，以取代那些資歷更老的成員，借此擴大自己的影響力。

　　在力促穆兄會放棄暴力活動的基礎上，胡代比也開始利用自己的社會關係網路，改善穆兄會的對外形象，緩和穆兄會同埃及上層的關係。一九五二年初，時任國王法魯克在王宮接見了胡代比。會後胡代比接受記者採訪時，宣稱這是「對一位仁慈國王的拜訪」。[13]胡代比會見國王、恭維國王的行為，引起了阿什瑪維和穆兄會激進派的強烈批判。作為回應，穆兄會激進派參與了一九五二年一月發生在開羅的「黑色星期六」暴亂。[14]

---

12 Barbara H. E. Zollner, *The Muslim Brotherhood: Hasan al-Hudaybi and Ideology*, p.23.

13 Richard Paul Mitchell, *The Society of the Muslim Brothers*, pp. 89-90, 92-93.

14 一九五一年一月的議會選舉後，華夫脫黨了掌握埃及議會，納哈斯再次成為埃及首相。納哈斯為了轉移國內對其腐敗問題的注意，恢復了原先的反英言論和行動。一九五一年十月，他單方面廢除了《一九三六年英埃協定》，隨後鼓動埃及民兵組織、激進分子襲擊蘇伊士運河區的英國軍隊。納哈斯點燃的反英情緒最後釀成了一九五二年一月二十六日的「黑色星期六」暴動。當天開羅大學門口聚集大量示威遊行

　　總的來看，執掌穆兄會初期的胡代比，缺乏像哈桑・班納那樣的人格魅力和巨大感染力，高估了自己在埃及社會上層和王室中的影響力，他推動的穆兄會「非暴力化」政策也遭到高層的反對。隨著穆兄會內部對胡代比期望的不斷降低，胡代比協調內部矛盾和派別分歧越來越困難，其地位也開始遭受質疑。這種情況一直持續到一九五二年埃及發生驚天動地的大變革——納賽爾領導的「自由軍官革命」。

## 第二節　一九五四年鎮壓：穆兄會與納賽爾的決裂

　　自由軍官組織的雛形形成於第二次世界大戰期間。當時，埃及軍隊中興起一股期望同德國結盟以終結英國殖民統治的熱潮，陸軍參謀長、著名的阿拉伯民主主義倡議者阿齊茲・馬斯里（Aziz Ali al-Misri）[15]是其領導人物，法魯克國王則在背後支持。[16]

　　阿齊茲・馬斯里於一八七九年出生在埃及一個古老的切爾克斯軍功家庭，童年時在伊拉克生活了一段時間，然後搬回了埃及。在開羅完成中學教育後，馬斯里又前往伊斯坦布爾軍事學院求學，並於一九

---

者，他們在向市區前進時，逐漸激進化。人群中有人攜帶數桶煤油點燃了沿街的建築物，很多開羅地標性建築在大火中毀於一旦，包括著名的特夫俱樂部和謝菲爾德旅館。暴亂共計造成三十多人死亡，多為英國人，另有四百多建築物被毀。該事件在英國國內引起軒然大波。參見詹森・湯普森（Jason Thompson）著，郭子林譯：《埃及史：從原初時代到當下》（北京：商務印書館，2012年），頁293；錢磊：〈霸權的危機：蘇伊士運河的起因及其影響〉，劉雲主編：《非洲與外部世界關係的歷史變化》（北京：世界知識出版社，2014年），頁85-104。

15 瓦吉赫・阿提克：《第二次世界大戰期間的埃及軍隊與德國軍隊》（開羅：阿拉伯思想出版社，1993年），頁56-58。

16 穆罕默德・賈邁勒丁・馬薩迪、伊桑・拉比卜・拉齊克、阿卜杜勒・阿齊姆・拉馬丹：《埃及與第二次世界大戰》（開羅：金字塔基金會政治與戰略研究中心，2001年），頁239-244。

○四年以優異的成績畢業。他於一九○六年加入土耳其青年黨的前身「統一與進步協會」，隨後參與了一九○八年廢黜奧斯曼蘇丹阿卜杜勒·哈米德二世的政變。在認識到土耳其青年黨對阿拉伯人平權活動懷有敵意後，他離開了統一與進步協會，並與一些志同道合者創立了卡塔尼亞協會，呼籲建立一個由阿拉伯人和土耳其人聯合共治的王國。馬斯里的理想是建立一個西起亞歷山大、東至波斯邊界、南起蘇丹、北到摩蘇爾的「阿拉伯人祖國」。一戰期間，他和麥加謝里夫侯賽因·本·阿里一起同英國人合作，擔任了阿拉伯起義軍的陸軍參謀長和謝里夫政府的國防部長。[17] 一九一七年二月，謝里夫侯賽因放棄了與馬斯里的合作，馬斯里隨後回到埃及並擔任了開羅員警學院負責人（1927-1935）。[18] 一九三五年，福阿德國王突然任命馬斯里為王儲法魯克的攝政，使人倍感震驚。法魯克國王親政後，任命馬斯里擔任埃及陸軍參謀長。一九三六年英埃協定簽署後，馬斯里成為埃及陸軍現代化進程的總設計師，阿卜杜勒·納賽爾和許多自由軍官則視他為精神導師。一九四○年二月，因為馬斯里的親德傾向，英國指示埃及時任首相阿里·馬赫（Aly Maher）解除了他的埃及陸軍參謀長職務。[19] 一九四一年六月，馬斯里曾謀劃開飛機叛逃到「沙漠之狐」隆美爾的軍營，希望在德國的支持下建立一支類似於戴高樂自由法國一樣的「自由埃及」軍隊。但是，馬斯里的行動被英國秘密機構偵知，他和他的追隨者們隨即被逮捕，其中一人就是後來的埃及第三任總統安瓦爾·薩達特。馬斯里、薩達特和其他協助者後來在開羅受審，但因各方壓力最後被釋放。[20]

---

17 穆罕默德·海卡爾：《阿拉伯人與以色列的秘密談判》（開羅：沙魯克出版社〔Al-Shorouk〕，1996年），頁90。

18 穆罕默德·海卡爾：《阿拉伯人與以色列的秘密談判》，頁142。

19 穆罕默德·海卡爾：《阿拉伯人與以色列的秘密談判》，頁144。

20 瓦吉赫·阿提克：《第二次世界大戰期間的埃及軍隊與德國軍隊》，頁58。

馬斯里的行動雖然失敗，但卻塑造了一個榜樣。它與阿布丁宮恥辱一起，培育了埃及軍人反抗英國強權的精神。在馬斯里的啟發下，一支由埃及下級軍官組成的團隊毅然決定去完成馬斯里未完成的任務。這個秘密團體最初是由一群空軍軍官組成，他們住在赫利奧波利斯，並在阿爾馬薩機場一起工作。飛行員艾哈邁德・沙特・侯賽因・阿布・阿里（Ahmed Saudi Hussein Abu Ali）、哈桑・埃扎特（Hassan Ezzat）、阿卜杜勒・拉蒂夫・巴格達迪（Abdul Latif Al-Baghdadi）是執行委員會的最初成員。[21]作為陸軍軍官的安瓦爾・薩達特，後來被提名進入委員會。根據巴格達迪和薩達特的描述，這個軍官委員會是後來發動一九五二年革命的埃及自由軍官組織的雛形。[22]

一九四八年中東戰爭中埃及遭遇慘敗，委過於官僚腐敗、軍械落後、戰略失誤的風氣，在軍隊中不斷蔓延，自由軍官組織也隨即壯大。這些軍官認為埃及王室和政客集團對一九四八年的失利負有直接責任，包括但不限於不顧軍隊實情輕率參戰，倒賣軍火，在戰爭中大發國難財。[23]之後，自由軍官組織發展出九人革命指揮委員會（Revolutionary Command Council，RCC），而納賽爾最終成為該機構的主席。一九五二年的埃及風雨飄搖，這給予自由軍官組織以革命的良機。革命日期原定於一九五二年八月五日，後因洩密而提前到七月二十二日晚。革命進行的異常順利，到二十三日早晨自由軍官們幾乎不流血的控制了開羅和亞歷山大。七月二十六日，法魯克國王被迫離開埃及，他的兒子艾赫邁德・福阿德繼任國王。一年後，埃及廢除國王，成立了共和國。一九五二年革命的成功揭開了埃及歷史的新篇章，也揭開了穆兄會歷史新的一頁。

---

21 瓦吉赫・阿提克：《第二次世界大戰期間的埃及軍隊與德國軍隊》，頁69。
22 瓦吉赫・阿提克：《第二次世界大戰期間的埃及軍隊與德國軍隊》，頁20。
23 詹森・湯普森著，郭子林譯：《埃及史：從原初時代到當下》，頁294。

　　穆兄會最初與自由軍官組織的關係非常友好，他們之間的聯繫可以追溯到第一次中東戰爭時期。當時穆兄會特殊事務部在班納的指導下，抽調了三個營的志願兵投入巴勒斯坦，以支持抗擊以色列的事業。[24]在戰爭中，穆兄會志願兵與埃及軍官們並肩作戰，穆兄會的思想也開始在軍隊中傳播，而穆兄會一些領導人也與自由軍官們相識。[25]薩達特、納賽爾、納吉布等自由軍官領導人，與穆兄會特殊事務部的領導人乃至哈桑‧班納本人都有很深的交情。[26]

　　一九五二年革命成功後，班納的父親謝赫‧艾哈邁德‧班納就公開發表對自由軍官組織的支持，他曾在穆兄會總部對正在做禮拜的人們說道：「信真主的兄弟們，這一天已經到來。這一天，是你們命運的新開端，也是這個國家新的一天。在這一天，你們應該擁護納吉布，用你們的心靈、血液和財富去幫助他，加入到他的隊伍裡。這也是哈桑的要求，因為真主確認他能夠成功。」[27]

　　胡代比曾是埃及國家體系中的一名職業法官，與王室和政府保持友好的關係，且其本人極力反對暴力革命手段。因此革命初期，胡代比採取的態度是靜待革命結果。他隱居於亞歷山大直到革命成功，在國王離開埃及後才回到開羅。革命勝利後，與自由軍官有緊密聯繫的阿什瑪維和薩奈迪支持與革命者進行合作，胡代比順應了他們的意見，開始積極尋求與革命指揮委員會的合作。

　　一九五二至一九五三年，胡代比會見了革命指揮委員會的主要領導人，並親自拜訪了總統納吉布。在與納吉布的會面中，他們就恢復

---

24　Ziad Abu-Amr, *Islamic Fundamentalism in the West Bank and Gaza: Muslim Brotherhood and Islamic Jihad* (Bloomington, IN: Indiana University Press, 1994), pp. 2-3.

25　吳雲貴、周燮藩：《近現代伊斯蘭教思潮與運動》（北京：社會科學文獻出版社，2000年），頁342。

26　Richard Paul Mitchell, *The Society of the Muslim Brothers*, pp. 55-58.

27　Richard Paul Mitchell, *The Society of the Muslim Brothers*, p. 105.

公民自由、憲法改革、將伊斯蘭教法（沙里亞法）作為國家的根本大法等問題，進行了深入探討並達成共識。隨後，胡代比又與納賽爾會面。通過這一系列行動，胡代比確定了穆兄會與革命指揮委員會的友好合作關係。[28]

胡代比希望通過與自由軍官的合作，解除埃及政府對穆兄會政治參與的限制。由此，穆兄會才可能在埃及國家建構和國家建設中發揮重要的作用，並借此實現理想中的伊斯蘭秩序。自由軍官組織是一個年輕的組織，在埃及社會中聲名不顯，缺乏社會影響力。為了贏得民眾支持並鞏固自己的權勢，與穆兄會這樣有影響力的社會組織合作，對自由軍官組織而言是一種有利選擇。為此，革命政府做出了一系列的友好舉動，他們釋放了大量的穆兄會政治犯，決定重新調查班納遇刺案。之後，革命政府取締了埃及的一切政黨，唯獨對穆兄會網開一面。革命政府還安排穆兄會成員加入了新成立的內閣。

早期合作中，革命政府與穆兄會也並非沒有分歧。分歧首先在於政治目標上。首先，自由軍官們長期受西方思想的影響，其政治目的是建立一個世俗化的民族主義國家，而穆兄會則致力於建立以沙里亞法為根基的政教合一的國家，他們反對世俗國家體制。其次，在具體政策方面，雙方也有分歧。胡代比會見納賽爾時提出若干建議，其中包括將地主占地最高限額從二百費丹提高到五百費丹、革命政府在頒布政策前應該將決議通報穆兄會領導機構。[29]但這些遭到了革命指揮委員會的反對，納賽爾對穆兄會伸手要權的想法頗為排斥。

更多的分歧出現在穆兄會的參政訴求和立法問題中。穆兄會要求參與新政權的管理工作，革命政府也同意在內閣中安排穆兄會成員，但兩者無法就一些具體職務分配達成一致意見。此時，以納賽爾為核

---

28 Barbara H. E. Zollner, *The Muslim Brotherhood: Hasan al-Hudaybi and Ideology*, p. 27.
29 畢健康：《埃及現代化與政治穩定》（北京：社會科學文獻出版社，2005年），頁169。

心的革命指揮委員會越來越顯現出壟斷權力的意向。穆兄會希望掌握
內閣的一些關鍵職位，但革命政府只希望穆兄會成員擔任無關緊要的
角色，兩者的衝突在於權力分享。立法方面，穆兄會要求埃及新憲法
應該以沙里亞法為唯一立法來源，但遭到受世俗主義薰陶的自由軍官
們的拒絕。此後穆兄會再次提出政府頒布的新憲法應該取得穆兄會的
認可和同意，但革命指揮委員會予以拒絕。之後，穆兄會以內閣名義
擅自公布了包括社會、經濟和土地改革等的施政政綱，這激怒了以納
賽爾為首的自由軍官們，雙方的關係趨於惡化。

　　但是，革命指揮委員會深刻認識到穆兄會在埃及民眾中的巨大影
響力，也知道自己力量薄弱需要穆兄會的支持，因而維持著與該組織
的良好關係。兩者關係真正的轉折，發生在納賽爾與納吉布總統權力
鬥爭的時期。

　　納賽爾是自由軍官組織的領袖，也是革命指揮委員會的主席，是
一九五二年革命真正的指揮者。納吉布在第一次中東戰爭中以英勇的
表現而贏得埃及民眾和軍人的信任，具有極大的聲望和影響力。革命
時，因為自由軍官們年輕、涉世不深，因而選擇了納吉布作為他們的
名譽領袖。革命勝利後，納吉布成為總統，納賽爾成為副總理兼內政
部長，一九五二至一九五四年間的埃及政壇正處於納賽爾與納吉布
「雙元領導」的局面。但是，兩人在一些戰略方針上存在根本分歧。
比如在埃以關係問題上，納吉布堅持反以立場，經常在報紙上發表激
進言論指責「以色列從阿拉伯人那裡竊取了部分家園」。與之爭奪領
導地位的納賽爾則反其道而行之，主張通過緩和埃以關係來拓寬埃及
的外交戰略空間。[30]在蘇丹問題，納吉布也堅決拒絕放棄埃及對蘇丹

---

30 "M. Kahany (Geneva) to M. Kidron," 8 June 1953, *Documents on the Foreign Policy of Israel* [Hebrew] (Jerusalem: Israel Government Printer, 1995), Vol. 8, pp. 220-221, Doc. 255.

的主權主張,而納賽爾則致力於推動英軍撤出蘇伊士運河區,為此可以放棄對蘇丹的主權要求。[31]

納賽爾與納吉布分歧的根源在於權力爭奪。革命勝利後,納賽爾領導的革命委員會控制了埃及政府,但納吉布並不打算做一個有名無實的領袖。他憑藉之前的聲望和親民形象,迅速征服了埃及民心。在治國方針上,納吉布反對納賽爾與過去徹底決裂的心態,反對終結議會制度,反對終結埃及政黨,反對逮捕納哈斯等政治高壓行為。[32]這一系列主張導致兩人矛盾的逐漸加深。

納賽爾與納吉布的矛盾在一九五四年二月公開爆發,納吉布直接宣布辭職。隨後,支持納吉布和議會民主制的抗議和示威遊行大規模爆發起來,軍隊中的空軍也站在戰爭英雄納吉布的一邊,革命指揮委員會認識到納吉布的巨大影響力。因此,納賽爾選擇了妥協,三月納吉布恢復總統職位。但是,納賽爾背後是有力量的組織——自由軍官組織,而納吉布背後則只有散兵游勇。經過一系列的精心策劃,納賽爾肅清了這些納吉布支持者,平息了罷工和示威遊行,並最後於一九五四年三月末秘密監禁了納吉布。[33]十一月,納賽爾成為埃及總統,納吉布失敗了。

在納賽爾與納吉布的鬥爭中,穆兄會分成了兩派。以阿什瑪維和薩奈迪為首的軍事激進派和特殊事務部成員,站在了納賽爾一邊。一九五三年八月,阿什瑪維聯合蘇卡利等人公開挑戰胡代比的權威。八月八日的穆兄會舒拉委員會大會上,胡代比的任期被限制為三年。[34]隨

---

31 "E. Elath (London) to M. Sharett," 23 September 1953, *Documents on the Foreign Policy of Israel* [Hebrew] (Jerusalem: Israel Government Printer, 1995), Vol. 8, pp. 677-679, Doc. 383.

32 詹森‧湯普森著,郭子林譯:《埃及史:從原初時代到當下》,頁295。

33 詹森‧湯普森著,郭子林譯:《埃及史:從原初時代到當下》,頁296。

34 Richard Paul Mitchell, *The Society of the Muslim Brothers*, pp. 120-125.

後，薩奈迪指示特殊事務部成員暗殺了胡代比的支持者、特殊事務部副指揮官賽義德・法阿茲。胡代比以此為藉口，重申特殊事務部的恣意妄為對穆兄會的傷害，從而驅逐了包括薩奈迪、艾哈邁德・扎基・哈桑（Ahmad Zaki Hasan）、馬哈穆德・薩必吉（Mahmud al-Sabbaj）、艾哈邁德・阿迪勒・卡邁勒（Ahmad 'Adil Kamal）在內的多名特殊事務部領導。但這些被驅逐者並未放棄與穆兄會激進派成員的聯繫，同時還保持著同納賽爾的聯繫。

革命指揮委員會於一九五四年一月十四日宣布解散穆兄會，胡代比隨即被逮捕。而操控這一行動的就是納賽爾，他當時掌握了整個國家的命運，也掌握了穆兄會的命運。作為回應，胡代比寫了一份公開信向納吉布求助。信中強調對穆兄會的控告是站不住腳的，並反駁了納賽爾對穆兄會想建立一個專制政權的指責。胡代比的呼籲，得到納吉布的回應。一九五四年二月納吉布辭職，隨後掀起的示威遊行中，穆兄會佔據重要作用。三月一日納吉布恢復總統職位時，對穆兄會的解散令也隨即被撤銷。[35]

在胡代比選擇站在納吉布一邊時，穆兄會舒拉委員會中分成了三派。其中一派以副訓導師阿卜杜勒・卡迪爾・奧達為首，他們認為胡代比的領導已把穆兄會推向了死亡邊緣，他們主張與納賽爾合作並同革命指揮委員會和解；第二派則主張繼續按照胡代比的想法行事，堅持對抗納賽爾及其在革命指揮委員會中的影響力；第三類派別則被稱為中間主義者，他們不贊同任何一方。[36]

納吉布在與納賽爾的鬥爭中最終失敗，這無疑敲響了穆兄會的喪鐘。值此之時，對胡代比的指責之聲日起，但他仍未放棄努力。一九

---

35 Richard Paul Mitchell, *The Society of the Muslim Brothers*, pp. 144-147, 159-160.

36 Barbara H. E. Zollner, *The Muslim Brotherhood: Hasan al-Hudaybi and Ideology*, p.34.

　　五四年五月，胡代比向納賽爾請願，要求在埃及恢復議會民主制、解除國家緊急狀態、恢復公眾自由和穆兄會的合法地位。但是，胡代比與納賽爾的矛盾已經不可調和，而且革命政府控制下的媒體也開始抨擊穆兄會。穆兄會成員與支持自由軍官組織的學生在開羅大學發生的衝突，以及穆兄會在英埃蘇伊士撤軍問題上的態度，被埃及媒體過度渲染。在這樣的輿論背景下，胡代比選擇出國旅行，以避免與革命政府的進一步衝突。

　　一九五四年六月，胡代比前往中東數個國家，拜訪了當地的穆兄會分支機構。在胡代比出訪期間，納賽爾重啟了與英國關於「蘇伊士運河區英國撤軍」的談判。令人驚訝的是，僅僅一個月後的七月二十七日，英埃談判即取得階段性結果，雙方草擬了撤軍協議。[37]

　　胡代比很快收到了消息，並於七月三十一日在黎巴嫩發表了他的第一個評論，質疑這種協定的必要性，因為一九三六年埃及與英國簽訂的條約僅僅兩年後就將到期（一九五六年到期），而那時埃及將自動終結對英國的所有義務。八月二十二日，穆兄會官網公開發表評論，反對納賽爾簽訂英埃協定。胡代比返回埃及後，立刻發表了一次公開演講，反駁關於穆兄會威脅國家安全的言論，並闡明了對英埃協定的反對態度。[38]這是穆兄會遭受鎮壓前胡代比最後一次公開演講。此次演講之後，胡代比前往亞歷山大幽居生活。但是，他的演講已經將穆兄會推到風口浪尖。而當穆兄會需要一個領袖應對危機之時，他卻從公眾事務中抽身而出，這無疑有利於納賽爾對穆兄會實施最終方案。

　　在鎮壓來到之前，穆兄會的一些高層已經意識到納賽爾正在推動一股反對穆兄會的情緒，陰謀論者則進一步認為納賽爾已準備對穆兄

---

37 "Summary of a Consultation," 31 July 1954, *Documents on the Foreign Policy of Israel* [Hebrew] (Jerusalem: Israel Government Printer, 2004), Vol. 9, pp. 298-299, Doc. 305.

38 Richard Paul Mitchell, *The Society of the Muslim Brothers*, pp. 137-138.

會動手，而其背後站著的是英國人。[39]一九五四年十月十九日，英埃雙方正式簽訂蘇伊士撤軍協定。一週後的十月二十六日，納賽爾在亞歷山大發表演講時，遭遇穆兄會特殊事務部前成員馬哈穆德・阿卜杜勒・拉提夫的刺殺。這次刺殺行動也成為穆兄會與革命政府關係的轉捩點。

　　儘管埃及官方一直堅持刺殺行動是由穆兄會組織實施的，但仍有很多學者質疑，認為此次刺殺事件是納賽爾安排的陰謀。他們列舉的理由有三。第一，亞歷山大刺殺後埃及革命政府的行動十分迅速，大批穆兄會領導人在第一時間被抓捕入獄，只有極少數人才得以逃脫。如果沒有周密的安排和計畫，政府不可能在面對刺殺這種突發事件後如此迅速的抓捕兇手、快速審訊並判斷背後策劃的組織，更遑論實施超大規模、準確定點的抓捕活動。第二，刺殺活動看上去就像一場兒戲，刺客連開八槍、一槍未中，被刺殺者安然無恙、繼續演講。這種好像有所謀劃的行動非常符合納賽爾早期的行事風格。在一九五六年策劃收回蘇伊士運河公司的過程中，納賽爾也是預先規劃好行動[40]，隨後借演講之機直接開始行動。而在此次行動中，納賽爾也是直接的受益者。他不僅將穆兄會連根拔起，而且將罪禍推脫到被關押的納吉布身上，指責其與穆兄會勾結密謀顛覆革命政權。納吉布隨後被終身監禁，而納賽爾則成為埃及總統，最終完全掌控了埃及的最高權力。第三，此時的穆兄會沒有實施刺殺活動的動機。因為無論刺殺能否成功，穆兄會都無法改變自由軍官組織控制國家政權的現狀，除非在刺殺行動後再安排一次軍事政變，但穆兄會顯然沒有這樣的計畫。而且，此時的穆兄會訓導局已經失去對特殊事務部的控制，特殊事務部

---

39 Barbara H. E. Zollner, *The Muslim Brotherhood: Hasan al-Hudaybi and Ideology*, p. 36.
40 哈桑・艾哈邁德・巴德里、法廷・艾哈邁德・法里德：《三方勾結的戰爭：1956年秋猶太復國主義和英法對埃及的侵略》（開羅：學術圖書館出版社，1997年），頁652。

已發展成為一個獨立的組織，而且還是敵視穆兄會，親近納賽爾。胡代比及其親信也不知道存在這樣的一個刺殺計畫。

對亞歷山大刺殺事件責任人的爭議意義不大，因為此時穆兄會與納賽爾的爭鬥已經達到臨界點，兩者的公開衝突基本無法避免。刺殺事件恰逢其時，成為了自由軍官政府與穆兄會決裂的導火索，它同時也拉開了革命政府迫害穆兄會的序幕。

## 第三節　監獄內外：穆兄會的秘密重建與一九六五年團事件

一九五四年十二月四日，對穆兄會的第一次審判完成，其多位高層被判處死刑，包括總訓導師哈桑·胡代比、副訓導師阿卜杜勒·卡迪爾·奧達、優素福·塔拉特、辛達維·杜韋爾、易卜拉欣·塔伊布、謝赫·穆罕默德·法哈里、刺客馬哈茂德·阿卜杜勒·拉提夫。[41]十二月五日，穆兄會組織被解散。十二月七日，死刑判決執行，只有胡代比被赦免並改判終身監禁。接下來的數週內，埃及人民法庭又宣布了九位穆兄會領導人死刑，其中大部分是訓導局成員。人民法庭還審判了八百位穆兄會成員，另有三百人在軍事法庭受審，超過一千人未經審判即被拘禁。[42]

一九五四年的大規模鎮壓中，受拘禁最多的是受過良好教育的學生、工人、老師和中產階級。[43]一般而言，年輕人會被關押到卡納提

---

41 Richard Paul Mitchell, *The Society of the Muslim Brothers*, pp. 154-160.

42 Olivier Carré and Gérard Michaud, *Les Frères Musulmans. Egypte et Syrie (1928-82)* (Paris: Gallimard Julliard, 1983), p. 68; Richard Paul Mitchell, *The Society of the Muslim Brothers*, pp. 160-162.

43 Olivier Carré and Gérard Michaud, *Les Frères Musulmans. Egypte et Syrie (1928-82)*, p. 68.

爾監獄，而穆兄會高層則被關押在李曼勒‧圖拉監獄。因為關押者數量龐大，埃及監獄人滿為患，以至於政府必須進行緊急協調，才能裝得下如此之多的政治犯。[44]在獄中的穆兄會人，需要面對高強度、長時段的強制勞動，虐待和拷問也屢見不鮮。

那些從政府鎮壓中僥倖逃脫的極少數穆兄會領導人，也時時刻刻生活在擔憂和恐懼之中。穆罕默德‧哈桑‧阿什瑪維是胡代比的親信和穆兄會訓導局成員，他是少數幾個躲過大逮捕並隱居的穆兄會領導人。在他的回憶中，一個接著一個穆兄會領導人的落網，而自己也時刻擔憂被埃及秘密部門找到。宰奈卜‧安薩里在其作品中也提到了此時監獄外穆兄會成員的「驚恐」，他們只敢隱秘的相互接觸並交換資訊。此時，以清真寺為中心的鬆散溝通網路，成為穆兄會成員會面和交換資訊的主要管道。

一九五四至一九五七年的這段時間，穆兄會最大的特點就是「安靜」。穆兄會的一切組織機構都停止運轉，成員躲藏起來，團體活動完全消失，成員間資訊交流極力壓制。穆兄會也未能組織任何的抗議活動和遊行示威。一切的現象表明，穆兄會作為一個社會和政治組織的命運好像已被終結。

但是，事情在一九五七至一九五八年發生了轉機，納賽爾政府開始放鬆對穆兄會組織的鎮壓舉措。很多未經審判就遭拘禁者，以及判刑較輕的穆兄會成員，陸續被釋放，他們多是年輕人或低層的穆兄會成員。另一方面，埃及政府考慮到穆兄會總訓導師胡代比的年齡和身體狀況，將他改為軟禁在其亞歷山大的家中，由其家人陪伴。[45]

---

44 二〇一三年埃及軍人阿卜杜勒‧塞西將軍發動推翻穆兄會總統穆爾西的政變後，埃及監獄再次人滿為患，其情形如出一轍。參見Richard Paul Mitchell, *The Society of the Muslim Brothers*, pp. 155-161.

45 Gilles Kepel, *Muslim Extremism in Egypt: The Prophet and the Pharaoh* (London: Al Saqi Books, 1985), p. 46.

　　埃及政府對穆兄會政策的轉變，歸根於埃及政治環境的變化。一九五六年的蘇伊士運河危機中，納賽爾成功地收回了蘇伊士運河公司的所有權，並抵禦了英法以的聯合入侵，堅持到最後停火。蘇伊士運河戰爭中埃及的勝利，一舉摧毀了大英帝國的中東霸權，納賽爾的聲望如日中天，其宣導的泛阿拉伯民族主義也在中東狂飆猛進。穆兄會意識形態中最核心的部分就是反西方主義，它是穆兄會在埃及社會根深蒂固的支柱性思想。但在此時，蘇伊士的勝利已經證明納賽爾才是反對英國的鬥士，是「當代薩拉丁」。穆兄會的反西方思想，已經為納賽爾的阿拉伯民族主義所取代，穆兄會也不再能對納賽爾的權勢構成威脅。在這種背景下，政府對穆兄會的政策變化了，穆兄會也因此提前復活。

　　在大鎮壓後的第四年，穆兄會組織開始復甦。穆兄會成員、之後的「一九六五年團」領導人艾哈邁德・阿卜杜勒・馬吉德，對穆兄會的復甦做了詳細記錄。在他的記錄中，兩個相互獨立的小組織在一九五八年左右出現，其中一個以阿卜杜勒・法塔赫・伊斯梅爾為領袖，一個團結在阿里・阿什瑪維和馬吉德的周圍。[46]不久後，兩個組織的領袖會面，並決定將這兩個組織合併，以此重建穆斯林兄弟會。為此，他們接觸了總訓導師胡代比。[47]

　　根據穆兄會歷史學家安薩里的描述，阿卜杜勒・法塔赫・伊斯梅爾會見了總訓導師，就「在監獄外重建穆兄會組織」獲得了胡代比的許可。另一個穆兄會歷史學家艾哈邁德・拉依夫的解釋則稍有出入，他提到胡代比模稜兩可地告訴阿卜杜勒・法塔赫・伊斯梅爾「要與政府對待穆兄會的政策相一致」，而後者將這種模糊的態度理解為對其

---

46 Gilles Kepel, *Muslim Extremism in Egypt: The Prophet and the Pharaoh*, pp. 29-30.

47 Barbara H. E. Zollner, *The Muslim Brotherhood: Hasan al-Hudaybi and Ideology*, p.40.

重建穆兄會組織的支持，因為伊斯梅爾認為胡代比在監視中而不能把
贊同態度表達的太直白。在胡代比後來的回憶中，也承認了對重建穆
兄會的認可，但他否認自己應該對「一九六五年團」刺殺納賽爾的事
情負責。總的來看，胡代比對馬吉德、伊斯梅爾和阿里‧阿什瑪維等
人在監獄外重建穆兄會的行動，是認可的。

　　在馬吉德的記載中，穆兄會重建工作由一個四人委員會負責，他
們分別是阿卜杜勒‧法塔赫‧伊斯梅爾、謝赫‧穆罕默德‧法特希‧
拉法伊、阿里‧阿什瑪維和馬吉德。[48]另外一個版本來自於艾哈邁
德‧拉依夫，他的記載中重建小組由五人領導，分別是阿卜杜勒‧法
塔赫‧伊斯梅爾、馬吉德、阿什瑪維、薩布里‧阿拉法勒‧考阿米、
馬吉迪‧阿卜杜勒‧阿齊茲。考慮到拉依夫之後並未參與到一九六五
年團事件中，而馬吉德又是穆兄會重要成員和一九六五年團的領袖，
因此有理由相信馬吉德的版本更為準確。而且，在馬吉德的回憶錄中
有一個表單，記錄了新委員會成員的具體負責事務，如下：

> 阿卜杜勒‧法塔赫‧伊斯梅爾（商人）：負責杜姆亞特省、謝赫
> 村省和尼羅河三角洲東部地區的重建事務，負責聯繫胡代比，
> 聯繫賽義德‧庫特卜，聯繫亞歷山大省和布海拉省的兄弟會成
> 員，與謝赫‧穆罕默德‧法特希‧拉法伊對接，負責籌款。
> 謝赫‧穆罕默德‧法特希‧拉法伊（愛資哈爾大學講師）：負
> 責尼羅河三角洲中部地區代蓋赫利耶省、蓋盧比尤省和米努夫
> 省的重建事務，編譯教育和教學規劃。
> 艾哈邁德‧阿卜杜勒‧馬吉德（前軍事秘密部門的雇員）：負
> 責上埃及的重建事務，負責宣教總會事務。

---

48 Gilles Kepel, *Muslim Extremism in Egypt: The Prophet and the Pharaoh*, pp. 30-31.

阿里‧阿什瑪維（建築公司 Sambulkis 的經理）：負責開羅省和
吉薩省的重建事務，負責體育教育事務。[49]

這個表單十分重要，原因有五。第一，表單中顯示穆兄會的重建是在
總訓導師胡代比和穆兄會重要理論家庫特卜的指導下進行的。第二，
四人委員會的活動得到了流亡海外的前穆兄會領導人，以及海灣伊斯
蘭主義組織的支持，沙特穆兄會支持者寄來的外匯成了該組織的主要
經費來源。第四，表單顯示穆兄會的復甦重建並不僅僅發生在開羅和
亞歷山大，而是在全埃及。第五，這個表單反駁了「穆兄會重建於監
獄中」的說法。

監獄外重建的這個穆兄會組織，後來在一九六五年被埃及政府再
次認定威脅國家安全，隨後遭到新一輪鎮壓。因此這一組織也被稱為
「一九六五年團」，它相當於鎮壓時代穆兄會的「獄外分支」。賽義
德‧庫特卜雖然不是穆兄會重建的指導者，但他的激進主義思想極大
地影響到該組織。

一九六五年團的建立，對監獄內外穆兄會領導人的聯繫協調提出
了更高的要求。宰奈卜‧安薩里、馬吉德和拉依夫等人的作品或回憶
錄中，都對監獄內外的消息傳遞進行了描述。進一步的資料來自於埃
及陸軍準將、納賽爾政府秘密部門的成員福阿德‧阿拉姆。這些資料
都顯示，穆兄會成員的姐妹和妻子在監獄內外的消息傳遞中擔任了至
關重要的角色。這些女人大多相互熟知，並且多是穆斯林姐妹會的成
員。這個穆斯林姐妹會是穆兄會事實上的附屬機構，由宰奈卜‧安薩
里領導，成員包括庫特卜的姐妹阿米娜‧庫特卜和哈密達‧庫特卜，
胡代比的夫人和女兒哈麗達、阿麗亞、塔黑亞‧蘇萊曼，穆尼爾‧迪

---

49 Gilles Kepel, *Muslim Extremism in Egypt: The Prophet and the Pharaoh*, pp. 26-27.

利亞的妻子阿瑪爾‧阿什瑪維。[50]

　　穆斯林姐妹會在一九五四年大鎮壓中完整的保存下來。女性無法對政治系統構成威脅，這是政府允許姐妹會存在的主要原因。而且，在埃及大規模逮捕女性所付出的政治代價，要比大規模逮捕男性高出很多倍。在安薩里的組織下，姐妹會成為穆兄會被拘禁者的支持團隊。[51]她們並不是簡單作為一個消極被動的消息傳遞者，而是積極主動的活動者。她們開展募捐活動，把獲得的資金用於支持穆兄會家庭成員渡過難關。她們的活動也得到對穆兄會抱有同情的監獄守衛的幫助，他們對姐妹會的活動睜一隻眼閉一隻眼。

　　由於穆兄會被分配到全國各地的不同監獄，監獄內的資訊交流頗為不暢。因此，李曼勒‧圖拉監獄中的監獄醫院，成為了穆兄會成員資訊交換的重要場所。穆兄會在押成員因生病被送往圖拉監獄醫院，在醫院中和其他成員交流、獲得資訊、接受指導，隨後回到各自的監獄並傳播所獲得的消息。[52]正是在圖拉監獄醫院中，庫特卜寫成了自己的兩本代表作《在古蘭經的陰影下》和《路標》。也正是通過監獄醫院，他的激進主義思想傳播到卡納塔爾監獄的穆兄會年輕人中去，這些年輕人隨後出獄並加入一九六五年團。[53]

　　得益於庫特卜的姐妹阿米娜和哈密達，《路標》的手稿得以流出監獄。庫特卜主義思想後來成為一九六五年團的指導思想，而《路標》大體就是庫特卜專門給該組織寫的。根據安薩里和馬吉德的敘述，胡代比對庫特卜的作品很瞭解，但他是否認同庫特卜的觀點則不

50 Gilles Kepel, *Muslim Extremism in Egypt: The Prophet and the Pharaoh*, pp. 28-29.

51 Gilles Kepel, *Muslim Extremism in Egypt: The Prophet and the Pharaoh*, pp. 29-30.

52 Barbara H. E. Zollner, *The Muslim Brotherhood: Hasan al-Hudaybi and Ideology*, p.42.

53 馬吉德給出了一九六五年團中四十三個成員的年齡段：二十七人在二十至三十歲之間，七人在三十至四十歲之間，六人大於四十一歲，另有三人年齡不確定，沒有小於二十歲的。這些人基本上都受過高等教育，是工程師、教師或學生。

得而知。庫特卜成為一九六五年團組織事實上的精神導師，但庫特卜表示自己一旦出獄將只從事思想工作，不負責具體事務。庫特卜出獄後與該組織的第一次會面時，即要求這些「庫特卜主義者」將組織內部的詳情告訴胡代比。胡代比被該組織的龐大規模驚訝到了，他對一九六五年團選擇庫特卜做領袖表示了認可，並鼓勵他們繼續前進。

一九六五年團並不僅僅限於古蘭經和遜奈的學習，他們還充分關注當代伊斯蘭主義學者的思想，巴基斯坦伊斯蘭學者毛杜迪等人的作品也被他們列入書單。在他們的思想交流中，如何回歸穆兄會曾經的輝煌是最主要的問題。對穆兄會過去和現在的幻滅與懊惱，轉變為對納賽爾的憤怒。他們將納賽爾視為暴君、背叛伊斯蘭教的變節者，認為他是伊斯蘭事業最大的障礙。[54]隨著一九六五年團的不斷壯大，要求強硬對抗納賽爾威權主義政權、以激進方式創造一個純粹伊斯蘭政權的呼聲不斷高漲。庫特卜的極端主義思想，則在其中起到推波助瀾的作用。

隨著一九六五年團的不斷活躍和其激進思想的不斷展現，納賽爾政府也警覺起來。一九六五年七月，新一輪鎮壓隨之而來。納賽爾要求徹底地搜捕，凡是持有庫特卜《路標》一書複印本的人都被懷疑是穆兄會成員。到八月左右，一九六五年團的主要領導人基本都被政府捕獲。他們的罪名是「叛國」，對他們的指控包括密謀暗殺埃及總統納賽爾、陰謀推翻政府等。

納賽爾的大規模鎮壓，不僅僅意味著一九六五年團被連根拔起，也打斷了穆兄會復甦的苗頭。[55]庫特卜及其極端主義思想的迅猛傳

---

54 Gilles Kepel, *Muslim Extremism in Egypt: The Prophet and the Pharaoh*, p. 28; Ahmad Moussalli, *Radical Islamic Fundamentalism: The Ideological and Political Discourse of Sayyid Qutb* (Beirut: American University of Beirut, 1992), p. 8.

55 Gilles Kepel, *Muslim Extremism in Egypt: The Prophet and the Pharaoh*, p. 34.

播，是政府決定將其扼殺在萌芽狀態的主要原因。另外，國際關係因素也是重要的原因之一。一九六二年開始，納賽爾大力發展埃及與超級大國蘇聯的關係，並隨後帶領埃及加入到東方陣營之中。[56]莫思薩里（Moussalli）認為，擁有濃厚反蘇思想的穆兄會的復興，將會傷害到埃及與蘇聯的關係，而這是納賽爾考慮大規模鎮壓穆兄會的重要原因。[57]除此之外，納賽爾準備對以色列發動戰爭的因素也應被考慮進來。戰前準備預計至少要到一九六五年才能結束，在這之前埃及應該保持冷靜，不給以色列提前發動戰爭的藉口。穆兄會擁有強烈的反西方、反以色列的思想，庫特卜主義者還將自己的主要目標改為納賽爾本人，這是不可接受的。[58]總之，納賽爾有諸多理由再次打壓伊斯蘭主義者，尤其是圍繞在庫特卜和阿卜杜勒‧法塔赫‧伊斯梅爾身邊的那些激進者。

軍事法庭的審判結果中，宣稱一九六五年團試圖暗殺納賽爾、推翻現政權。一九六六年二月，埃及法院宣布了最終審理結果，賽義德‧庫特卜、哈桑‧胡代比、阿卜杜勒‧法塔赫‧伊斯梅爾和穆罕默德‧優素福‧阿瓦什被判處死刑，另有數百人被判監禁。一九六六年八月二十六日，埃及政府執行了對庫特卜、伊斯梅爾和阿瓦什的死刑。胡代比被再一次豁免死刑，改判終身監禁。

不同於一九五四年的大鎮壓，這次審判後穆兄會的反應完全不一樣。穆兄會人不再感到幻滅、懊惱、不發一言，被重新押回監獄的成員們受到英雄般的對待。監獄完全失控，一天之後才恢復秩序。這場

56 Ahmad Moussalli, *Radical Islamic Fundamentalism: The Ideological and Political Discourse of Sayyid Qutb*, p. 36.

57 Ahmad Moussalli, *Radical Islamic Fundamentalism: The Ideological and Political Discourse of Sayyid Qutb*, pp. 172-174.

58 Barbara H. E. Zollner, *The Muslim Brotherhood: Hasan al-Hudaybi and Ideology*, p.44.

小暴動也標誌著穆兄會的昇華，他們不再為永無止境的鎮壓所懊惱，不再逆來順受。庫特卜的死亡，也被認為是為伊斯蘭的事業做出了犧牲，無論是極端主義者還是溫和派都對他充滿了敬意。

但是，意識形態分歧也迅速爆發，並彌漫整個監獄中。爭論主要發生在卡納塔爾監獄、齊納監獄和李曼勒‧圖爾監獄。對納賽爾政權的態度和意識形態問題，是爭論的核心。

爭論起自於總訓導師胡代比要求一九六五年團成員就「塔克菲兒思想」是否是其分支的核心思想、是否存在暗殺納賽爾的意圖等問題，做出公開澄清。根據一九六五年團領導人馬吉德的描述，時年七十四歲的胡代比事實上並不清楚一九六五年團的組織形式、領導機制和核心思想，雖然他之前曾同意該分支的建立。還有學者認為，胡代比的這一行為可能是為了打壓庫特卜主義者，以重建自己的權威。[59]

詢問事件之後不久，胡代比發表公開演講劃清了自己與一九六五年團的界限。而他的公開演講，也隨即遭到一九六五年團成員的激烈反對。馬吉德描述了人們得知總訓導師發言後的挫折感和難以置信，而對胡代比領導力和公正性的質疑之聲也隨之而起。

胡代比的詢問和公開演講，事實上涉及到穆兄會的核心意識形態問題。在這之後，胡代比又發布了第二份公開信，其中詳細表述了他的意識形態、政治思想和對國家政權的看法。隨後，監獄中的穆兄會成員分成了涇渭分明的兩派。激進派贊同庫特卜的聖戰思想，提倡使用暴力和革命的手段來建立伊斯蘭國，而真正的穆斯林有義務參與這一事業。溫和派則站在胡代比這一邊，他們基於社會改造理論，認為建立伊斯蘭國家需要通過自下而上的社會革命，教育和宣教才是應該

---

59 Barbara H. E. Zollner, *The Muslim Brotherhood: Hasan al-Hudaybi and Ideology*, pp. 45-46.

使用的手段。此時，穆兄會站在了走向未來的十字路口。而隨後發生的一九六七年中東戰爭，使得兩派的爭論進一步升級。

　　一九六七年四月，由於敘利亞和以色列在邊界上不斷發生衝突，中東緊張局勢驟然加劇。五月中旬，以軍參謀長拉賓聲稱只有推翻大馬士革政權，才能結束敘利亞人對以色列的攻擊。埃及軍隊根據一九六六年與敘利亞簽署的共同防禦條約，在西奈半島的以色列邊界沿線進行部署，作為對一九六七年四月以色列攻擊敘利亞的回應。[60]此外，納賽爾要求自蘇伊士危機以來駐紮在西奈的聯合國緊急部隊撤離。[61]一九六七年五月，納賽爾從蘇聯方面收到關於以色列在敘利亞邊界集結的消息。納賽爾隨即採取了緊急措施。五月十八日，它要求三千四百名聯合國緊急部隊撤離西奈。五月二十二日，宣布封鎖以色列進入紅海的航線，拒絕以色列船隻進入蒂朗海峽。[62]埃及宣布封鎖蒂朗海峽的次日，以色列宣布全國總動員。一九六七年六月五日，以色列出動了全部空軍，對埃及、敘利亞和約旦等國的二十五個空軍基地發動了大規模的突然襲擊。第三次中東戰爭隨即爆發。

　　面對戰爭，庫特卜主義者仍不願支持納賽爾，視他是一個「叛教者」（Jahiliyya），認為與以色列人的對抗不能贖回納賽爾政權的罪孽。與之相反，胡代比派認為納賽爾確實做錯了某些事，但他仍是個穆斯林，他抗擊以色列的行為正是真主所囑咐的「聖戰」。兩派之外還有一些中間主義者，他們往往以哈桑・班納的繼承者自居。班納派

60 George W. Gawrych, *The Albatross of Decisive Victory: War and Policy Between Egypt and Israel in the 1967 and 1973 Arab-Israeli Wars* (Santa Barbara, CA: Greenwood Press, 2000), p. 5.

61 Indar Jit Rikhye, *The Sinai Blunder: Withdrawal of the United Nations Emergency Force Leading* (Oxford: Routledge, 2013), p. 156.

62 Ian. J. Bickerton, *The Arab-Israeli Conflict: A History* (London: Reaktion Books, 2009), p. 111.

與胡代比派都保持著溫和主義思想，他們之間的不同，主要緣於對胡代比個人的態度不同。[63]

　　一九六七年戰爭中埃及慘敗，納賽爾的聲譽和自信心完全瓦解。庫特卜主義者認為納賽爾的失敗是「真主的懲罰」，為此他們還特意引用了古蘭經中類似的故事。他們開始視自己為伊斯蘭事業的先鋒（Tali‘），並認為只有庫特卜主義才能指引一個人成為真正的穆斯林。庫特卜主義者不僅僅在意識形態上與穆兄會分道揚鑣，還在組織結構上與穆兄會主體隔離開來。在監獄中，庫特卜主義者形成了自己的小圈子。穆斯塔法·舒克利便是著名的庫特卜主義者，他於七〇年代被釋放後，隨即建立了半軍事組織「定叛與流放組織」（Takfir wal-Hijra）。除此之外，還有一系列其他的庫特卜主義團體，他們都是在獄中與穆兄會決裂的。

　　庫特卜主義者分裂出去後，胡代比最重要的任務就是挽留那些中間派。為此，他與穆兄會訓導局合作書寫了《教士並非法官》（Preachers not Judges）一書，以期作為穆兄會的指導思想，說服那些猶豫不定者。[64]

　　《教士並非法官》並非哈桑·胡代比一個人的著作，他之後的幾任穆兄會總訓導師大多參與了該書寫作，包括第三任訓導師泰勒馬薩尼、第五任訓導師穆斯塔法·馬謝兒、穆兄會第六任訓導師穆奈姆·胡代比（哈桑·胡代比之子）。

　　該書可能並非針對庫特卜，而是為了反駁一九六五年策劃暗殺納賽爾活動的那一批極端主義者。文中並未出現庫特卜的名字，也沒有刻意抹去庫特卜名字的痕跡。可見，當時的庫特卜及其思想，在穆兄會並非爭論的焦點。

---

63 Barbara H. E. Zollner, *The Muslim Brotherhood: Hasan al-Hudaybi and Ideology*, p. 46.

64 Barbara H. E. Zollner, *The Muslim Brotherhood: Hasan al-Hudaybi and Ideology*, p. 47.

　　《教士並非法官》一書討論的核心問題是「卡菲爾／不信者」（Kafir）與「塔克菲爾／定叛」（Takfir）的問題。該書致力於闡明伊斯蘭如何建立的問題，而不是糾結於對不信者如何處置的問題。對於信仰、不信者、義務、統治和沙里亞法，極端主義者與溫和伊斯蘭主義者看法截然不同。極端主義者總是將自己的反對者定義為不信者，進而號召對這些不信者進行懲罰。此書中將「一個人是不是不信者」的問題轉變為「如何使一個人確立對伊斯蘭信仰」，這樣的問題轉換策略可以瓦解極端主義的根基，因為自此信仰並不是一種天生義務，而是一個人的成長過程，即「一個人努力感悟真主仁慈和智慧的過程」。

　　《教士並非法官》還認為信仰並非口頭說說的，辨識一個人是否保有信仰是真主的最高權威，凡人沒有權力把某個人定義為不信者或變節者。書中第一條即明確，任何個人的宗教審判行為，都是對神聖法律（古蘭經、遜奈）的非法入侵。這一原則客觀上鞏固了個人自由。書中第二條則表示，並非只有致力於建立伊斯蘭國的穆斯林才是真正的穆斯林，按照真主意志平淡生活的穆斯林一樣可以是最佳信徒。而且，不信者與罪惡之人有本質區別，不能一味攻擊不信者的信仰問題。另外，即使是違背真主之法的人，也並不一定就是變節者。這進一步引出該書第三條原則：真主之法只對信仰者使用，不信者並不受到信仰者公義的約束。這一條排除了沙里亞法對非穆斯林的裁決權。另外，文中對穆斯林無意識的過錯和強迫變節問題也有涉及。

　　《教士並非法官》認為伊斯蘭教法分為不可動搖法（'abadat）和可變的法（Mubahat）。不可動搖法包括古蘭經和遜奈等，可變的法則可依照社會發展程度和地區間差別有所改變，具有可解釋性、時效性和可推翻性。書中表示，舒拉委員會對可變的法擁有修改、創制的權力，伊斯蘭法可作為穆斯林國家立法的「主要來源之一」，但並非「唯一來源」，也非「主要來源」（只是「之一」）。很顯然，不同於極端主義者強調政治與沙里亞法的神聖關係，胡代比等人更傾向於將兩者鬆綁。有鑒於胡代比對穆斯林個人信仰的重新定義，他在激進主義者眼中便成了一個變節者。對此，胡代比泰然自若，並在該書第七部分給予了充分的解釋。

《教士並非法官》一書，事實上成為之後穆兄會溫和化的指導思想。當然，穆兄會溫和化的原因很多，它一方面緣於溫和思想本身具有一定的吸引力和強大生命力，另一方面也應歸功於埃及政治環境的變化和政治自由化進程。另外，胡代比的追隨者泰勒馬薩尼、穆斯塔法‧馬謝兒和小胡代比等人一直佔據著穆兄會的核心職位，不斷鞏固胡代比思想的核心地位，這客觀上鞏固了胡代比思想在穆兄會中的地位。

《教士並非法官》一書的作者群中，還包括一些愛資哈爾大學的著名學者。[65]從一九六一年開始，愛資哈爾大學就已受到納賽爾政府的控制。而愛資哈爾的謝赫們如果沒有政府當局的許可，不可能進入監獄參與到該書的寫作。另外，沒有政府的許可，該書也不可能公開出版和發行。據此，有學者認為納賽爾事實上應該知道該書的創作情況，並且給予了許可，甚至可能該書本身就是納賽爾與穆兄會和解的標誌。[66]

納賽爾轉變態度認可穆兄會溫和派的活動，是多種因素影響的結果。一九六七年戰爭的失敗，極大地削弱了納賽爾的政治權威。另外，埃及新一代學生、工人、中產階級、知識份子乃至官僚逐漸傾向

---

65 Barbara H. E. Zollner, *The Muslim Brotherhood: Hasan al-Hudaybi and Ideology*, pp. 47, 64, 149.

66 Barbara H. E. Zollner, *The Muslim Brotherhood: Hasan al-Hudaybi and Ideology*, pp. 47-48, 148-150.

於伊斯蘭主義，也是重要原因。[67]在這種背景下，無論是對胡代比和穆兄會訓導局，還是對納賽爾而言，緩和都是雙贏的。胡代比等人與愛資哈爾學者的合作，也反駁了一直以來的一種觀點，即「穆兄會與埃及政府的和解始於納賽爾死後、薩達特繼位時」。按照局勢的發展，納賽爾是否放鬆對穆兄會的鎮壓，大約只是時間問題。但誰能預料到納賽爾會突然死去？

## 第四節　穆兄會在沙特的發展與全球薩拉菲主義的興起

一九六〇年代納賽爾鎮壓穆兄會期間，一大批穆兄會成員和古典伊斯蘭主義者開始流亡海外，而沙特阿拉伯則是他們主要的落腳點。流亡沙特的穆兄會成員中較著名的有賽義德・庫特卜的兄弟穆罕默德・庫特卜（Muhammad Qutb, 1919-2014）[68]、敘利亞穆兄會成員穆罕默德・蘇魯爾（Muhammad Surur, 1938-2016）[69]、伊拉克穆兄會成

---

67 Barbara H. E. Zollner, *The Muslim Brotherhood: Hasan al-Hudaybi and Ideology*, p. 47; Carrie Rosefsky Wickham, *Mobilizing Islam: Religion, Activism, and Political Change in Egypt* (New York, NY: Columbia University Press, 2002), pp. 21-35.

68 賽義德・庫特卜「殉教」之後，穆罕默德・庫特卜被埃及政府釋放，後流亡沙特，先後在麥加大學沙里亞法學院和吉達的阿卜杜勒－阿齊茲國王大學授課，並傳播其兄的思想，進而影響了一代人，據信本・拉登就經常前往吉達大學傾聽他的講座。勞倫斯・賴特（Lawrence Wright）著，張鯤、蔣莉譯：《末日巨塔：基地組織與「9・11」之路》（上海：上海譯文出版社，2014年），頁91。

69 蘇魯爾是敘利亞薩拉菲派承上啟下的重要人物，曾因參加穆兄會庫特卜主義軍事組織而被大馬士革政府迫害（1958-1961年敘利亞與埃及合併為「阿拉伯聯合共和國」，期間大馬士革的政策基本受開羅遙控），一九六五年流亡沙特。一九六五至一九七四年，他在沙特的哈伊勒（Ha'il）和布賴代（Buraida）教書。一九七四年被迫離開沙特後前往科威特，一九八四年前往英國，二〇〇四年回到約旦生活。他不僅僅影響到沙特的薩拉菲派，而且對英國的薩拉菲主義產生了重要影響。參見〈穆罕默德・蘇魯爾：蘇魯爾網站創始人的離去〉，《半島電視臺報》，2016年11月13日。

員分支創始人穆罕默德・馬哈茂德・薩瓦夫（Muhammad Mahmud Al-Sawwaf, 1915-1992）[70]。另外，一些古典伊斯蘭主義者也去往沙特，較著名的有阿卜杜拉・拉扎克・阿菲菲[71]、哈利勒・哈拉斯[72]和納斯爾丁・阿爾巴尼（Muhammad Nasir al-Din al-Albani, 1914-1999）[73]。

　　沙特接納這批學者，部分受到其全球宗教戰略的影響。一九六〇年代，為了對抗納賽爾的阿拉伯社會主義和埃及不斷增強的地區影響力，沙特開始在伊斯蘭方面下功夫。一九六一年沙特成立了麥地那伊斯蘭大學並向全球穆斯林學生開放，一九六二年又倡議創立了伊斯蘭

---

70 薩瓦夫一九一五年生於伊拉克摩蘇爾，一九四三年開始就讀於愛資哈爾大學，回國後成立穆兄會在伊拉克的分支。六〇年代初在伊拉克新興的阿拉伯社會主義迫使他流亡沙特（1958年伊拉克革命後的新的共和國政府曾一度謀求加入阿拉伯聯合共和國）。

71 阿菲菲一九〇五年生於埃及，祖籍沙特，一九二一年開始求學於愛資哈爾大學，畢業後成為埃及早期薩拉菲組織「穆聖正道輔士團」的第二屆主任。一九五〇年回到沙特，任教於利雅得國王大學沙里亞學院。他在沙特各地宣講，獲得沙特國籍，並入選沙特高級學者委員會。

72 哈拉斯一九一五年生於埃及，一九二六年進入愛資哈爾初級學校，一九四〇年從愛資哈爾大學畢業，論文題目為「伊本・泰米葉：薩拉菲派」。在任教宰加濟格大學的同時，哈拉斯於一九四五年繼續獲得愛資哈爾大學的博士學位。當時，在拉希德・里達的影響下，埃及薩拉菲研究已經開始起步，而哈拉斯則憑藉其畢業論文而走進這一圈子，一九六〇年被任命為「穆聖正道輔士團」的副主任。之後他在沙特麥加大學任教七年之久，並在該校高級研究部教法學科建立了一個基於薩拉菲學說的分支。

73 阿爾巴尼一九一四年生於阿爾巴尼亞，後隨家庭遷往敘利亞，三〇年代開始在拉希德・里達的《燈塔》雜誌上發表文章，並逐漸在埃及和敘利亞的伊斯蘭學者圈建立名聲。一九六一年麥地那伊斯蘭大學建校時，他為該校副主任阿卜杜勒—阿齊茲・伊本・巴茲（Abd al-Aziz ibn Baz）所邀請，來教授聖訓「哈迪斯」（Hadith）。阿爾巴尼在沙特的教書經歷斷斷續續，受到伊本・巴茲仕途亨達與否的強烈影響。因為麥地那伊斯蘭大學是沙特三大伊斯蘭大學（另外兩個是麥加大學和利雅得國王大學）中唯一一個接納國外留學生的大學，導致麥地那大學成為對歐洲輸出瓦哈比—薩拉菲思想的主要窗口，而阿爾巴尼也因此超越其同儕成為全球薩拉菲主義最重要的思想家，歐洲很多的薩拉菲主義者是阿爾巴尼的學生。

世界聯盟（MWL，Muslim World League），力圖既自上而下、又自下
而上地建構沙特的全球宗教影響力。但是，當時沙特國內的伊斯蘭教
育力量十分薄弱，而沙特王室又並不希望打破王室與瓦哈比派宗教勢
力的權力平衡，故而大力引進周邊國家的伊斯蘭學者。[74]沙特引進學者
的力度十分之大，以至於六十年代沙特書店中反應穆兄會思想的書籍
比比皆是，而沙特的瓦哈比派也開始自稱「薩拉菲人」（Salafis）。[75]
由此，日後擴散至全球的伊斯蘭復興主義運動——薩拉菲主義——開
始成型。

　　薩拉菲主義則最早出現在埃及。薩拉菲一詞來源於「薩拉夫」
（salaf），是教法（Fiqh）、教義（A'qida）上的一種主張，但其具體
含義經過了不斷的歷史演變。穆罕默德・扎馬勒・巴魯特認為，阿拔
斯王朝時期薩拉菲的目標是「復歸伊斯蘭曆第一、二、三世紀的前人
之道，拋棄任何新造的宗教思潮、想法、道法，比如古希臘哲學對穆
斯林的影響」。[76]埃及思想家默罕默德・歐邁剌（Muhammed Umara）
也認為薩拉菲一詞的定義至今仍未明確，但主流的說法是「回歸前三
代聖門弟子」或「前三任哈里發」時期的「純潔的伊斯蘭」。[77]

---

74 Mohammad Gharaibeh, "Zum Verhältnis von Wahhabiten und Salafisten," in Thorsten
　Gerald Schneiders ed., *Salafismus in Deutschland: Ursprünge und Gefahren einer
　islamisch-fundamentalistischen Bewegung* (Bielefeld: transcript Verlag, 2014), p. 120.

75 當下並非所有的沙特瓦哈比派都被認為是薩拉菲派，一些在國際化進程中保持傳統
　的沙特宗教學者仍被稱為瓦哈比派。沙特的薩拉菲派和瓦哈比派很好區分，後者大
　多在沙特教育和司法部門任職，且擁有官方色彩伊斯蘭學者組織（如沙特高級學者
　委員會）的頭銜，他們幾乎不對討黑德和聖訓研究之外的話題進行學術討論。
　Mohammad Gharaibeh, "Zum Verhältnis von Wahhabiten und Salafisten", pp. 121-122.

76 （黎巴嫩）穆罕默德・扎馬勒・巴魯特：《薩拉菲對當代伊斯蘭運動的思想影響》，
　馬阿瑞夫・哈克美亞研究中心編：《薩拉菲的興起、支柱和本質》（貝魯特：馬阿瑞
　夫・哈克美亞研究中心2004年會議論文集），頁107、169、171。

77 默罕默德・歐邁剌：《薩拉菲主義》（突尼斯：知識之家，1994年），頁5。

　　穆兄會形成時期，即已接納了埃及古典伊斯蘭主義者的薩拉菲觀念。古典伊斯蘭主義思潮肇始於十九世紀下半葉和二十世紀初，早期思想家主要包括哲馬魯丁・阿富汗尼、阿卜杜、拉希德・里達等。古典伊斯蘭主義是伊斯蘭傳統與近代西方思想碰撞的產物，它不同於土耳其的坦齊馬特改革，選擇從伊斯蘭傳統中尋找救國救民的解藥。在古典伊斯蘭主義思潮中，已經萌發出薩拉菲主義的種子，拉希德・里達在一九二〇年代就開始轉向薩拉菲研究[78]，而阿卜杜拉・拉扎克・阿菲菲（Abdur Razaq Afifi, 1905-1995）和哈利勒・哈拉斯（Muhammad Khaleel Harras, 1915-1975）在三〇年代的薩拉菲研究則是當時埃及薩拉菲研究熱潮的一個縮影，埃及「穆聖正道輔士團」則是當時較為著名的薩拉菲組織。一九三六至一九四〇年，穆兄會整合了開羅和尼羅河三角洲的古典伊斯蘭主義者，從而一躍成為埃及最主要的社會組織。[79]

　　當代薩拉菲主義，可謂是穆兄會思想與瓦哈比主義聯姻的產物。瓦哈比主義（Wahhabism）興起於十八世紀中葉阿拉伯半島的奈季德地區，由伊斯蘭學者穆罕默德・伊本・阿卜杜勒・瓦哈卜（Muhammad ibn Abd al-Wahhab, 1703-1792）創立。該派提倡「認主獨一」（Tawhid，討黑德）[80]，反對蘇菲神秘主義，主張回歸純潔的伊斯蘭，

---

[78] Daniel Ungureanu, "Wahhabism, Salafism and the Expansion of Islamic Fundamentalist Ideology", *Journal of the Seminar of Discursive Logic, Argumentation Theory and Rhetoric* 9.2 (2011), p. 146.

[79] Carrie Rosefsky Wickham, *The Muslim Brotherhood: Evolution of an Islamist Movement* (Princeton, NJ: Princeton University Press, 2013), p. 25.

[80] 討黑德又分為三個次級思想體系：討黑德・盧布比耶（tauhid ar-rubûbiyya）、討黑德・烏魯希耶（tauhid al-ulûhiyya）、討黑德・阿斯瑪・瓦西法（tauhid al-asmâ' was-sifât）。盧布比耶描述對全知全能之真主的信仰的基本原則，烏魯希耶表達了崇拜只對真主的「認主獨一」原則和需要的宗教責任（五功），阿斯瑪・瓦西法描述真主的屬性。盧布比耶要解答什麼是信仰，烏魯希耶則致力於解釋為什麼只信仰真主、

故而也被一些學者視為近現代第一個伊斯蘭原教旨主義運動。一七四四年，瓦哈卜與穆罕默德·伊本·沙特達成盟約，之後瓦哈比主義伴隨第一沙特王國的建立和擴張而傳遍整個阿拉伯半島，至今仍是半島主流的宗教意識形態。

沙特瓦哈比派在接納穆兄會思想時，不僅吸收了伊斯蘭復興思想，也吸納了伊斯蘭激進主義。一九六六年庫特卜被判絞刑後，被穆兄會極端主義者奉為「殉教者」，其影響也躍出埃及，廣泛流傳在整個阿拉伯世界。[81]流亡沙特的埃及穆兄會人士，也帶來了關於查希里葉、塔克菲爾、薩拉菲、吉哈德（Jihad）、忠誠與拒絕（Al-wala' wa-l-bara'）等大討論。期間，穆兄會的「政治抱負」也感染了沙特的新薩拉菲派，這種政治抱負在一九七九年麥加禁寺事件中得到集中體現。

禁寺事件發生在一九七九年十一月二十日至十二月四日，沙特薩拉菲主義者朱黑曼·烏泰比（Juhayman al-Otaybi, 1936-1980）帶領六十七名追隨者佔領了麥加大清真寺（即麥加禁寺），直接反對沙特王

---

如何信仰，阿斯瑪·瓦西法則回答究極問題——「真主是什麼樣的」。討黑德三大原則，構建了沙特瓦哈比派思想核心。Mohammad Gharaibeh, "Zum Verhältnis von Wahhabiten und Salafisten", p. 118.

81 庫特卜為伊斯蘭激進主義貢獻了兩個重要思想：「查希里葉」概念和「塔克菲爾主義」。儘管這兩個思想均非庫特卜首創，但他卻是使之聞名遐邇的最重要人物。「查希里葉」（Jahiliyyah）一詞在阿語中意為「無知」，古蘭經中四次出現，特指缺乏真正信仰的時期，用以區分其後的伊斯蘭時代。當代查希里葉的概念進一步延伸，被一些伊斯蘭極端主義者用於指代「需要進行伊斯蘭化的社區」。塔克菲爾主義的影響則更為深遠，為伊斯蘭極端派暴力反對政府提供了法理依據。塔克菲爾（Takfir）來自於詞根卡菲爾（kafir）。卡菲爾意為不信者，而塔克菲爾是卡菲爾的動詞形式，意為「穆斯林將另一個穆斯林確認為不信者」。塔克菲爾從字面上也可被意譯為「定叛」。自納賽爾以降的埃及總統都曾被庫特卜主義者引用塔克菲爾原則定義為「卡菲爾」，而這一原則又通過艾曼·扎瓦希里遺傳給基地組織。塔克菲爾主義與反西方的全球聖戰主義和扎卡維（Abu Musab al-Zarqawi）的反什葉派聖戰主義，構成了當代伊斯蘭極端思想的三大流派。

室的親西方傾向，聲稱穆斯林不僅要跟外國人保持距離，還應當反對那些同多神教信徒結盟的穆斯林執政者。[82]朱黑曼是沙特薩拉菲主義領袖伊本·巴茲的學生，他從「忠誠與拒絕」原則[83]出發，來反對沙特王室同西方結盟，且其佔領行動的根本目標則是為了警醒並促使沙特國家「回歸純潔的伊斯蘭」。[84]禁寺事件是薩拉菲主義思想混雜的結果，而其後果則是薩拉菲派的自我分裂。

　　沙特王室與國內瓦哈比派宗教勢力的關係本身就很微妙，即合作又提防。在麥加禁寺事件後，沙特政府意識到國內宗教勢力的「政治化傾向」，因而改行嚴厲的壓制政策。八〇年代，沙特很少再引進外國教師，而穆兄會流亡者則有要麼減少活動、要麼離開沙特（如穆罕默德·蘇魯爾和薩瓦夫）。[85]為了在政府的壓制政策中保全自己，沙特主流的薩拉菲派開始同朱黑曼·烏泰比劃清界限，他們稱自己為「純潔派」（Purists），而視那些發表反對沙特王室言論甚至起而行動的人為「政治派」（Politicos）。而被稱為政治派的那些人，也諷刺純潔派對沙特王室的忠誠。

　　一九九一年海灣戰爭發生後，純潔派和政治派的分歧更加明顯。沙特王國支持美軍打擊伊拉克、允許美國在沙特土地上駐軍的行為[86]，

---

82 羅伊·梅傑編，楊桂萍、馬文、田進寶等譯：《伊斯蘭新興宗教運動——全球賽萊菲耶》（北京：民族出版社，2015年），頁9。

83 忠誠與拒絕，即「瓦拉」和「巴拉」（Al-wala' wa-l-bara'），其中「瓦拉」意指「對伊斯蘭保持忠誠」，「巴拉」意指「與不信者、異教徒和不追隨伊斯蘭正道的穆斯林保持距離」。

84 納昔兒·胡再密：《與朱黑曼一起的日子，我曾跟隨的忠誠薩拉菲人》（貝魯特：阿拉伯研究和出版網，2010年），頁109。

85 Mohammad Gharaibeh, "Zum Verhältnis von Wahhabiten und Salafisten", p. 122.

86 沙特的領土包括「兩聖城」（麥加和麥地那），而自穆罕默德創立伊斯蘭教以來，兩聖城所在的漢志地區還未曾出現成規模的異教徒軍隊。一二五八年蒙古人佔領巴格達、毀滅阿拔斯王朝後，在敘利亞遭遇了埃及馬穆魯克王朝的軍隊並被擊敗，毀滅了一半伊斯蘭世界的蒙古人因此並未得以進軍兩聖城。之後的歷史中，埃及馬穆魯

激怒了一批薩拉菲人，他們開始公開批評沙特王室，其中最著名的要屬來自約旦的薩拉菲激進派阿布‧穆罕默德‧馬克迪西（Abu Muhammad al-Maqdisi）[87]。不同於烏泰比從「忠誠與拒絕」原則出發規勸沙特王室遠離歐美，馬克迪西公開使用塔克菲爾主義裁定沙特王室為卡菲爾。[88]他的觀點一直影響到後來「伊斯蘭國」（ISIS）前身組織的創始人阿布‧穆薩布‧扎卡維（Abu Musab al-Zarqawi）[89]。

　　在薩拉菲派分裂過程中，出現了更為激進的派別，它就是「吉哈德—薩拉菲主義」（jihadist-Salafism 或 Salafi jihadism）。吉哈德—薩拉菲主義這一名詞由法國學者吉勒斯‧凱佩爾（Gilles Kepel）二〇〇二年首創。[90]二〇〇六年，美國學者庫因坦‧維克托羅維茨（Quintan Wiktorowicz）基於凱佩爾的創造，進一步將全球薩拉菲派劃分為三類：純潔派、政治派和吉哈德派。[91]這種「三分法」一經問世就獲得了歐

---

克王朝、奧斯曼帝國、埃及穆罕默德‧阿里王朝、哈希姆家族的漢志王國和沙特王國，均先後取得了兩聖城的統治權，但他們都屬於穆斯林王朝。第一次世界大戰時，英國人曾派遣軍官幫助哈希姆家族發動反對奧斯曼帝國的阿拉伯起義，但只派遣了少許指導軍官（其中最著名的要屬「阿拉伯的勞倫斯」）。所以，美軍確實是穆斯林眼中第一支踏入兩聖城土地的異教徒軍隊。

87　「吉哈德—薩拉菲主義」概念出現後，馬克迪西才被稱為吉哈德薩拉菲派，在這之前其一直被忠於沙特王室的薩拉菲人稱為「政治派」。

88　Nibras Kazimi, "A virulent ideology in mutation: Zarqawi upstages Maqdisi", *Current trends in islamist Ideology* 2 (2005), p. 62.

89　扎卡維與馬克迪西被視為「一對師生」，兩人相識於約旦的監獄中。馬克迪西在獄中宣教，扎卡維則是信徒中的領袖，負責帶來獄徒們禮拜。伊拉克過渡政府財長的阿里‧阿拉維（Ali A. Allawi）曾稱：「扎卡維借鑒馬克迪西的思想，創造了吉哈德薩拉菲主義。」但事實上，扎卡維在認識馬克迪西前就是一個行動的聖戰者，是約旦裔「阿富汗阿拉伯人」的頭目之一。Ali A. Allawi, *The Occupation of Iraq: Winning the War, Losing the Peace* (New Haven, CT: Yale University Press, 2008), pp. 239-240.

90　Gilles Kepel, *Jihad: The Trail of Political Islam*, Anthony F. Roberts trans. (Cambridge, MA: Belknap Press of Harvard University Press, 2002).

91　Quintan Wiktorowicz, "Anatomy of the Salafi movement", *Studies in conflict &terrorism* 29.3 (2006), pp. 207-239.

美學界的普遍支持，它通過「學者式歸納」強行將聖戰思想與薩拉菲思想綁定在一起，從而促成了「聖戰組織源自薩拉菲運動」的錯覺。

但是，「吉哈德薩拉菲主義假說」和基於它的「薩拉菲三分法」，並非沒有爭議。其中尤以薩拉菲主義與聖戰恐怖主義的區別，往往引起學者的困惑。布魯塞爾歐洲政治研究中心的薩米爾・阿姆蓋爾（Samir Amghar）分析法國薩拉菲主義的發展及激進化時就認為：「所有的聖戰組織都借用薩拉菲的辭彙……但吉哈德薩拉菲派不等於基地組織。」[92]德國學者迪爾克・貝爾（Dirk Baehr）在分析德國吉哈德薩拉菲派時也產生了「吉哈德派與吉哈德薩拉菲派如何區分」的疑問。[93]中國學者王濤和寧彧在對薩拉菲主義研究進行綜述時也認為：「經常出現將薩拉菲主義與恐怖主義劃等號的簡單化判斷」。[94]

從思潮與社會運動的的視角出發，薩拉菲主義顯然不能同聖戰恐怖主義劃等號。思潮和運動的首要區別在於對特定思想的服從度問題。思潮基本沒有組織性架構，思潮中的個人和思想家們以共同的思想為紐帶，形成了個人關係網絡，對思想的服從度較強，一旦拋棄該思想或行為有悖於該思想則會被該思想的關係網絡所排斥。運動一般存在組織性架構，組織中個人對思想的服從度往往受制於該組織的權力結構和個人間權力關係。思潮的個人關係網絡中，主要源於思想的或溫和或激進，分裂出不同的派別。而在社會運動中，即使秉持同一

---

92 Samir Amghar, "La France face au terrorisme islamique: une typologie du salafisme jihadiste", in Bernard Rougier ed., *Qu'est-ce que le Salafisme?* (Paris: Presses Universitaires de France, 2008), pp. 244-245.

93 Dirk Baehr, "Dschihadistischer Salafismus in Deutschland", in Thorsten Gerald Schneiders ed., *Salafismus in Deutschland: Ursprünge und Gefahren einer islamisch-fundamentalistischen Bewegung*, pp. 246-247.

94 王濤、寧彧：〈英文文獻中的薩拉菲主義研究述評〉，《阿拉伯世界研究》2017年第5期（2017年5月），頁47。

意識形態的個人，也可能因為權力爭奪而相互敵對。思潮與運動往往只有一步之遙，思想家「由想而做」成為一個實踐派、行動者，思潮也就開始向社會運動演變。

　　基於思潮與運動的區分原則，薩拉菲主義顯然是一種思潮。薩拉菲人之間，不存在明顯的權力關係架構，而是由思想家的個人關係網絡聯繫在一起。比如，伊本‧巴茲雖然是阿爾巴尼前往沙特的引路者和庇護人，但兩人之間並不存在權力上下級關係，而更像是思想上的同路人。與之相對的，恐怖主義組織則是「一種特殊類型的社會運動」，其獨特性主要在於其使用的抗議手段為暴力，而且往往是針對平民的暴力。[95]恐怖主義組織作為一種特殊的社會運動，顯然需要保持意識形態上的「靈活性」，可以隨時拋棄「有害的」意識形態，接納「有益的」意識形態，以有利於自己的「資源動員」（即招募新兵、獲得物資等）。因此，聖戰恐怖主義組織理所當然的可以借用薩拉菲的思想，不僅如此，他們借用甚至創造一切「有益的」意識形態：塔克菲爾主義、反美聖戰主義、伊本‧泰米葉的反什葉派主張……因此，顯然不能將薩拉菲主義與恐怖主義劃等號，前者是一股思潮，後者是一種特殊的、暴力且不人道的社會運動。

　　從穆兄會與沙特瓦哈比主義結合催生薩拉菲主義的歷程，我們也可以看出當代伊斯蘭主義跨越地域和國家的能力。這股自二十世紀初蔓延而來的「幽靈」，不僅飄蕩在阿拉伯世界的上空，而且彌漫到歐洲，甚至飛躍到大西洋的彼岸。自二十世紀六、七十年代亞非穆斯林勞工大規模進入歐洲後，歐洲穆斯林社區開始快速發展。在移民融入的過程中，一部分歐洲穆斯林主張融合西方價值觀而建立「歐洲伊斯

---

95 曾向紅：〈恐怖主義的整合性治理——基於社會運動理論的視角〉，《世界經濟與政治》2017年第1期，頁77-78。

蘭」，另一部分則希望在「再伊斯蘭化」（Re-Islamization）[96]進程中重構身份認同。[97]歐洲「再伊斯蘭化」運動號召歐洲穆斯林移民「離開」（離開歐洲主流社會）和「退守」（退守伊斯蘭傳統文化），其中主張「回歸純潔先輩」的薩拉菲主義則是最具活力、發展最為迅速的派別。由此也可見穆兄會研究、薩拉菲研究等伊斯蘭主義研究的重要性。

---

96 對「再伊斯蘭化」，倫敦大學東方和非洲研究學院女教授薩勒娃・伊斯梅爾（Salwa Ismail）給出了簡潔明瞭的定義：「在社會生活的各個領域重新投放伊斯蘭傳統文化相關標誌和文化符號的過程。」參見Salwa Ismail, "Islamism, Re-Islamization and the Fashioning of Muslim Selves: Refiguring the Public Sphere", *Muslim World Journal of Human Rights* 4.1 (2007), Article 3, p. 2.

97 Angel Rabasa and Cheryl Benard, *Eurojihad: Patterns of Islamist Radicalization and Terrorism in Europe* (Cambridge: Cambridge University Press, 2015), pp. 23-24.

# 第三章
# 薩達特時期穆兄會的溫和化
# （1970-1981）

　　一九七○年納賽爾的突然死亡，成為埃及政府與穆兄會關係的轉捩點。副總統安瓦爾・薩達特接任總統後，為了鞏固個人權威，開始與納賽爾主義者爭奪權力。薩達特以「信徒總統」自居，希望以伊斯蘭復興主義的力量對抗納賽爾主義意識形態。一九七一至一九七五年，薩達特開始大規模釋放穆兄會成員，並允許流落在沙特和海灣國家的穆兄會成員回國。薩達特大赦使穆兄會重見天日，而這似乎佐證了哈桑・胡代比「非暴力鬥爭思想」的正確性。但可惜的是，一九七三年十一月十一日，這位為穆兄會未來而殫精竭慮的八十二歲老人與世長辭了。

　　各界對哈桑・胡代比的作用和貢獻存有巨大爭議。他在五十年代的政策被認為是災難性的，一些人認為正是他的軟弱導致了穆兄會無法團結一致對抗政府。而那時剛剛上臺的自由軍官政權，看上去那麼脆弱。此外，還有一些人指責胡代比在穆兄會內部搞個人威權，從而破壞了穆兄會的團結。但是我們應該看到，胡代比以六十歲高齡接任總訓導師職位時，那個位置並非風光無限。而且，相對於胡代比當時擁有的埃及高級法官身份，總訓導師職位無疑是個燙手山芋，不僅要直面政府的壓力，還要權衡穆兄會各派系的內部爭權。值此之時，他義無反顧地投入到穆兄會之中，鞍前馬後，殫精竭慮。他當了三年的總訓導師，卻付出十九年光陰訴諸牢獄，致使晚年終老於監禁。有鑒

於此，顯然不必過多指責這位老人在埃及風雲跌宕之時無法托起一片
天空。所幸的是，當胡代比垂垂老矣之時，其思想卻煥發新生，「非
暴力社會改造思想」薰陶隨後一代又一代的穆兄會人，一直指導著穆
兄會的政治實踐。

　　薩達特大赦後，埃及穆兄會被允許「非正式的存在」。而隨著國
內政治局勢的演變，薩達特進一步依靠穆兄會來對抗埃及社會、校園
乃至官僚體系中的納賽爾主義者。在這種情況下，以胡代比和泰勒馬
薩尼為領導的穆兄會組織，果斷抓住機會伸展手腳，一步步地滲透入
埃及政治與社會。

## 第一節　薩達特大赦與穆兄會的復興

　　一九七〇年九月二十九日，納賽爾因心臟病發作突然死亡，身為
副總統的薩達特繼任埃及總統。薩達特曾是自由軍官組織最早的成
員，以不斷捲入政治麻煩和頻繁出入監獄而知名。薩達特曾在一九四
一年六月協助阿齊茲・馬斯里出逃，被捕後與馬斯里一起受到審判。
但這一審判沒有斷送薩達特的軍事生涯，反倒使他名聲遐邇。[1]也因
此，一九四二年自由軍官早期組織成立後不久，薩達特即被選入執行
委員會。[2]因為與王室一直以來的密切聯繫，薩達特在一九五二年革
命時被「稍加警惕」。革命的具體時間一直對薩達特保密，以至於七
月二十三日晚革命發動時，薩達特正在陪家人在電影院看電影，直到
第二日早晨起義塵埃落定時方才姍姍來遲。

　　納賽爾執政時，薩達特是他最堅定的支持者，從不發表反對納賽

---

1　瓦吉赫・阿提克：《第二次世界大戰期間的埃及軍隊與德國軍隊》（開羅：阿拉伯思
　　想出版社，1993年），頁58。

2　瓦吉赫・阿提克：《第二次世界大戰期間的埃及軍隊與德國軍隊》，頁69。

爾的言論，以至於人們認為他是個唯唯諾諾、很好控制的人。正因如此，他被納賽爾安插在副總統的職位上，沒有實權，也不會對納賽爾構成威脅。但當納賽爾死後，薩達特表現出強烈的自主傾向。為了鞏固自己的權威，他隨後粉碎了納賽爾主義者阿里・薩比利的團體，並開啟了一系列內政外交改革。

早在五十年代，薩達特就與穆兄會有密切聯繫。而為了對抗納賽爾遺留的權威，薩達特開始自詡「信徒總統」，積極改善與穆兄會的關係。毫無疑問，與穆兄會的和解是薩達特構建個人權威版圖的重要策略。穆兄會強大的社會影響力可以為薩達特提供堅定的社會基礎。而且在一九六七年中東戰爭失敗後，埃及伊斯蘭主義的風氣已日漸崛起，穆兄會強烈的反以色列和反納賽爾主義情緒，與薩達特的戰略完全契合。基於這些原因，薩達特開始調整埃及政府對穆兄會的政策。

從一九七一年開始，穆兄會的成員即被陸續釋放。一九七五年，薩達特正式頒布大赦令，釋放了所有剩下的穆兄會成員。薩達特允許穆兄會重建，但政府的解散令並未取消，因此穆兄會被禁止註冊為一個社會團體或政黨，只能以一種「半合法」的狀態存在。雖然穆兄會名義上被禁止，但在薩達特大赦之後，其團體活動、公開演講都未受到限制。

胡代比參與了穆兄會組織的重建，他的非暴力思想，他對自下而上改造伊斯蘭社會道路的堅持，成為穆兄會組織的指導思想。而正是在這種思想的指引下，穆兄會成功向埃及學生組織、行業協會、公民社會組織、埃及議會和政府滲透。日積月累之下，穆兄會逐漸成為埃及最具社會基礎的組織。一九七三年十一月十一日，當這個八十二歲的垂垂老者在軟禁中逝去時，穆兄會已然在埃及社會中贏得了一席之地。

可以說，哈桑・胡代比是穆兄會歷史上最重要的領導人之一，其

影響力比之哈桑・班納也不遑多讓。作為當代埃及最大的宗教與政治
組織，穆兄會的主體意識形態保持非暴力和溫和化，首先要歸功於胡
代比。他和他的追隨者們聯合寫就的《教士並非法官》，奠定了穆兄
會溫和化的方向。西方一些學者和媒體長期聚焦於哈桑・班納和賽義
德・庫特卜，認為他們的思想及影響無與倫比。這就導致他們無法理
解當下穆兄會對極端主義思想的抵觸，也無法解釋為何穆兄會選擇通
過議會選舉來參與政治，而且還能成功。理解了哈桑・胡代比的思想
及其在穆兄會政治社會實踐中的作用，這個問題就迎刃而解。

胡代比於一九五一年被任命為穆兄會第二任訓導師，在這之前阿
什瑪維、拉赫曼・班納和謝赫・哈桑・巴庫利秘密運轉著穆兄會組
織。只有在贏得努克拉西案和吉普車案審判後，他們才有時間選舉穆
兄會新的訓導師。穆尼爾・迪利亞認為選擇領導層成員當領袖不利於
團結，因為此時穆兄會的溫和派與激進派相互鬥爭難以妥協。胡代比
作為一個職位甚高的埃及法官，在公眾和政府中都極具影響力，他的
妹夫還是埃及王室財政大臣。最重要的是，胡代比服膺於哈桑・班納
的思想，一直承擔著穆兄會的法律工作，且在擺脫努克拉西案和吉普
車案指控中出力甚多。故而，眾人推舉這位時齡六十歲的老人，作為
穆兄會組織名義上的領袖。

穆兄會高層並未賦予新的總訓導師以多大權威，但很快哈桑・胡
代比即證明自己不會碌碌無為，他似乎把穆兄會的未來當做自己的事
業，致力於扭轉穆兄會暴力一面過度伸張的態勢。他答應擔任新總訓
導師的前提就是解散穆兄會特殊事務部，但上任四個月後未能實現這
一目標。胡代比隨即轉向重組穆兄會高層，根據自己的意志來提拔人
手。這種戰術一度是成功的，但它破壞了穆兄會的團結，而這種團結
在那個風雲跌宕的時期可能是最珍貴的東西。隨後發生的事情也充分
地證明了這一點。

　　一九五二年埃及自由軍官革命勝利後，穆兄會與革命政權的關係始於友好，終於敵對。胡代比熱衷於同革命指揮委員會合作，穆兄會的一些領導人也與自由軍官們有深厚的私人友誼。胡代比希望通過革命指揮委員會來擴大穆兄會的政治影響，以達到復興伊斯蘭的目標。但是，革命兩年後，穆兄會被迫在納吉布與納賽爾的鬥爭中站隊，而胡代比選擇了錯誤的一方。隨著納賽爾權力的上升，穆兄會與革命指揮委員會的關係逐漸惡化。在穆兄會登記為政黨並參與選舉的問題上，穆兄會與納賽爾的糾紛越來越大。與此同時，穆兄會內部也面臨分裂。一九五三年秋，隨著阿什瑪維和薩奈迪公開反對胡代比，穆兄會的內部不和全面爆發。胡代比雖然成功地控制了局勢，將特殊事務部從穆兄會組織中剔除出去，驅逐了身為副訓導師的阿什瑪維和特殊事務部主席薩奈迪。但是，穆兄會的團結也被摧毀了。

　　被驅逐的穆兄會軍事激進派開始轉向納賽爾。在一九五四年春納吉布辭職風波中，胡代比站在了納吉布一邊，而納賽爾與胡代比的矛盾也變得不可調和。四月納吉布復職總統職位後，對穆兄會投桃報李。但納賽爾隨即以退為進，慢慢地剪除了納吉布的羽翼，並最終控制了埃及局勢。此後，穆兄會不得不面臨艱難的局面。一九五四年十月二十六日納賽爾在亞歷山大遭遇的刺殺，拉開了鎮壓時代的序幕。穆兄會組織隨即被解散，數十位最高領導人被判處死刑，總訓導師胡代比從死刑改為終身監禁，大批穆兄會成員被關押監禁，埃及監獄人滿為患。

　　卡納提爾和李曼勒·圖拉的獄中時光，穆兄會徹底「安靜」。穆兄會的一切活動和聯絡都被終止，即使僥倖逃脫的穆兄會領導人和普通成員也都惶惶不可終日。穆兄會似乎將要死亡，其存在只在一些非正式的私人聯繫中才能窺見。六十年代，納賽爾因為一系列的政治糾葛而權威衰弱，不得已放寬對穆兄會的制裁以平息非議，一些穆兄會普通會員被釋出獄，他們開始在小圈子里繼續傳播穆兄會思想。他們不僅閱讀傳統的伊斯蘭遜尼派文獻，還探討現代伊斯蘭主義者的作品，包括賽義德·庫特卜和毛杜迪的書。一九六五年，穆兄會再次捲入暗殺納賽爾的陰謀中，新的鎮壓隨之而來。賽義德·庫特卜被處以絞刑，而胡代比則被重新判處終身監禁。在獄中，庫特卜的聖戰思想引發爭議。庫特卜主義者與胡代比派涇渭分明。對於庫特卜主義者而言，真正的穆斯林是積極的聖戰者，敢於為真主的事業獻身，敢於暴力反抗不正義的統治者。與庫特卜主義者的爭論，給予了胡代比重建穆兄會核心思想的機會。

有鑒於胡代比的思想對穆兄會的重要意義，本文認為有必要將其推到「胡代比主義」的高度，以與「庫特卜主義」並駕齊驅。客觀上說，雖然庫特卜主義對伊斯蘭激進主義運動有重大影響，但它事實上對延續至當下的穆兄會主體組織並未產生決定性影響。而且，七十年代以來中東斷斷續續的恐怖襲擊、暴力活動和極端主義運動，因其破壞性而吸引了太多目光，從而無意識中強化了人們對庫特卜主義的感知，高估了其影響力。然而，從所影響到的人數規模來看，胡代比主義遠遠超過庫特卜主義的影響。二〇一一年革命前，埃及大學、行業協會、議會和政府機構中充斥著穆兄會成員，他們都是受胡代比思想感染的溫和派。當時的穆兄會在埃及有幾百萬會員，支持者和同情者更不計其數。在這些人的推動下，出身穆兄會的穆爾西在二〇一二年六月當選埃及第一位民選總統。而穆爾西和前穆兄會成員阿布福圖[3]

---

3　阿卜杜勒·穆奈姆·阿布福圖，一九七〇年代埃及學生運動中的風雲人物，曾是開羅大學學生會主席。七十年代加入穆兄會後，阿布福圖快速晉升，在一九八七至二〇〇九年一直是訓導局成員。二〇一一年年埃及革命後，阿布福圖未與訓導局協商即宣佈參與埃及總統的角逐，被認為違背了穆兄會的總體方針，因此被開除。但阿布福圖在穆兄會青年一代中仍極具號召力，憑藉這些支持他在隨後的總統選舉中獲得了百分之十七·四七的選票，緊隨穆罕默德·穆爾西（24.78%）、艾哈邁德·沙

兩人在埃及二〇一二年總統選舉的第一輪選票中，總計獲得了百分之四十二的選票，這意味著當時有九百八十六萬選民將選票投給了穆兄會。

　　因此，我們顯然不能低估胡代比主義的影響。過去多年對庫特卜主義的高度關注，對極端恐怖主義的極盡誇大，只是因為愛好和平的人總是樂於平淡的生活，而鮮血和爆裂的火花更吸引人目光而已。

## 第二節　薩達特時期穆兄會的政治參與

　　一九七三年胡代比死後，穆兄會依照自己的組織傳統選舉新的總訓導師。此時，歐麥爾・泰勒馬薩尼可謂眾望所歸，他是穆兄會最有資歷的老成員之一，在監獄中待了十七年，且是穆兄會最主要的對外發言人。穆兄會對外發言人的職位，是胡代比上臺初期才設置的，其地位高於副訓導師。由此可見，泰勒馬薩尼在胡代比去世前，即已處於穆兄會的核心位置。他繼任總訓導師後，一直保持著這一職位，到一九八六年逝世。[4]

　　泰勒馬薩尼基本延續了胡代比的溫和化政策，只在實踐方面有

---

菲克（23.66%）、哈姆丁・薩巴赫（20.72%）之後位列第四。競選失敗後，阿布福圖創立了強大埃及黨（Strong Egypt Party）。關於他的詳細介紹，參見附錄二。

4　從第一任總訓導師哈桑・班納，到第六任總訓導師馬穆恩・胡代比（小胡代比），穆兄會一直保持著某種威權特色。只有當總訓導師死亡時，他才會卸下職位。哈桑・班納（1928-1949年在任）死於一九四九年，胡代比（1951-1973年在任）死於一九七三年，泰勒馬薩尼（1973-1986年在任）死於一九八六年，哈米德・阿布・納賽爾（1986-1996年在任）死於一九九六年，穆斯塔法・馬謝兒（1996-2002年在任）死於二〇〇二年十一月十四日，小胡代比（2002-2004年在任）死於二〇〇四年。另外，曾任穆兄會副訓導師穆罕默德・哈比卜（Mohammed Habib）介紹，第七任總訓導師穆罕默德・馬赫迪・阿可夫在二〇一〇年卸任，主要不是因為任期制度的變化，而是因為穆兄會當時陷入內憂外患，而阿可夫不樂意擔責任。

所發展。泰勒馬薩尼首先恢復了穆兄會的官方報紙《宣教報》（al-Da'wa），並且一直擔任該報主編，直至一九八一年該報被埃及政府取締。從一九七三年到一九八一年，《宣教報》一直是穆兄會的主要喉舌，鼎盛時期月銷量達到十萬份。[5]作為第三任總訓導師，泰勒馬薩尼繼承了哈桑・班納的伊斯蘭社會改革思想，大力推進穆兄會在社會服務方面的努力。與此同時，他在報紙上、公開演講中，不斷強調穆兄會對非暴力改革伊斯蘭社會的堅持。《宣教報》曾刊登他的觀點：「有人認為社會運動意味著暴力對抗政府，而我們認為那是一個巨大的錯誤，因為那是對人民力量的錯誤運用，其後果除了對埃及的敵人有利，別無它用。」[6]他還曾強調：「關鍵問題在於沙里亞法，而非誰當權的問題。」[7]

一九七六年開始，薩達特開始推動有限制的政治自由化政策。薩達特先將阿拉伯社會主義者聯盟（Arab Socialist Union）拆分為三個選舉團體，分別代表該黨的左翼、右翼和中間派。[8]一九七六年議會選舉中，薩達特政權控制的中間派獲得多數派地位，他隨後即批准其他兩派轉換成政黨。[9]薩達特的這一舉動被埃及各界視為黨禁開放的標誌，穆兄會一些領導人也認為這是穆兄會成為政黨的最好時機。[10]

---

5  Raymond A. Hinnebusch, *Egyptian Politics under Sadat: The Post-Populist Development of an Authoritarian-Modernizing State* (Boulder, CO: Lynne Rienner Publishers, 1988), p. 205.

6  Gilles Kepel, *Muslim Extremism in Egypt: The Prophet and Pharaoh* (London: Al Saqi Books, 1985), p. 125.

7  Gilles Kepel, *Muslim Extremism in Egypt. The Prophet and the Pharaoh*, pp. 125-126.

8  Rami Ginat, *Egypt's Incomplete Revolution: Lutfi Al-Khuli and Nasser's Socialism in the 1960s* (Oxford: Routledge, 1997).

9  Raymond A. Hinnebusch, *Egyptian Politics under Sadat: The Post-Populist Development of an Authoritarian-Modernizing State*, pp. 159-160.

10 Gilles Kepel, *Muslim Extremism in Egypt: The Prophet and Pharaoh*, p. 127.

但是，一九七七年公布的《政黨法》中明令禁止「宗教性政黨」的存在，而這一條明顯是針對穆兄會的。為此，一九七九年泰勒馬薩尼與薩達特總統會面時，正式提出了「穆兄會建立政黨」的請求，但遭到薩達特的反對。薩達特認為穆兄會在沙里亞法上的態度，與政府政策存在衝突。作為補償，薩達特提出可以使穆兄會成為埃及社會事務部註冊的下屬社會組織。[11]這個提議也未被接受，因為泰勒馬薩尼認為這不僅將限制穆兄會的活動空間，而且會損害穆兄會的獨立性。[12]因此，泰勒馬薩尼最終決定延續穆兄會「非正式存在」狀態，不再追求成為一個「合法的」政治組織或社會組織。

顯然，在薩達特與穆兄會的博弈中，雙方已經達成妥協。政府放棄對穆兄會的鎮壓，允許它的社會活動，但不批准它成為合法政黨參與政治。對應的，穆兄會保證不暴力對抗政府，同時在壓制納賽爾主義等問題上與薩達特保持聯合。作為穆兄會不對抗政府、不謀求建黨的回報，一九七六年埃及議會選舉中，六名穆兄會成員獲得議會席位（以獨立身份參加選舉），薩利赫・阿布・伊斯梅爾擔任這些穆兄會議員的領袖。

在議會中，穆兄會最主要的活動就是「呼籲提升沙里亞法的地位」。雖然在一九七一年埃及憲法第二條中即已規定：「沙里亞法是埃及憲法的主要法律來源之一」。但穆兄會還有兩個目標，一是將沙里亞法的法律地位從「主要法律來源之一」提升為「主要法律來源」[13]，二

---

11 Martin E. Marty and R. Scott Appleby eds., *Fundamentalisms and the State: Remaking Polities, Economies, and Militance* (Chicago, IL: University of Chicago Press, 2004), p. 166.

12 Raymond William Baker, *Sadat and After: Struggles for Egypt's Political Soul* (Cambridge, MA: Harvard University Press, 1990), p. 150.

13 沙里亞法在一國憲法中的地位大致可能有三種，從高到低依次為：唯一來源（The only source）；主要法律來源（the primary source）；主要法律來源之一（a primary source）

是廢除那些與沙里亞法明顯衝突的法律條文。穆兄會議員不僅一直提交提升沙里亞法地位的提案,還不斷遊說其他議員支持這些提案。

穆兄會憑藉選舉進入議會,極大促進了其意識形態在埃及政治系統中的傳播。但在這一時期,穆兄會自身並不樂於歌頌選舉和民主。穆兄會議員領袖阿布‧伊斯梅爾解釋道:「很難說我們是民主系統的一份子,因為將主權歸功於大眾的民主,與服從真主主權的舒拉制度之間,存在截然的不同……如果服從民主制,那意味著我們將不得不動員群眾並使他們成為決策者。那時,個人的觀點將不再是與沙里亞法相結合,而將屈服於個人的欲望。」[14]在穆兄會人的邏輯中,參與議會是為了「最終改變它」。

薩達特政府並不願意穆兄會不斷渲染沙里亞法問題。因此,面對穆兄會的不斷呼籲,薩達特政府希望尋找替代性的解決方案,以平衡他們的激進主張。在這一策略無法取得成效後,薩達特又使用自己的總統權威進行干預。一九七九年十一月,薩達特簽署關於婦女婚姻權的總統令,擴大婦女在結婚、離婚事務上的權利。這一法案後來被稱為「吉安法」,因為外界猜測薩達特妻子吉安(Jehan)在其中起到關鍵作用。[15]吉安受到過系統的西式教育,對婦女問題的態度貼近世俗主義。婦女婚姻權總統令提出後不久,薩達特又採用平衡性策略,來緩和穆兄會和伊斯蘭主義者的不滿。一九八〇年四月三十日,政府控制的埃及人民議會提交對憲法第二條的修正案,將沙里亞法從「主要法律來源之一」提升為「主要法律來源」。五月二十二日,該提案獲得正式批准。

---

14 Carrie Rosefsky Wickham, *The Muslim Brotherhood: Evolution of an Islamist Movement* (Princeton, NJ: Princeton University Press), p. 32.

15 John L. Esposito, *Islam and Politics* (Syracuse, NY: Syracuse University Press, 1991), p. 244.

七〇年代後期，穆兄會與薩達特的戰略聯合越來越缺乏動力。穆兄會的社會影響力逐漸恢復，其對政府政策批評也越來越多，這是兩者關係僵化的主要原因。這一時期，薩達特執政的威權色彩也愈加濃厚。一九七七年一月的「食品暴動」後，薩達特越來越多地依靠強制手段來壓制民眾不滿，穆兄會也開始批評薩達特推行的市場經濟改革加劇了社會不公。

更直接的矛盾在於一九七七年薩達特的「耶路撒冷之行」和一九七九年的《埃以和平條約》。穆兄會有非常深厚的反西方傳統，敵視以色列不僅是為了支持巴勒斯坦阿拉伯人的事業，也是其反西方邏輯的自然延伸。在穆兄會眼中，以色列文明是脫胎於西方社會的，以色列建國是西方文明對伊斯蘭文明的入侵。[16]薩達特與以色列的單獨媾和，因此也被穆兄會視為對穆斯林集體事業的背叛。

對《埃以和平條約》的敵視，使得穆兄會第一次公開挑戰薩達特的權威。一九七八年，泰勒馬薩尼在《宣教報》上發文批評：「當一個穆斯林政權宣布放棄奪回被占伊斯蘭土地時，或者試圖放棄這種努力時，他已經犯下過失。歷史將會評判這一代人的得失，無論他是統治者，還是被統治的一員，審判將會同樣嚴厲。有人選擇肉體得存，卻丟掉了榮譽和信仰。」[17]

對於穆兄會的批評，薩達特的回應也很直白：「不會容忍那些以宗教名義損害國家利益的人……宗教與政治必須完全分離。」穆兄會與薩達特相互間的批評不斷高漲，導致了兩者關係不斷趨冷。一九八一年，薩達特的忍耐達到極限。該年九月，政府逮捕了一千五百名批評者，包括多名宗教性政黨或組織的領導人，其中就有穆兄會總訓導

---

16 Carrie Rosefsky Wickham, *The Muslim Brotherhood: Evolution of an Islamist Movement*, p. 33.

17 Gilles Kepel, *Muslim Extremism in Egypt: The Prophet and Pharaoh*, pp. 255-256.

師泰勒馬薩尼和穆兄會訓導局的幾人。包括《宣教報》在內的一些反
對派報紙，也被暫停。由此，薩達特政府與穆兄會的關係正式破裂。

　　在所有這些被捕者中，有一位名叫穆罕默德・伊斯蘭布利的大學
生。他來自伊斯蘭學生激進派的中心——上埃及艾斯尤特大學，他的
兄弟哈立德（Khaled）於一九八一年十二月六日，奉伊斯蘭聖戰組織
（al-Jihad）的命令，組織暗殺了總統薩達特。

　　暗殺薩達特事件本身與穆兄會沒有直接關係。需要對這一事件負
責的，是伊斯蘭聖戰組織和伊斯蘭學生組織。早在李曼勒・圖拉監獄
中時，伊斯蘭激進派已經與穆兄會主體分道揚鑣。薩達特大赦之後，
這些激進派獲得自由，其中一部分投入到新的聖戰事業中，成立了若
干準軍事團體。其中比較出名的，一是巴勒斯坦人薩利赫・薩諾雅建
立的軍事學院團，該團在一九七四年發動了著名的「軍事學院叛亂」；
二是舒克里・穆斯塔法建立的穆斯林團，該團於一九七七年暗殺了前
宗教事務部部長穆罕默德・達哈比。[18]長期監禁損耗了青春和其他一
切美好，導致這些激進派從骨子裡敵視當權者，並將他們視作「叛教
者」。一九七五年建立的聖戰組織，被認為脫胎於薩利赫・薩諾雅的
軍事學院團，聖戰組織的高級成員基本都曾參與過一九七四年的軍事
學院叛亂。一九七九年，作為秘密組織的聖戰組織被政府發現，多數
領導人被逮捕拘禁，罪名是「陰謀推翻政府和國家憲法」、「企圖基於
沙里亞法改變國家屬性」。一九七九年，穆罕默德・阿卜杜勒・薩拉
姆・法拉吉重新組織了聖戰組織，並且在其著作《隱藏的專橫》（Al-
Farida al-Gha'iba）中引用十三世紀著名伊斯蘭學者伊本・泰米葉的教
義，宣稱對伊斯蘭社會中的「壞的當權者」也有「聖戰的義務」。[19]正

---

18 Gilles Kepel, *Muslim Extremism in Egypt: The Prophet and Pharaoh*, pp. 92-102.

19 Gilles Kepel, *Muslim Extremism in Egypt: The Prophet and Pharaoh*, pp. 194-204.

是在這種思想的指導下，聖戰組織與埃及的伊斯蘭激進青年走到一起，策劃了暗殺薩達特的行動。

## 第三節　伊斯蘭學生組織加入穆兄會

　　伊斯蘭學生組織興起於薩達特執政初期。當時，為了對抗校園裡的右翼勢力——納賽爾主義者和阿拉伯社會主義者，薩達特鼓勵大學校園裡的伊斯蘭學生組織。一九七二年，右翼分子積極鼓動薩達特發動對以色列的戰爭，以報復埃及在一九六七年戰爭中的失敗。親伊斯蘭的學生則與之不同，他們將自己的活動限制在伊斯蘭課程和古蘭經學習，並致力於在大學校園中「隔開男女」。在鼓勵親伊斯蘭學生運動中，有一個關鍵性的人物，即穆罕默德・伊斯梅爾。伊斯梅爾是前執政黨阿拉伯社會主義者聯盟的組織部長，一九七三至一九八二年任上埃及艾斯尤特省的省長。在穆罕默德・伊斯梅爾的鼓勵下，親伊斯蘭的學生們逐步擴大自己的影響力，並最終組建了自己的全國聯繫網路——伊斯蘭學生組織（Islamic Student Associations）。伊斯蘭學生組織在大學校園中的積極活動，令曾經喧囂一時的右翼學生組織黯然失色。[20]一九七三年開始，在政府的資助下，伊斯蘭學生組織的領袖們每年舉辦夏季例會。短短幾年內，各級伊斯蘭學生組織已經在埃及各大校園里落地生根，發展壯大。

　　到七〇年代中期，伊斯蘭學生組織的代表們成立了協商委員會（舒拉委員會，Majlis el-Shura）。舒拉委員會的成員主要來自各大校園的學生領袖，戲稱「埃米爾」（Amir），委員會主席則被戲稱「領袖中的

---

20　Ahmad Abdalla, *The Student Movement and National Politics in Egypt, 1923-1973* (London: Al-Saqi Books, 1985), p. 226.

領袖」（Amir al-Umara'）。這些人包括開羅大學學生會主席穆奈姆·阿布福圖、開羅大學醫學部的埃塞姆·埃利安和希米爾·加扎爾、亞歷山大大學學生領袖易卜拉欣·宰法尼、艾因沙姆斯大學學生領袖慕尤丁·宰亞塔、明亞大學學生會主席阿卜杜勒拉·馬迪。這些人不僅是伊斯蘭學生的代表，還經常出現在政府或學校的各種會議中，同時保持著同其他學生團體的聯繫。開羅大學醫藥部的希米爾·加扎爾，在七〇年代中期擔任舒拉委員會主席。

伊斯蘭學生組織的成功，來自於為學生提供各種貼心的服務，包括出版廉價的學習手冊、在清真寺中提供各種幫助、保護女學生在前往校園的路途中免受困擾[21]、租賃小客車接送女學生、為男女學生提供不同的教室以便於「男女分開上課」[22]。另外，親伊斯蘭學生還組織各種各樣的伊斯蘭活動，從出版小冊子到組建伊斯蘭夏令營，再到伊斯蘭學習活動，不一而足。

一九七五年左右，伊斯蘭學生組織開始滲透各個大學的學生會，並很快取得學生會的領導權。學生會平臺極大拓展了伊斯蘭學生組織的活動空間，伊斯蘭學生組織也借此獲得了一個合法的保護傘。在這個保護傘下，他們可以出版小冊子傳播伊斯蘭主義者的思想。[23]一九七六年時，伊斯蘭學生組織已成為校園中的主要力量。一九七七年，他們徹底掌控了埃及校園，包括學生會、大學生聯合會及其秘書處。[24]

儘管伊斯蘭學生組織初期受到薩達特政府的鼓勵，但是很顯然這些學生並不會因為區區獎勵就放棄自己的獨立思想和價值認識。隨著

---

21 在開羅這樣的大城市，大學校園與宿舍一般是分開的，學生需要花費數小時在路上，可能需要轉幾次地鐵甚至坐火車。

22 男女分校是伊斯蘭主義者在校園中最大的追求。伊斯蘭主義者並不反對女性擁有同樣的受教育權利，他們反對的是大學校園中「不負責任」的墮落性行為。

23 Gilles Kepel, *Muslim Extremism in Egypt: The Prophet and Pharaoh*, pp. 141, 150.

24 Gilles Kepel, *Muslim Extremism in Egypt: The Prophet and Pharaoh*, p. 129.

薩達特政權威權色彩不斷濃厚，學生們對薩達特政府的批評越來越多，其中阿布福圖質問薩達特一事轟動了整個埃及。

　　一九七七年二月，薩達特在小鎮坎塔拉會見來自埃及各地的學生領袖。會上，薩達特否認最近幾個月的食品暴動，宣稱自己推行的「民主、自由和經濟開放」政策利國利民，警告學生領袖不要「無禮地」隨意表達政治觀點和個人想法，而是要引領當下的埃及青年樹立正確的價值觀和行為規範。[25]在薩達特結束自己的話之後，阿布福圖作為學生代表發言，他當時也是伊斯蘭學生組織在場的唯一代表。出人意料的是，阿布福圖作並未為薩達特的演講背書，而是直斥薩達特只以自己的想法定義民主，事實上卻摧毀了民主的精神，公民被隨意逮捕，伊斯蘭學者被禁止教導學生。阿布福圖以著名學者謝赫・穆罕默德・加扎利為例子，指責薩達特「只是從自己周圍的諂媚者中獲得虛假的民眾支持感」。[26]

　　阿布福圖的勇氣，折服了整整一代人。學生們為他敢於向強權說不而激動不已，他的反抗精神使社會公眾對伊斯蘭學生的認識極大改觀。伊斯蘭學生領袖巴德爾・穆罕默德・巴德爾回憶：「當薩達特面對著這個蓄著小鬍子、以無畏勇氣和極大忍耐公然反抗自己的青年學生時，他憤怒了，打斷他，用手指著這個青年說：『停下你的聲音，我將不會容忍任何人否定我！』」[27]阿布福圖在七十年代加入穆兄會後，隨即快速晉升，在一九八七至二〇〇九年一直是穆兄會訓導局成員，二〇一二年甚至參加了埃及總統選舉，在所有候選人中位列第

---

25 Ahmad Abdalla, *The Student Movement and National Politics in Egypt, 1923-1973*, p. 228.

26 Carrie Rosefsky Wickham, *The Muslim Brotherhood: Evolution of an Islamist Movement*, pp. 38-39.

27 Carrie Rosefsky Wickham, *The Muslim Brotherhood: Evolution of an Islamist Movement*, pp. 38-40.

四。勇氣是阿布福圖一舉成名的前提,而薩達特的寬容則是阿布福圖有所成就的關鍵。作為一位威權總統,薩達特沒有處罰這個公然頂撞自己的小小學生。

薩達特耶路撒冷之行和埃以和平條約,是伊斯蘭學生組織與埃及政府關係的轉捩點。緣於學生們對埃以和平的激烈批評,埃及政府從一九七九年開始對學生組織不再寬容,致力於通過行政手段限制伊斯蘭學生組織在校園裡的活動。[28]隨後,學生會開始受學校部委管制,學生會的自主組織權被剝奪,自由活動權也受到限制。伊斯蘭夏令營也被取消,安全警員開始重新部署於校園。[29]

這一時期的伊斯蘭學生組織,也開始激進化和原教旨主義化。在當時阿以衝突的大背景下,學生們更親近庫特卜和薩拉菲派的激進吉哈德思想,對哈桑·胡代比的溫和主義並不熱情。對以色列的敵視,對西方墮落文化的排斥,使這些學生逐漸激進。他們認為:「夫妻如果違反了伊斯蘭教的高尚道德,將可能遭受物理攻擊;電影應被禁止;音樂會、西方舞會也應被禁止……所有被伊斯蘭學生組織認為是違反(伊斯蘭教義)的東西,都應被禁止。」[30]這些極端原教旨主義理念,在伊斯蘭學生組織內部基本被嚴格遵守,尤其是在上埃及的艾斯尤特和明亞省。在艾斯尤特,伊斯蘭學生組織甚至捲入到穆斯林與科普特人的世仇衝突中。一九八一年四月,伊斯蘭學生組織公開聲明,反對科普特人的「傲慢」是他們的義務,科普特文化對伊斯蘭文化是一種「逆流」。他們還指責政府任命的省長為科普特人提供武器,並聽從美國的建議偏袒科普特人。

---

28 Gilles Kepel, *Muslim Extremism in Egypt: The Prophet and Pharaoh*, p. 129.

29 Carrie Rosefsky Wickham, *Mobilizing Islam: Religion, Activism, and Political Change in Egypt* (New York, NY: Columbia University Press, 2002), p. 117.

30 Gilles Kepel, *Muslim Extremism in Egypt: The Prophet and Pharaoh*, p. 151.

　　反對埃以和平是伊斯蘭學生組織激進化的重要原因。原納賽爾主義者、後在金字塔報政治與戰略研究中心擔任研究員的迪亞・拉西旺就曾回憶道：「我和埃利安同時進入開羅大學……儘管在我們的團體間存在眾多分歧，但在戴維營協議後，我們經常交流與合作。無論納賽爾主義者，還是伊斯蘭學生組織，都是貧窮人的孩子，在上大學。這種共同的背景鼓勵我們相互傾聽。」[31]

　　這一時期，穆兄會也極力爭取伊斯蘭學生組織。《宣教報》經常刊登同情和支持伊斯蘭學生的文章，並為伊斯蘭學生在該報上發表評論提供便利，這與當時其他埃及報刊雜誌形成鮮明對比。與此同時，穆兄會不認同薩達特壓制伊斯蘭學生組織，反對政府干涉學生事務。

　　此時的穆兄會，與伊斯蘭學生組織存在意識形態上的較大差異。伊斯蘭學生大多秉持激進的伊斯蘭主義，而穆兄會自薩達特大赦以來已公開放棄武裝暴力。但是，穆兄會領導人認為，完全有可能、也有必要吸引伊斯蘭學生加入穆兄會。穆兄會一直致力於在校園中對抗極端主義思想的蔓延，爭取年輕人向伊斯蘭溫和主義看齊。為此，穆兄會人總以自己在一長段歷史進程中的「堅持不懈」和「自我犧牲」為榮。但是，學生們並不願意加入穆兄會，因為它太過溫和，無論是對政府還是對社會。而且，穆兄會屢受鎮壓的歷史，也讓這些前途光明的學生們心有餘悸。一九七七年，時任穆兄會學生事務部主席的穆斯塔法・馬謝兒到明亞宣講並呼籲伊斯蘭學生加入穆兄會時，阿卜杜勒拉・馬迪等人對之嗤之以鼻。他們公開宣稱：「我們怎能接受一個不蓄鬍子的人來領導我們？」後來馬謝兒開始留鬍子，但依然不被上埃及的伊斯蘭學生組織成員認可。

---

31 Carrie Rosefsky Wickham, *The Muslim Brotherhood: Evolution of an Islamist Movement*, p. 38.

　　薩達特耶路撒冷之行和埃以和平條約，也是穆兄會與伊斯蘭學生組織關係的轉捩點。一九七八年，泰勒馬薩尼在《宣教報》上發文批評薩達特的埃以和平政策，標誌著穆兄會與埃及政府關係的巨大轉變。[32]此時，伊斯蘭學生組織的活動也遭到政府不斷增強的壓制。因此，在穆兄會的不斷爭取下，對薩達特政策不滿的兩方走到了一起。

　　第一波加入穆兄會的伊斯蘭學生，集中在下埃及的發達地區大學中，如開羅大學、艾因沙姆斯大學、亞歷山大大學。早期加入者包括阿布福圖、埃利安、宰法尼這樣的著名學生領袖。這些學生領袖加入穆兄會，帶動一大批伊斯蘭學生跟隨。據明亞大學學生會主席阿卜杜勒拉・馬迪回憶：「他們的決定對我們產生了巨大的影響，他們的膽量和勇氣也十分令人欽佩。在加入穆兄會後，他們又回過頭來不斷遊說其他伊斯蘭學生組織領導人跟隨他們。」[33]

　　在下埃及的伊斯蘭學生蜂擁加入穆兄會時，上埃及的伊斯蘭學生起初保持沉默。一九七九年，明亞大學的阿卜杜勒拉・馬迪和慕尤丁・艾哈邁德・伊薩從監獄中被釋放，他們成為上埃及第一波加入穆兄會的伊斯蘭學生組織領導人。馬迪給出了自己加入穆兄會的原因：「建立一個獨立的組織難度甚大……我們也知道穆兄會很虛弱，且在上埃及缺乏影響力。我們加入穆兄會，是為了使這個組織煥發新的生機。所以，我決定宣誓效忠穆斯塔法・馬謝兒。」[34]馬迪和伊薩的加入，得到了泰勒馬薩尼的熱烈歡迎，他們推動了數百上埃及伊斯蘭學生加入穆兄會。

---

32 Gilles Kepel, *Muslim Extremism in Egypt: The Prophet and Pharaoh*, pp. 255-256.

33 Carrie Rosefsky Wickham, *The Muslim Brotherhood: Evolution of an Islamist Movement*, p. 41.

34 Carrie Rosefsky Wickham, *The Muslim Brotherhood: Evolution of an Islamist Movement*, pp. 41-42.

　　與阿布福圖、馬迪等人相反，一些伊斯蘭學生組織領袖堅決排斥
穆兄會，試圖維護學生組織的獨立性。親穆兄會的和反穆兄會的學生
組織，都繼續使用伊斯蘭學生組織的旗號，以至於在艾斯尤特和明亞
出現兩個對立的伊斯蘭學生組織。這些反穆兄會的伊斯蘭學生組織領
袖，就包括卡拉姆・祖迪。卡拉姆・祖迪領導下的一部分伊斯蘭學
生，隨後與法拉吉的伊斯蘭聖戰組織聯盟策劃了暗殺總統薩達特的
行動。

　　伊斯蘭學生加入穆兄會是一種雙贏，他們後來也被稱為穆兄會的
「青年一代」。當時的穆兄會缺乏新鮮血液，二十多年的監禁時光，
使穆兄會失去了對埃及整整一代人的影響。七十年代的穆兄會，已經
後繼乏力。與此同時，伊斯蘭學生組織儘管蓬勃發展，卻缺乏根基，
他們沒有資金來源，缺乏社會力量的支持，沒有自己的核心價值觀，
內部組織結構鬆散、缺乏凝聚力。最關鍵的，伊斯蘭學生組織缺乏獨
自對抗埃及政府的能力，儘管他們不乏勇氣。與之相反，穆兄會早已
同政府鬥爭了數十年，他們矢志不渝，甚至得到了政府的尊重。遇到
抗議，埃及政府可以毫無顧忌地鎮壓學生，但對穆兄會卻以妥協為
主，只要後者不碰觸底線。加入穆兄會，伊斯蘭學生便可以獲得一定
程度的庇護和關愛，而這種庇護和關愛往往會成為堅持下來的勇氣。
納賽爾鎮壓穆兄會的時代裡，穆斯林姐妹會在監獄外給予的支持與關
愛，已經證明了穆兄會的團結和能力。伊斯蘭學生加入穆兄會，同樣
對穆兄會產生了巨大影響。這種影響大致是積極的，而其效果在接下
來的三十年間不斷顯現。

　　在一部分伊斯蘭學生組織成員加入穆兄會的同時，另一部分伊斯
蘭學生則投入了激進伊斯蘭主義的懷抱，他們甚至參與策劃了刺殺薩
達特的行動。

　　一九八〇年，伊斯蘭學生組織的一位領導人卡拉姆・祖迪，與伊

斯蘭聖戰組織領袖法拉吉達成聯合協議，宣稱共同追隨謝赫奧馬爾·阿卜杜勒—拉赫曼的引導。一九八一年九月，六百名學生因為參與遊行示威活動而被捕，包括穆罕默德·伊斯蘭布利。十月六日，伊斯蘭布利的兄弟、身為陸軍上尉的哈立德·艾哈邁德·沙烏其·伊斯蘭布利，在紀念十月戰爭勝利的閱兵典禮上刺殺了薩達特。

哈立德當時被選入炮兵分隊參加閱兵式，他物色了三名同夥（其中一名是退役的特等射手），在閱兵當天謊稱出於安全考慮，需要將這三人偽裝成國家情報人員安排進自己的炮兵分隊，以替代原來的車隊成員。以這樣的方式，哈立德瞞天過海，躲過了重重安保。刺殺當天，哈立德一夥使用了手榴彈和坦克上的重機槍等武器。除了薩達特之外，刺殺事件還造成了十一人死亡，包括古巴駐埃大使、一位葉門將軍、科普特教皇和埃及中央審計機構的負責人薩米爾·艾爾米。另外還有二十八人受傷，包括副總統胡斯尼·穆巴拉克、愛爾蘭國防部長詹姆斯·塔利、四名美國軍事聯絡官。

儘管官方一直認為是伊斯蘭聖戰組織策劃了這次刺殺事件，但伊斯蘭學生組織前領導人塔拉特·卡西姆曾宣稱，是己方說服了伊斯蘭布利。刺殺事件的兩週前，伊斯蘭學生組織舒拉委員會的一眾成員因示威活動被捕，但依然沒有取消這一暗殺計畫。刺殺事件發生後，卡拉姆·祖迪被捕，直到二〇〇六年四月才被釋放出獄。而作為伊斯蘭學生組織精神導師的奧馬爾·拉赫曼，則被判無期徒刑，一直監禁至今。

# 第四章
# 穆巴拉克時期穆兄會的成長（1981-2010）

一九八一至二〇一〇年間穆巴拉克執掌埃及政權的時期，基本延續了薩達特對穆兄會的寬容政策。在這種相對溫和的政治環境中，穆兄會溫和地擴展自己的社會基礎，一般般地成為了埃及最大的政治反對派。

這一時期，穆兄會在泰勒馬薩尼、阿布・納賽爾、馬謝爾、小胡代比等總訓導師的帶領下，積極參與埃及人民議會選舉，一九八四年獲得八個席位，一九八七年獲得三十六個席位。一九九〇年後，感受到威脅的政府開始壓制穆兄會的政治參與。一九九五年的議會選舉中，穆兄會只贏得了一個議會席位。二〇〇〇年穆兄會頂著政府的壓力，獲得了十七個席位，而這是其他所有反對派的總和。二〇〇五年，穆兄會破天荒地拿到八十八個議會席位，但在二〇一〇年議會選舉中再遭壓制，沒有獲得席位。

在政治參與的同時，穆兄會也開始大力滲透埃及各大行業協會。從一九八二年穆巴拉克開啟自由化改革起，穆兄會僅用了十年時間就控制了埃及的大部分行業協會，包括醫生協會、工程師協會、藥劑師協會、科學家協會、律師協會。據此，穆兄會的社會基礎得到夯實，其對埃及社會精英的影響也全面展開。

九十年代風靡伊斯蘭世界的中間主義思潮也影響到穆兄會，導致一部分中間一代離開穆兄會並成為瓦薩特黨。瓦薩特黨希望衝破埃及政府對伊斯蘭主義的政治限制，於一九九六年後多次提交申請，希望成為合法政黨，但遭政府拒絕。為了抵消瓦薩特黨對穆巴拉克政權的刺激，世紀之交的穆兄會不得不秉持一種自我約束的姿態。

## 第一節　穆巴拉克執政初期穆兄會的政治參與

　　一九八一年薩達特遇刺身亡，穆巴拉克繼任埃及總統。穆巴拉克在第四次中東戰爭期間擔任埃及、敘利亞和約旦空軍聯合指揮部司令，他領導著三國空軍在戰爭開始時贏得了一定優勢，從而為隨後的地面進攻保駕護航。因此，他在薩達特時期逐漸被委以重任，最後成為埃及的副總統。穆巴拉克繼任總統的前三年，政府和反對派保持著相對安靜的狀態，雙方都不想回到之前「示威─鎮壓」的惡性循環。[1]期間，穆巴拉克陸續釋放薩達特刺殺案中的無辜者，並且開始推行自由化改革。這一時期，伊斯蘭主義的活動明顯減少，有關伊斯蘭問題的爭論也逐漸平息。值此之時，作為伊斯蘭溫和派的穆兄會，開始深入到埃及生活的諸多領域，並向埃及人民議會滲透，逐漸取得了反對派領袖的地位。

　　總訓導師泰勒馬薩尼是最積極宣導穆兄會深入公眾生活和議會選舉的領導人。一九八四年五月，穆兄會成員以獨立候選人的身份加入埃及人民議會選舉，這是一九四五年哈桑・班納參加議會選舉失敗後的第一次嘗試。[2]根據埃及一九八三年憲法第一一四條規定，只有合法

---

1　Robert Springborg, *Mubarak's Egypt: Fragmentation of the Political Order*, 1st ed. (London: Westview Press, 1989), p. 215.

2　一九七六年，六位穆兄會成員被選入議會，但卻是以獨立候選人的身份參選的。穆兄會組織未被批准參加議會選舉。參見 Abdel Azim Ramadan, "Fundamentalist Influence in Egypt: The Strategies of the Muslim Brotherhood and the Takfir Groups", in Martin E. Marty and R. Scott Appleby eds., *Fundamentalisms and the State: Remaking*

政黨可以推舉候選人。鑒於穆兄會並未取得合法政黨的資格，泰勒馬薩尼決定採用「依附和聯盟」的策略。一九八四年初，泰勒馬薩尼與華夫脫黨主席福阿德・薩拉吉・埃爾丁（Fu'ad Siraj al-Din）達成聯合協議。歷史上，穆兄會與華夫脫曾多次正式或非正式地合作過，兩者的關係非同一般。這次的選舉聯合也被認為是華夫脫黨合法政黨地位與穆兄會廣大群眾基礎的聯合，聯合以華夫脫為主，穆兄會為輔。[3]

　　華夫脫與穆兄會的聯合獲得巨大成功，贏得了人民議會的五十八個席位。華夫脫黨也藉此成為議會第一大在野黨。但是，在勝利果實的分配上，華夫脫黨與穆兄會產生了矛盾。穆兄會人認為自己的群眾基礎，是華夫脫黨成功的關鍵。然而，華夫脫黨只給予穆兄會五十八個席位中的八個。[4]

　　三年後的一九八七年議會選舉中，穆兄會放棄了與華夫脫黨的聯合，轉而與埃及勞工黨和自由黨兩個小黨組建聯盟。這兩個小黨均未超過一九八四年選舉最低得票線，未能獲得任何席位。[5]所以，一九八七年的三黨聯盟，事實上以穆兄會為主導。[6]三黨聯盟也完全打出了穆兄會的口號——「伊斯蘭是萬能解藥」，穆兄會也發動了自己的全部力量，甚至打出了「把選票投給安拉，把選票投給穆兄會」的橫幅。[7]為了適應聯合，埃及勞工黨開始逐漸向伊斯蘭主義方向傾斜。

*Polities, Economies, and Militance* (Chicago, IL: University of Chicago Press, 2004), p. 174.

3　Mona El-Ghobashy, "The Metamorphosis of the Egyptian Muslim Brothers", *International Journal of Middle East Studies* 37.3 (2005), p. 378.

4　Mona El-Ghobashy, "The Metamorphosis of the Egyptian Muslim Brothers", pp. 373-395.

5　Mona Makram-Ebeid, "Political Opposition in Egypt: Democratic Myth or Reality?", *Middle East Journal* 43.3 (Summer 1989), pp. 423-436.

6　Robert Springborg, *Mubarak's Egypt: Fragmentation of the Political Order*, p. 184.

7　Robert Springborg, *Mubarak's Egypt: Fragmentation of the Political Order*, p. 218.

勞工黨脫胎於穆西‧法塔赫的青年埃及黨（Young Egypt），原是一個民族主義、社會主義和伊斯蘭主義思想雜糅的小黨。該黨黨魁易卜拉欣‧舒克里和黨報主編阿迪爾‧侯賽因，都在這一時期從左翼轉為伊斯蘭主義。自由黨也採用了和勞工黨相同的策略，把自己的黨報建設成了伊斯蘭主義的又一個陣地。

　　一九八七年議會選舉，穆兄會大獲成功。三黨聯盟總共獲得五十六個議會席位，穆兄會保留了三十六個席位，社會主義勞工黨和自由黨獲得了另外二十個席位。與此同時，華夫脫黨在此次議會選舉中只獲得了三十五個席位。據此，穆兄會超過華夫脫黨，一躍成為議會第一大在野黨。

　　穆兄會一九八四和一九八七年兩次參與議會選舉，是泰勒馬薩尼一力促成的。他認為在穆巴拉克政府推行自由化改革的背景下，穆兄會不能再浪費政治參與的機會。在參與議會選舉的過程中，穆兄會領導人減少了對沙里亞法的強調力度。泰勒馬薩尼曾就穆兄會參與一九八四年選舉解釋道：「我們並非為了權力，而是為了擴大真主的話語，為了真主的勝利。穆兄會人是伊斯蘭的信使。與華夫脫黨聯合是成功還是失敗，這無關緊要。關鍵在於為真主布道。」[8]泰勒馬薩尼認為，穆兄會參與選舉能向埃及社會釋放出積極的資訊。同時他也看好穆兄會在這一系列行動中「傳播穆兄會理念」和「吸引埃及年輕人」的效果。一九八四年左右，穆兄會的支持群眾已經躍升到二百萬人。

　　穆斯塔法‧馬謝兒在一九八七年選舉時，再次羅列了穆兄會參與議會選舉的理由：第一，哈桑‧班納時穆兄會就已做過此種嘗試，而薩達特時期也出現了穆兄會議員；第二，參與議會選舉有利於穆兄會

---

8　Sana Abed-Kotob, "The Accommodationists Speak: Goals and Strategies of the Muslim Brotherhood of Egypt", *International Journal of Middle East Studies* 27.3 (1995), pp. 321-339.

的思想傳播，一定程度上可以削弱其他黨派對穆兄會的污蔑；第三，
參與選舉是穆兄會的一種自我昇華，選舉過程將提升穆兄會的能力與
經驗；第四，穆兄會深入議會，可以監督政府的政策和行為，使之不
違背人民的意願和沙里亞法的原則。馬穆恩・胡代比也解釋稱：「為
了改變埃及，故先融入埃及體制。」[9]

　　泰勒馬薩尼、馬穆恩・胡代比、穆斯塔法・馬謝兒等人就穆兄會
參與選舉做出多次解釋，主要是為了回應當時內部的質疑之聲。首先
是一九八四年與世俗派華夫脫黨的合作問題，一大批穆兄會成員表示
反對，因為兩者的意識形態相差太大。二十世紀四十年代末、五十年
代初，穆兄會參與埃及議會選舉時，關於是否與華夫脫黨合作也出現
過類似的爭論。一九八四年議會選舉時，為了鼓動穆兄會成員參與的
積極性，華夫脫黨也主動修改了自己的黨綱，使之向伊斯蘭主義傾斜。

　　另外一個重要問題是埃及政府對穆兄會「獨立建黨」的懷疑。泰
勒馬薩尼在薩達特時申請過建立政黨，但遭到拒絕。一九八一年他出
獄後，再次以公開信的方式向埃及內政部長申請建黨，又遭拒絕。很
顯然，穆巴拉克秉持著與薩達特一致的態度，都反對穆兄會成為合法
政黨，只是給予它「半合法」的地位。[10]穆兄會參與埃及人民議會選
舉後，政府和社會各界對穆兄會獨立建黨的懷疑進一步加劇。

　　穆兄會內部對獨立建黨也是充滿矛盾心理的。哈桑・班納曾對埃
及政黨制度大肆批評，而穆兄會也一直自詡為廣大穆斯林的代表，而
不是代表一部分人利益的「政黨」。這種「代表全體穆斯林」的執

9　Sana Abed-Kotob, "The Accommodationists Speak: Goals and Strategies of the Muslim
　　Brotherhood of Egypt", pp. 321-339.

10　Abdel Azim Ramadan, "Fundamentalist Influence in Egypt: The Strategies of the Muslim
　　Brotherhood and the Takfir Groups", in Martin E. Marty and R. Scott Appleby eds.,
　　*Fundamentalisms and the State: Remaking Polities, Economies, and Militance*, p. 173.

念，一直在穆兄會內部盛行。一九八三年十一月七日泰勒馬薩尼在接受採訪時，也不得不附和這種思想：「伊斯蘭中不存在政黨。如果你翻閱古蘭經，從頭到尾都不會發現政黨這個詞。所以，我們不能接受建黨的想法。」

但事實上，泰勒馬薩尼的話語只是一種隨機應變。一九八四年決定參與議會選舉後，泰勒馬薩尼就改變了自己的說辭和做法。他組建了一個起草穆兄會黨綱的會議，並不斷借鑒約旦、土耳其、葉門等地穆兄會改建政黨的成功經驗。他同時強調：「穆兄會的政黨將不是穆兄會的替代品，而只是它的附屬品。」這種在穆兄會之外建立一個獨立的政黨體系的想法，在二〇一一年一・二五革命後也付諸實踐，由此催生了自由與正義黨。泰勒馬薩尼的態度變化可用他自己的發言來概括：「如果到達彼岸必須涉水的話，我們不惜弄濕自己的鞋子。如有必要，我們會成立政黨。」

一九八六年五月二十二日，泰勒馬薩尼突然去世，隨後關於穆兄會建黨的爭論和計畫都被擱置。他之後的領導人，對建黨計畫都有保留意見，既害怕內部反對削弱穆兄會的組織凝聚力，也害怕政府的激烈反應。

總的來看，泰勒馬薩尼是一位承前啟後的人物，他是胡代比溫和化政策的繼承者，也是穆兄會中間一代的「精神導師」。穆兄會中間一代的來源廣泛，既包括穆兄會使用傳統方式招募的埃及青年，也包括從伊斯蘭學生組織中吸納過來的伊斯蘭學生們。後者的領袖包括著名的穆奈姆・阿布福圖、埃塞姆・埃利安、穆赫塔爾・努哈、阿卜杜勒拉・馬迪等。[11]中間一代對泰勒馬薩尼極為尊重，阿卜杜勒拉・馬迪就讚美泰勒馬薩尼「總是認真而溫和地對待不同意見」，是個「有

---

11 Mona El-Ghobashy, "The Metamorphosis of the Egyptian Muslim Brothers", pp. 380-381.

超凡魅力的男人」。[12]中間一代是穆兄會參與一九八四、一九八七年議
會選舉的主要推動者。建黨爭論停歇後，也正是他們積極加入埃及行
業協會、大學俱樂部，使得穆兄會逐漸掌控了這些機構。

一九八四、一九八七年的兩次選舉，也促使穆兄會中出現了一個
新的力量——穆兄會議員（MPs, Muslim brothers in Parliament）。八十
年代，在人民議會的大廈裡，穆兄會議員致力於為沙里亞法謀求更高
地位。在他們的推動下，議會於一九八四、一九八五年多次舉辦涉及
沙里亞法地位問題的會議，從而形成一種共識——清理與沙里亞法相
違背的法律條款。其中，穆兄會議員對薩達特頒布的「吉安法」的批
評最為猛烈。在穆兄會議員的壓力下，執政黨民族民主黨控制的議會
廢除了一系列損害男人婚姻權利的法令。[13]

但是，在推動沙里亞法的過程中，穆兄會議員也小心翼翼地不碰
觸穆巴拉克政府和世俗主義者的底線。泰勒馬薩尼去世的前幾年，更
加傾向於變通地看待沙里亞法的社會適用，而不是要求激進地運用沙
里亞法原則。科威特的「不妥協者」薩拉赫・沙迪認為：「埃及人已
經做好準備了，他們渴望沙里亞法全面、立即的應用。」與之不同的
是，穆兄會和泰勒馬薩尼的態度要溫和地多。

一九八七年議會選舉的大勝，使穆兄會議員在沙里亞法問題上的
聲音更大。值此之時，接替泰勒馬薩尼擔任穆兄會總訓導師的阿布・
納賽爾，繼續維持著泰勒馬薩尼對沙里亞法問題的政策，一再重申
「穆兄會在沙里亞法地位問題上堅持漸進主義」。[14]一九八七至一九九

---

12 Carrie Rosefsky Wickham, *The Muslim Brotherhood: Evolution of an Islamist Movement*,
　 p. 52.

13 Carrie Rosefsky Wickham, *The Muslim Brotherhood: Evolution of an Islamist Movement*,
　 p. 53.

14 Carrie Rosefsky Wickham, *The Muslim Brotherhood: Evolution of an Islamist Movement*,
　 p. 53.

○年間，埃及議會中關於沙里亞法問題的探討越來越多。穆兄會議員經常批評政府行動的遲緩和在沙里亞法問題上的不作為。一九八八年一月，作為穆兄會議會集團領袖的馬穆恩・胡代比發表演講稱：「對真主之法，只有要或不要，兩者之間沒有選項。」八月，他再次發言稱：「穆兄會成員在議會中的作用，就是說出真主的願望，並監督政府行動。」馬穆恩・胡代比還曾呼籲政府關閉造酒場、抵制娛樂場所。

當然，穆兄會議員並非只關注沙里亞法，他們開始涉足埃及國家治理和地區事務。在議會中，穆兄會人學到了很多政治經驗和政治技巧，包括如何與民族民主黨打交道。穆兄會與民族民主黨間的一些分歧，不再是黨派之爭或意識形態區別，而是逐漸轉向具體事務。在這個過程中，穆兄會議員開始關注教育品質、房屋短缺問題、污水治理、電力供應、國內小麥產量、公務員工資、個人投資，反對伊拉克入侵科威特[15]、反對美國發動海灣戰爭……除此之外，穆兄會議員還不斷督促政府進行自由化改革，呼籲解除國家緊急狀態，放寬政黨限制，取消新聞監管，給予公民個人自由和權利。一九八八年一月九日，馬穆恩・胡代比批評政府在自由化、民主化問題上言行不一。[16]

在議會大廈中的六年裡（1984-1990），穆兄會逐漸擴大了政治參與，這促使其向政治反對派的角色過渡。然而好景不長，一九九○年埃及最高憲法委員會裁定一九八七年議會選舉違憲，解散了這屆議

---

15 科威特危機正值冷戰終結和國際秩序重構的關鍵時期，因此情況的發展令東西方都大吃一驚，它不僅導致阿拉伯國家內部仇恨和疑慮，因而讓阿拉伯民族主義快速退潮；而且因為巴勒斯坦人後續對伊拉克反美的支持，導致海灣國家等對巴以衝突的態度變得微妙；更是大國集體行動和聯合國授權動武的一個新案例。奧薩馬・阿卜杜勒・拉赫曼：《民族主義退卻時代的海灣阿拉伯人》（貝魯特：里亞德・阿雷耶斯出版社，1995年），頁19-21。

16 Carrie Rosefsky Wickham, *The Muslim Brotherhood: Evolution of an Islamist Movement*, p. 55.

會。隨後穆兄會和埃及一眾世俗化政黨抵制了一九九〇年選舉，導致政治參與的終結。穆兄會抵制一九九〇年選舉的行動，是與一眾世俗派政黨一起的，這表明穆兄會已經越來越適應選舉制度，其與世俗主義的關係也不是完全針鋒相對。顯然，穆兄會人已經意識到「民主可以推動伊斯蘭主義」，因為「阿拉伯人的根本屬性來自於伊斯蘭」。[17]

## 第二節　穆兄會進軍埃及行業協會

埃及行業協會（Syndicate）的歷史最早可以追溯到一九一二年，其一個世紀的發展也折射出埃及公民社會與政府關係的變化。一九五二年以前的埃及「自由主義時代」，行業協會擁有相當大的自由。納賽爾時代，行業協會落入政府的絕對控制之下。但到七十年代，政府對行業協會的監管逐漸放鬆，行業協會獲得了一定的自由，其中尤以記者協會和律師協會的自由化程度最大。一九七七年耶路撒冷之行後，記者協會開始抨擊薩達特的埃以和平政策。這一時期，行業協會總體上仍處在政府的控制中，協會主席和其他關鍵席位必須留給政府人士，其活動必須與政府政策相協調。[18]但是，從一九八二年穆巴拉克自由化改革開始，穆兄會開始滲透埃及各大行業協會。僅十年間，穆兄會就控制了埃及的大部分行業協會。下表為一九九五年時各行業協會中親伊斯蘭成員占比。

---

17 Carrie Rosefsky Wickham, *Mobilizing Islam: Religion, Activism, and Political Change in Egypt*, p. 55.

18 Carrie Rosefsky Wickham, *Mobilizing Islam: Religion, Activism, and Political Change in Egypt*, pp. 179-180.

表 4.1　埃及行業協會中的伊斯蘭主義者：一九九五年

| 行業協會 | 委員會成員總數 | 委員會中親伊斯蘭成員數目 | 親伊斯蘭成員占比 |
| --- | --- | --- | --- |
| 醫生協會 | 23 | 20 | 87% |
| 工程師協會 | 61 | 45 | 74% |
| 藥劑師協會 | 25 | 17 | 68% |
| 科學家協會 | 25 | 17 | 68% |
| 律師協會 | 25 | 18 | 72% |

來源：Ninette S. Fahmy, "The Performance of the Muslim Brotherhood in the Egyptian Syndicates: An Alternative Formula for Reform?", *The Middle East Journal* 52.4 (1998), p. 553.

　　埃及辛迪加大約有二十二個，總計約三百五十萬會員。[19]其中醫生協會、工程師協會、藥劑師協會、科學家協會、律師協會是最大的五個協會。穆兄會對行業協會的控制主要體現在：佔據委員會大多數席位、主導協會的活動和日常事務、建立行業協會下屬的伊斯蘭法委員會[20]。

　　穆兄會進軍行業協會，是一個漸進的過程，而其成功要歸根於穆兄會「中間一代」的努力，即上文提到的在七、八十年代加入穆兄會的學生。以醫生協會為例，一九八四年在穆奈姆・阿布福圖的帶領下，大批伊斯蘭學生加入醫生協會。他們還勸導原醫生協會成員加入到己方行列。通過改選和宣教，到一九八六年阿布福圖集團已取得了

19　Ninette S. Fahmy, "The Performance of the Muslim Brotherhood in the Egyptian Syndicates: An Alternative Formula for Reform?", *The Middle East Journal* 52.4 (1998), p. 552.

20　穆兄會基本上在每個控制的行業協會中，都建立或公開或隱秘的伊斯蘭法委員會（Islamic Law Committee）。該委員會的目標是推動沙里亞法成為本行業協會的根本法，並通過協會檔或公開演講的方式給予確認。

醫生協會委員會的多數席位。一九九○年，他們佔據了委員會二十五個席位中的二十個，僅委員會主席和另外四個關鍵職位沒有涉足，因為那是留給政府官員的傳統席位。他們不想佔有全部職位和關鍵職位，以免刺激到穆巴拉克政府。

一九八四年，穆兄會開始滲透工程師協會。一九八七年，他們已經佔有六十一個委員會席位中的五十四個。與此同時，穆兄會也在藥劑師協會和科學家協會獲取掌控地位。另一次重要成功是一九九二年九月十一日律師協會委員會的改選，穆兄會一舉掌控了二十四個席位中的十八個。

除了行業協會，穆兄會組織還滲透到各個大學的教職工俱樂部。一九八五年，穆兄會人獲得上埃及艾斯尤特大學教工俱樂部的多數席位。一九八六年，這一壯舉在開羅大學得到複製。一九九三年，宰加濟各大學教工俱樂部也投入穆兄會的懷抱。後來在宰加濟各大學中，出現了穆兄會幾個重要的領導人，包括穆兄會第九任總訓導師馬哈茂德‧伊扎特、總統穆罕默德‧穆爾西、穆兄會官方發言人馬哈茂德‧高斯蘭。

在行業協會中，穆兄會人並不聲稱自己屬於穆兄會，而僅僅說自己是親伊斯蘭的。這與穆兄會在其他社會團體和議會中的自稱是一致的。穆兄會歷史上遭遇多次鎮壓，因此對隱藏身份有特別的執念。但是，媒體和政府總能識別出他們的身份。[21]

穆兄會在所有行業協會中都不追求主席的職位，而是支持與政府認可的會長人選。以律師協會為例，卡瓦賈為了保持自己會長的職位，對抗自由派華夫脫黨的候選人，選擇與穆兄會人合作。穆兄會人

---

21 Carrie Rosefsky Wickham, *The Muslim Brotherhood: Evolution of an Islamist Movement*, p. 60.

與卡瓦賈合作,組成了一個伊斯蘭占主導地位的律師協會委員會。[22]

　　一些學者認為,穆兄會大力滲透行業協會,是為了進軍議會大廈的需要。一九八一年穆巴拉克釋放了大批穆兄會領導人,一九八四年在泰勒馬薩尼的領導下穆兄會開始參加議會選舉。也正是在一九八四年,穆兄會開始進軍行業協會。一九八七年時,穆兄會在各個行業協會中佔據了一定優勢。也正是在這一年,穆兄會在議會選舉中獲得巨大成功。很顯然,進軍議會大廈與滲透行業協會,對穆兄會而言是相輔相成的兩件事。

　　穆兄會在行業協會中快速崛起,是一系列因素綜合作用的結果。政府長期干預行業協會的運轉,嚴重削弱了行業協會的能力,使會員們對協會的忠誠受挫。政府對行業協會的干預主要表現在四個方面:一、通過為部分候選人背書、推遲選舉、增強或減少對行業協會的政策支持力度,來介入行業協會的日常事務;二、通過高壓政策和秘密員警,阻止行業協會(尤其是律師協會)舉辦反對政府的活動;三、通過支持某些關鍵候選人,並使之佔據主席等關鍵職位,來控制行業協會的權力;四、威脅解散某個行業協會。[23]

　　早在納賽爾時期,為了對抗納吉布,納賽爾就曾在一九五四年解散過埃及律師協會和記者協會。[24]納賽爾主導通過的埃及一九五八年憲法第八條則規定,埃及行業協會委員會的成員必須來自執政黨。一九六一年,納賽爾威脅廢除所有的行業協會。一九七一年,薩達特為了打擊納賽爾主義,也曾解散過埃及所有的行業協會。一九八一年,

---

22 Ninette S. Fahmy, "The Performance of the Muslim Brotherhood in the Egyptian Syndicates: An Alternative Formula for Reform?", p. 553.

23 Ninette S. Fahmy, "The Performance of the Muslim Brotherhood in the Egyptian Syndicates: An Alternative Formula for Reform?", p.555.

24 Donald Reid, "The National Bar Association and Egyptian Politics, 1912-1954", *The International Journal of African Historical Studies* 7.1 (1974), p. 640.

薩達特再次解散了律師協會及其委員會，逮捕了包括主席卡瓦賈在內的五個委員。[25]

　　政府干預導致埃及行業協會的內部虛弱。行業協會主席往往長期擔任，且其領導方式十分威權。卡瓦賈在一九六六至一九七一年、一九七七至一九八〇年和一九八二至一九九五年擔任律師協會主席，總計十九年。歐斯曼在一九七九至一九九一年一直擔任工程師協會主席，總計十二年。一九八一至一九八七年，薩拉赫・塔拉巴尼在記者協會當了六年主席。貪污腐敗、浪費資金、挪用公款，成為了行業協會的通病。而會員對協會的忠誠也低到一定限度，平均不到百分之十的人參加兩年一次的委員會選舉，最少時甚至只有百分之三。[26]

　　行業協會的內部虛弱給了穆兄會可乘之機。穆兄會成員大規模加入行業協會，積極參與包括選舉在內的行業活動，由此抬高了行業協會的活動參與率和選舉參與率，而委員會的更新則讓穆兄會迅速成為行業協會的主導。下表一九八二至一九九二年醫生協會成員數和選舉參與率的變化，可以展現這一進程。

---

25　Ninette S. Fahmy, "The Performance of the Muslim Brotherhood in the Egyptian Syndicates: An Alternative Formula for Reform?", p. 555.

26　Ninette S. Fahmy, "The Performance of the Muslim Brotherhood in the Egyptian Syndicates: An Alternative Formula for Reform?", pp. 557-558.

表 4.2　醫生協會選舉結果：一九八二至一九九二

| 行業協會 | 總會員數 | 有選舉權會員數 | 參與選舉人數 | 實際選舉比 | 總選舉比 |
|---|---|---|---|---|---|
| 1982 | 50,000 | 20,000 | 2,000 | 10% | 4% |
| 1984 | 60,000 | 30,000 | 6,000 | 20% | 10% |
| 1986 | 75,000 | 40,000 | 11,000 | 27.5% | 15% |
| 1988 | 90,000 | 50,000 | 12,000 | 24% | 13% |
| 1990 | 100,000 | 65,000 | 21,000 | 32% | 21% |
| 1992 | 110,000 | 70,000 | 30,000 | 43% | 27% |

來源：Ninette S. Fahmy, "The Performance of the Muslim Brotherhood in the Egyptian Syndicates: An Alternative Formula for Reform?", *The Middle East Journal* 52.4 (1998), p. 559.

　　一九八二年以前，穆兄會和政府都不注重醫生協會，這一時段間醫生協會的投票率從未超過百分之十，一九八二年的總選舉比低至百分之四。一九八四年和一九八六年的醫生協會選舉，穆兄會動員了大量的人力資源。從一九八二年到一九八四年，醫生協會增加了一萬名有選舉權的會員，這些會員中有百分之四十參加了一九八四年協會選舉，遠遠超過之前會員百分之十的實際投票率。[27]一九八六年同樣如此，新增了約一萬五千名會員，其中一萬人有選舉權，百分之五十參加了一九八六年的協會選舉。醫生協會的這兩次大擴張，就是穆兄會推動的結果。一九八六至一九八八年，醫生協會規模和會員數的增長基本停滯，這是因為穆兄會的人力資源動員已經達到極限。

　　穆兄會在行業協會中的崛起，也引起了穆巴拉克政府的警惕，尤

---

27 自由會員的投票率一般是很低的，而穆兄會會員因爭奪領導權的需要，往往積極參加選舉。從比例上來看，自由會員的投票參與率基本只有百分之十，而穆兄會會員的投票參與率超過百分之五十。

其是在一九八七年議會選舉後。一九九〇至一九九二年醫生協會的進一步擴大，就是埃及衛生部干預的結果。為了對抗穆兄會在醫生協會中的影響力，衛生部要求其管轄的醫生乃至醫療領域行政職員都加入該協會，並「負責任地」參與選舉。[28]因此，一九九二年醫生協會選舉的參與率又創新高。

九十年代後，政府與穆兄會在行業協會中的爭奪日趨激烈。以埃及工程師協會為例，一九九五年穆巴拉克政府動員了六萬五千名工程師參與該協會的選舉，其中包括在政府部門工作的一萬八千名工程師、一萬三千名軍隊中的工程師、各部門（農業部、工業部與住房部等）在編和不在編的職員。此時，穆兄會掌控著工程師協會的委員會，他們認為該協會二十二萬名會員中只有七萬人每年繳納過會費，故而只有他們有選舉權。被納入無選舉權名單中的，大多是政府職員。通過會費限制選舉權的手段，穆兄會短暫地抵禦了政府的侵入，但也因此引起很多不滿。一些曾交過會費但未得到選舉權的成員，提交了大量的申訴。這就導致一九九五年工程師協會委員會的選舉被推遲了七次。[29]

穆兄會領導下的行業協會，仍然保持著「政府上層指導」和「社會精英參與」的組織模式，但具體運作過程極有穆兄會特色。穆兄會控制下的行業協會，黨派鬥爭依舊嚴重。同時，腐敗問題並未得到完全遏制，穆兄會人也經常挪用協會資金來促進伊斯蘭的事業。另外，穆兄會在行業協會中的活動，導致政府逐漸收緊對行業協會的撥款或資助。[30]

---

28 Ninette S. Fahmy, "The Performance of the Muslim Brotherhood in the Egyptian Syndicates: An Alternative Formula for Reform?", p. 559.

29 Ninette S. Fahmy, "The Performance of the Muslim Brotherhood in the Egyptian Syndicates: An Alternative Formula for Reform?", p. 560.

30 Ninette S. Fahmy, "The Performance of the Muslim Brotherhood in the Egyptian Syndicates: An Alternative Formula for Reform?", p. 551-562.

穆兄會在行業協會中的成功，不僅極大地提升了該組織的社會和政治影響力，也對組織自身產生重要影響。穆兄會進軍行業協會的主力是七、八十年代加入穆兄會的「中間一代」。而在行業協會中的活動，反過來造就了他們的獨立性。他們有固定的活動場所（行業協會辦公大樓）和活動資金（協會資金），同時可以接觸到一大批親伊斯蘭或世俗主義的社會精英（協會會員）。與此同時，行業協會較為民主的運作方式，深刻地影響到中間一代的意識和行為。與此同時，行業協會對穆兄會將軍埃及議會的巨大幫助，提升了中間一代在穆兄會中的地位和話語權，也使他們積累了重要的政治經驗。

隨著中間一代在行業協會中的崛起，對穆兄會內部進行民主改革的呼聲也逐漸高漲。不同於老一輩訓導師們，活躍於行業協會的中間一代更相信民主和多元價值觀，他們也推動著八十年代穆兄會的組織機構改革。

八十年代，穆兄會從未公布過自己的組織結構、運作方式和成員構成，但政府的一次突襲行動獲取了相關的情報。一九九二年，埃及政府在穆兄會第一副訓導師沙特爾旗下塞撒比公司（Salsabil）的電腦中搜查出有關穆兄會事務的多個檔案。這些檔案後被命名為「塞撒比檔案」（Salsabil Affair）。塞撒比檔案記錄了八十年代穆兄會機構的調整：訓導局成員從十三人擴充到十六人；舒拉委員會從一百至一百五十人的不確定規模，縮小到七十五人；新建穆兄會的政治部、規劃部、選舉和議會事務部、國家安全政策應對委員會、任期委員會；在各地區行政辦公室下設會員委員會、政治委員會、經濟委員會、出版委員會、數據委員會等機構。[31]這種組織結構調整，削弱了訓導局和總訓導師的絕對權力。另一個最重要的變化是總訓導師終身制傳統被

31 Carrie Rosefsky Wickham, *The Muslim Brotherhood: Evolution of an Islamist Movement*, p. 71.

改變，總訓導師六年任期制開始實施。一九九六年，馬謝兒就任第五任總訓導師時，穆兄會官方即宣布他只有六年的任期。

　　中間一代崛起時，其與老訓導師們的權力衝突也逐漸展現。中間一代長期被排除在穆兄會權力核心之外，引起了廣泛的不滿。一九九二年穆兄會訓導局成員部分改選時，八十三個候選人中只有二十七人的年齡小於六十歲。最終被納入訓導局的六十歲以下成員只有一個，那就是名聲顯著的中間一代代表人物穆奈姆・阿布福圖。[32]

　　中間一代與老訓導師的矛盾不僅體現在權力問題上，還體現在建黨主張中。中間一代追隨泰勒馬薩尼的主張，謀求建立政黨，以改變穆兄會的政治地位。一九九〇年、一九九五年他們兩次嘗試，均告失敗。老一輩訓導師對他們的行為高度警惕，他們害怕出自伊斯蘭學生組織的中間一代自行其是，從而背離了宣教和伊斯蘭社會改造的使命。中間一代認為穆兄會「要麼是政治組織，要麼是社會組織」。而老訓導師們則堅持穆兄會「既是政治組織，也是社會組織」。但是，儘管存在衝突，穆兄會老訓導師與中間一代基本維持著組織團結。外界也一直不知曉穆兄會的內部衝突。但是，一九九六年發生的瓦薩特黨風波，讓穆兄會的內部衝突大白於天下。

## 第三節　瓦薩特黨風波與穆兄會的自我約束

　　瓦薩特黨（Al-Wasat Party）又名中間黨（Center Party），是從穆兄會脫離出來的一個溫和伊斯蘭主義政黨，一九九六年建立。阿卜杜勒拉・馬迪是創始人兼第一任主席，埃塞姆・蘇爾坦和穆罕默德・馬

---

32 Carrie Rosefsky Wickham, *The Muslim Brotherhood: Evolution of an Islamist Movement*, p. 72.

哈蘇布擔任副主席，穆罕默德・阿卜杜勒・拉蒂夫擔任秘書長，阿姆魯・法魯克擔任對外發言人。

阿卜杜勒拉・馬迪一九八四年（26歲）畢業於明亞大學工程師學院，曾是該大學的學生會主席，一九七八年擔任埃及大學聯合會的主席。作為最著名的伊斯蘭學生領袖之一，馬迪於一九七九年加入穆兄會，得到泰勒馬薩尼的熱烈歡迎。馬迪加入穆兄會的目的，自稱是為了「加入穆兄會，改變穆兄會」。馬迪加入穆兄會，部分受到阿布福圖、埃塞姆・埃利安等人的影響。他的加入也帶動上埃及大批伊斯蘭學生加入穆兄會。一九九六年，馬迪聲稱穆兄會只有「狹隘的政治視野」，並決定成立瓦薩特黨。

瓦薩特黨在思想上受八十年代風靡伊斯蘭世界的中間主義思潮（Wasatiyya）影響。中間主義思潮的代表人物就是伊斯蘭主義理論家優素福・卡拉達維。在八十年代末、九十年代初，中間主義思潮在埃及的新聞工作者、學者和青年中傳播。受之影響的埃及知識份子，秉持「伊斯蘭是中正平和的」觀念，既不認為加入政治組織，也不完全迷信伊斯蘭主義。埃及中間主義者自發的聚集、交流和互動，推動埃及伊斯蘭主義的溫和化，也深刻地影響到埃及穆兄會。瓦薩特黨的成立，就是中間主義思潮感染穆兄會的直接結果。[33]

瓦薩特黨的意識形態，類似於吉爾・卡佩爾（Gilles Kepel）的「後伊斯蘭主義」概念。吉爾・卡佩認為：「二十一世紀的轉角處，見證了伊斯蘭主義運動或政黨的自我改造，以向民主運動看齊。他們開始譴責那些他們曾為之不斷犧牲的價值觀，開始尊重和呼籲人權，而不是像以往那樣批評它，並尋找替代版本。他們開始支持不虔誠的

---

33 Joshua A. Stacher, "Post-Islamist Rumblings in Egypt: The Emergence of the Wasat Party", *The Middle East Journal* 56.3 (Summer 2002), pp. 417-418.

西方人所提倡的言論自由和女性權利。這就是後伊斯蘭主義。」[34]約書亞‧斯塔徹（Joshua A. Stacher）也認為：「激進的伊斯蘭主義會不斷溫和化，最後到達一種類似於西方民主制度的『伊斯蘭民主』狀態。」[35]

瓦薩特黨的政治思想和意識形態，高度契合「伊斯蘭民主」和「後伊斯蘭主義」的概念。瓦薩特黨人呼籲民主改革、人權和婦女權，並吸納科普特人加入自己。它的最終目標是基於伊斯蘭和民主的雙重視角，建立一個對伊斯蘭社會的最新解釋範本。

一九九六年瓦薩特黨成立時，其七十四個成員中的六十二個是穆兄會前成員。因此，瓦薩特黨的成立，也被視為二十世紀六十年代伊斯蘭極端主義者從穆兄會脫離出來後，穆兄會的又一次分裂。瓦薩特黨人的獨立，既受到阿卜杜勒拉‧馬迪等人個人魅力的影響，也受到穆兄會中間一代同監獄一代老訓導師們權力爭奪的影響。

瓦薩特黨初始成員，多為七八十年代加入穆兄會的伊斯蘭學生。八十年代穆兄會進軍行業協會時，也正是這些人衝鋒陷陣。期間，埃塞姆‧蘇爾坦和阿卜杜勒拉‧馬迪，與穆奈姆‧阿布福圖、埃塞姆‧埃利安、薩拉赫‧阿卜杜勒‧卡拉姆等人一起，被戲稱為穆兄會的「年輕王子」。[36]行業協會的經歷豐富了他們的政治經驗，同時也引導他們傾向於民主理念，且賦予他們政治活動上的「獨立性」。監獄一代老訓導師們拒絕快速接納中間一代進入穆兄會領導核心，導致兩者關係逐漸僵化。對老訓導師們一直把持職位的不滿，最終促使部分中間一代

34 Gilles Kepel, "Islamism Reconsidered", *Harvard International Review* 22.2 (Summer 2000), p. 24.

35 Joshua A. Stacher, "Post-Islamist Rumblings in Egypt: The Emergence of the Wasat Party", pp. 415-432.

36 Joshua A. Stacher, "Post-Islamist Rumblings in Egypt: The Emergence of the Wasat Party", p. 418.

出走並獨自建黨。[37]當然，更多的中間一代選擇留在穆兄會。對此，埃塞姆·蘇爾坦認為：「這些七〇年代的人不情願加入瓦薩特黨，是出於實用主義和功利主義的考慮。加入瓦薩特黨需要從穆兄會辭職，而這意味著他要放棄自己在穆兄會科層制度中的多年努力。」[38]

瓦薩特黨建立後，曾四次向埃及政黨委員會提交成為合法政黨的申請，但均遭拒絕。一九九六年一月瓦薩特黨人第一次提交建黨申請時，政府一度猶豫不決。穆巴拉克政府意識到，瓦薩特黨人的獨立符合政府分裂穆兄會的策略。但是，政府同時擔心這是穆兄會的一種政治欺騙，即在瓦薩特黨合法化後穆兄會成員大規模湧入，從而事實上造就了穆兄會的合法地位。政府也擔憂穆兄會對瓦薩特黨的大肆批評是一種掩人耳目的行為。因此，埃及政黨委員以「前穆兄會人士不得建立政黨」的理由，拒絕了瓦薩特黨的第一次建黨申請。隨後，感到挫折的瓦薩特黨人大規模申請返回穆兄會，這進一步堅定了政府的判斷。最後，政黨委員會援引一九七七年憲法第四十條「建黨的法定最小人數是五十人」，正式拒絕給予瓦薩特黨合法政黨地位。[39]

對瓦薩特黨人的建黨行動，穆兄會老訓導師們是持警惕態度的。他們認為瓦薩特黨人的行動是幼稚的，註定失敗。一九九五年政府大批圍捕穆兄會人的教訓才剛剛過去，老訓導師們害怕瓦薩特黨人的行動觸發政府的過度反應。一九九五年議會選舉時，政府出動大批員警

37 Carrie Rosefsky Wickham, *The Muslim Brotherhood: Evolution of an Islamist Movement*, p. 76-95.

38 Joshua A. Stacher, "Post-Islamist Rumblings in Egypt: The Emergence of the Wasat Party", p. 420.

39 二〇一一年埃及革命後，對瓦薩特黨的限制被取消了。二〇一一年二月十九日，埃及一家法院批准了瓦薩特黨的合法地位。二〇一三年軍事政變發生後，瓦薩特黨遭到與穆兄會同樣的命運，馬迪和蘇爾坦都被塞西政府拘捕了。二〇一四年八月二十八日，該黨宣佈退出「反政變聯盟」（Anti-Coup Alliance）。十一月，瓦薩特黨被埃及法院宣佈解散。

抓捕了五十四位穆兄會重要人物，並將他們送到軍事法庭審判。這其
中不僅包括老訓導師們，還包括阿布福圖、埃塞姆‧埃利安這樣的中
間一代強硬派。[40]一九九五年圍捕再次證明了埃及政府拒絕穆兄會進
入埃及權力中心的意志不曾動搖。因此，老訓導師們認為瓦薩特黨人
的建黨行動可能對穆兄會造成嚴重的負面影響，一是可能進一步惡化
穆兄會與政府的關係，二是威脅穆兄會的內部團結。

　　為了回應瓦薩特人的「任性妄為」，穆兄會訓導局緊急開會討
論，並隨後公布了《忍受苦難的美德》（*The Virtues of Hardship*）宣
言。宣言中聲稱穆兄會的「意識形態和政治思想」保持不變，且公開
質問瓦薩特人「政治合法化是否有助於宣教」。宣言還解釋了為什麼
穆兄會不謀取建黨：「伊斯蘭高於一切，宣教不能受到政治的限制。
伊斯蘭社會改造不可能在現有體制內部得以實現，因為規則的限
制。」[41]另外，穆兄會訓導局還宣稱，內部矛盾應該內部解決，堅決
反對一些人自行其是。

　　在推廣「忍受苦難的美德」的同時，穆兄會還致力於改變西方和
埃及政府對自己的態度和觀點。一九九七年，穆兄會出版了一個名為
《伊斯蘭眼中的政治》（*Politics in Islam*）[42]的小冊子，作者是馬穆
恩‧胡代比。該書使用英文出版，面向西方讀者，並且強調伊斯蘭與
民主制度的相容性，即所謂「教法下的自由」。

---

40　在抓捕這些老訓導師和強硬派的同時，政府寬容了傾向民主自由的瓦薩特人。所
　　以，瓦薩特人獨立建黨的訴求，被一些學者認為是穆巴拉克政府分化瓦解穆兄會組
　　織的一個結果。Joshua A. Stacher, "Post-Islamist Rumblings in Egypt: The Emergence
　　of the Wasat Party", p. 416.

41　Carrie Rosefsky Wickham, *The Muslim Brotherhood: Evolution of an Islamist Movement*,
　　p. 93-94.

42　Muhammed Ma'moun Hudeibi, *Politics in Islam* (Cairo: Islamic Publishing and
　　Distribution House, 1997).

　　為了抵消瓦薩特黨對穆巴拉克政權的刺激，穆兄會在接下來的幾年里秉持一種自我約束的姿態。二〇〇〇年的議會選舉中，穆兄會將自己的選舉目標約束在「可接受」的標準內，只追求全部四百四十四個議會席位中的七十五個，為一九九五年的一半。這種自我約束，是為了在不斷變化的政治環境中尋求安全。一九九五年政府的大圍捕仍記憶猶新，瓦薩特黨的衝擊則不斷刺激著穆巴拉克政權，因此顯然需要適度的自我約束。

　　儘管如此，穆巴拉克政權仍對穆兄會保持警惕，二〇〇〇年議會選舉變得「外鬆內緊」。第一輪選舉前，二十位穆兄會重要領導人被逮捕並送往軍事法庭，其情形與一九九五年別無二致，只是程度稍輕。第二輪選舉中，政府以各種理由逮捕了一千四百人，其中約有一千人是穆兄會支持者。[43]儘管政府操縱選舉並打壓穆兄會，穆兄會仍然在二〇〇〇年議會中獲得了十七個席位，而這是其他所有反對派的總和。而且，對比一九九五年穆兄會只贏得了一個議會席位，這一次穆兄會無疑收穫更多，其對政府壓制的抵抗能力也得到檢驗。

　　步入二十一世紀，埃及政治局勢不斷發生變化，穆兄會內部也經歷了一系列的變動。二〇〇二年十一月十三日第五任總訓導師穆斯塔法・馬謝兒的死亡，和二〇〇四年一月八日第六任總訓導師馬穆恩・胡代比的死亡，都給穆兄會帶來了考驗。穆兄會中間一代和改革派都認為，應該遵照穆兄會組織章程，由舒拉委員會選舉新訓導師，而不是像以前一樣由訓導局決定新領袖的人選。但是，穆兄會一九九五年舒拉大會的失敗，證明這一策略並不穩妥。當時，因為第四任總訓導師阿布・納賽爾的身體狀況糟糕，穆兄會決定召開舒拉大會選舉

---

43 Maye Kassem, *Egyptian Politics: The Dynamics of Authoritarian Rule* (Boulder, CO: Lynne Rienner Publishers, 2004), pp. 66-67.

新總訓導師，但埃及政府以「企圖復活一個非法組織」的名義，對穆
兄會成員大肆逮捕。這次圍捕讓穆兄會損失慘重，也讓穆兄會領導人
重新認識了「不合法狀態」的內涵，因此之後對召開舒拉大會一直十
分謹慎。

　　二〇〇二年十月馬謝兒死亡，馬穆恩・胡代比即通過訓導局推選
成為新的總訓導師。這次推選的結果，未遭太大反對。馬穆恩・胡代
比是穆兄會第二任總訓導師哈桑・胡代比的兒子，一般被稱為小胡代
比。哈桑・胡代比帶領穆兄會從納賽爾時代走過來，引領了穆兄會的
溫和化，緩和了穆兄會同政府的關係，因此胡代比家族在穆兄會中一
直受人尊重。小胡代比在八十年代後期擔任穆兄會議員集團的領袖和
穆兄會對外發言人，他也被認為是監獄一代「最後一個偉大的人」。

　　但是，二〇〇四年小胡代比去世後，總訓導師的選擇引發了一系
列爭論。此時，「監獄一代」已經沒有德高望重者，小胡代比死前也
沒屬意某一候選人。穆罕默德・馬赫迪・阿可夫被推選為總訓導師，
頗負爭議。同馬謝兒一樣，阿可夫曾是穆兄會「秘密事務部」成員，
在一九五四至一九七四年被政府監禁二十年之久。阿可夫有豐富的政
治活動經驗，在一九八七至一九九〇年和一九九五至二〇〇〇年擔任
過埃及議員。阿可夫被認為是一個「機敏的人」，與訓導局中的監獄
一代走得很近。[44]但是，第一副訓導師穆罕默德・哈比卜曾在接受採
訪時表示：「阿可夫是神經質的，他幾乎與訓導局的所有成員都關係
不好。在二〇〇四年選舉中，他得到了七票，我得到了六票。總訓導
局和穆兄會國外分支都不敢相信是他贏得了選舉。九十年代的瓦薩特
黨風潮，可以說完全是阿可夫的責任。他之所以能擔任總訓導師，是

---

44 Carrie Rosefsky Wickham, *The Muslim Brotherhood: Evolution of an Islamist Movement*,
　　pp. 102-103.

因為沙特爾、阿布福圖、埃塞姆・埃利安的支持，他們希望削弱訓導
局，因此選出了一個軟弱無力的總訓導師。」[45]此外，穆罕默德・哈
比卜（Muhammad Habib）還認為，二〇一〇年穆罕默德・巴迪可以
繼任穆兄會第八任總訓導師，是因為他滿足了穆巴拉克的條件，即默
許「穆巴拉克之子賈邁勒・穆巴拉克的權力繼承」。因此，邁入新世
紀的穆兄會，也捲入到埃及的權力繼承危機中。

---

45 Mohamed Habib, "Badie Became Muslim Brotherhood Guide in a Deal with Gamal Mubarak", *Al-Masry Al-Youm* 7 April 2015.

# 第五章
# 走向權力：二〇一一年埃及變局中的穆兄會

　　二〇一〇年十二月十七日，突尼斯南部西迪布濟德的一位年輕小販穆罕默德・布瓦吉吉在街頭舉火自焚，以抗議突尼斯員警對他的粗暴對待，隨後因傷重不治身亡。布瓦吉吉的遭遇，引發了突尼斯年輕人的同仇敵愾。在高漲的失業率、通貨膨脹、腐敗、缺乏安全保障、生活條件不佳等因素的刺激下，這些年輕人紛紛走上街頭，大規模示威遊行隨即席捲突尼斯。到二〇一一年一月十四日，突尼斯總統本・阿里深夜逃亡沙特阿拉伯，長達二十三年本・阿里時代落下帷幕。此即著名的突尼斯茉莉花革命，它拉開中東變局的序幕。

　　二〇一一年一月，突尼斯革命的消息傳到埃及，埃及年輕人也自發組織起來，號召推翻執政三十年之久的埃及總統穆巴拉克。從一月二十五日大規模示威遊行爆發，到二月十一日埃及軍方宣布穆巴拉克辭職，為時十八天埃及就發生了翻天覆地的變化。這次事件也被稱為「一・二五革命」或二〇一一年埃及革命。

　　革命勝利後，埃及穆斯林兄弟會開始在埃及政壇快速崛起。二〇一一年十一至十二月的埃及人民議會選舉中，穆兄會附屬的自由與正義黨與薩拉菲派光明黨一起，取得了百分之七十五的議會席位。這一勝利震驚了埃及內外。議會選舉的巨大勝利，促使穆兄會進一步伸手埃及政治，推舉穆罕默德・穆爾西參選埃及總統。二〇一二年五月二三至二四日埃及總統選舉的第一輪投票中，穆罕默德・穆爾西和前穆兄會成員阿卜杜勒・穆奈姆・阿布福圖分別獲得百分之二四・七八和

百分之十七‧四七的選票，位列第一和第四。二〇一二年六月十六至
十七日的第二輪投票中，穆爾西以百分之五一‧七三的支持率擊敗前
總理艾哈邁德‧沙菲克，當選埃及總統。六月三十日，穆爾西在最高
憲法法院院長蘇爾坦的主持下，宣誓就職埃及總統。穆爾西的當選，
不僅意味著埃及二〇一一年革命結出碩果，而且標誌著沉浮八十餘
載、幾經鎮壓的埃及穆兄會，一躍成為埃及政壇的主角。因此，有必
要就穆兄會在二〇一一年埃及革命中的參與情況做進一步分析，以瞭
解它如何一步步走向權力。

## 第一節　埃及權力繼承危機中的穆兄會

　　二〇一一年埃及革命的導火索無疑是突尼斯茉莉花革命的勝利，
它鼓舞了埃及青年，並賦予了他們鬥爭的信心。持續十八天的埃及革
命成功推翻穆巴拉克後，埃及也成為被效仿的對象，導致抗議示威活
動蔓延到利比亞、敘利亞，「阿拉伯之春」也由此席捲中東。從這一
點看，滾雪球效應對埃及變局的發生無疑有重要作用。

　　突尼斯的示範效益是埃及革命發生的主要原因，但革命的成功要
歸根於埃及的政治經濟困局。首先，穆巴拉克長期保有權力造成了國
內外政治力量的集體反對和批評，而其利用秘密員警壓制反對之聲的
行為，更進一步遭到埃及知識份子和民眾的敵視。其次，自二〇〇〇
年開始，穆巴拉克顯露出讓其兒子賈邁勒‧穆巴拉克繼任總統的意
圖。這種意圖不僅遭到埃及輿論的批評，還引起了執政黨國家民主黨
的內部鬥爭，老一代領導人和軍方的強烈抵制和反抗，導致了政府內
部的分裂，由此引發了埃及權力繼承危機。[1]再次，隨著埃及伊斯蘭

---

1　Mariz Tadros, *The Muslim Brotherhood in Contemporary Egypt: Democracy Redefined or Confined?* (Oxford: Routledge, 2012), pp. 20-22.

風氣的增長，激進伊斯蘭主義者不斷威脅埃及的社會穩定，而溫和的伊斯蘭主義者（如穆兄會）則不斷侵蝕執政黨的權威和合法性。最後是經濟方面，儘管世紀之交埃及的國民生產總值不斷上升，但埃及大眾的生活水準卻在下降。相關數據顯示，二〇〇五年以來，除了百分之二十的富裕階層，埃及所有其他收入階層的幸福感都有顯著降低。[2]二〇〇八年席捲世界的經濟危機，也使埃及的經濟雪上加霜。

　　正是在這些因素的影響下，突尼斯的革命方能撬開埃及政治變革。在這些因素中，穆巴拉克交接權力與其子賈邁勒而造成的「權力繼承危機」，是埃及一・二五革命得以成功的根本原因。正是權力繼承危機導致的統治層內部分裂，群眾的示威遊行才得以演變為「革命」。反對賈邁勒繼位的埃及軍方，在最終一刻給予穆巴拉克政權以致命一擊，從而確定了革命的勝利。二〇一一年二月四日，當穆巴拉克頂著國內外壓力拒絕變革時，埃及軍方領袖、時任國防部長坦塔維（Mohamed Hussein Tantawi）出現在解放廣場，安撫民眾並忠告人們要和平的、非暴力的舉行示威活動，同時埃及軍隊取代「缺席的」員警出現在解放廣場，建立檢查點、恢復秩序、保護示威者。坦塔維還告訴示威者「穆巴拉克將不會再競選總統」，進而呼籲示威者與副總統奧馬爾・蘇萊曼（Omar Suleiman）對話。[3]二月十日晚，不甘失敗的穆巴拉克發表「除非埋葬黃土，否則永不辭職」講話，次日埃及軍方就果斷採取行動，組建最高軍事委員會接管埃及最高權力，同時副總統奧馬爾・蘇萊曼公開宣布穆巴拉克已經辭職。[4]

---

2 "Egyptians', Tunisians' Wellbeing Plummets Despite GDP Gains", *Gallup* 2 February 2011.

3 Jeremy Maxwell Sharp, "Egypt: The January 25 Revolution and Implications for U.S. Foreign Policy", *Congressional Research Service*, 11 February 2011, http://www.refworld. org/pdfid/4d6f4dc5c.pdf，檢索日期：2022年2月13日。

4 Mohammed Zahid, *The Muslim Brotherhood and Egypt's Succession Crisis: The Politics of Liberalisation and Reform in the Middle East* (London: Tauris Academic Studies, 2010).

　　因此，顯然需要對埃及權力繼承危機做進一步分析，並探討穆兄會對此的態度和行動。

　　穆巴拉克時的埃及政治體制，一直追求多元主義（Puralist）與社團主義（Corporatist）的有機混合。[5]在多元制度中，眾多團體通過民主競爭獲得權利。而在社團主義制度中，許多未經選舉的組織實體掌握了決策的過程。多元主義強調民主決策，而社團主義的核心思想則是精英政治。社團主義有時候也與「恩庇主義」、「威權主義」、「極權主義」聯繫在一起。對穆巴拉克政權而言，過度地強調多元主義將削弱其政權的統治根基；片面地推行社團主義，則等同於對埃及政治空間和政黨進行大清掃，其所帶來的負面效果將直接威脅穆巴拉克政權的合法性和國際支持。

　　在穆巴拉克政權看來，一定程度的政治多元主義和對民主的承諾，符合美歐的期望。當小布希政府（2001-2009）在中東推行「民主推行政策」時，穆巴拉克政權放鬆了對多元政治團體的限制，給予自由主義者、伊斯蘭主義者以一定的政治寬容。但是，埃及安全部門從未完全放鬆對這些團體的監視，穆巴拉克政權也從未拋棄社團主義理念。正是基於社團主義為主、多元主義為輔的策略，穆巴拉克政權既提升了政府執政的合法性，也實現了社會的碎片化，同時阻止了強有力的政治反對派的出現。[6]

　　但是，穆巴拉克政權的這種「社團主義——多元主義聯合策略」，在權力繼承危機面前破產了。穆巴拉克父子的權力轉移始於二○○○

---

5　Robert Bianchi, *Unruly Corporatism: Associational Life in Twentieth-Century Egypt* (Oxford: Oxford University Press, 1989), p. 6.

6　Robert Bianchi, *Unruly Corporatism: Associational Life in Twentieth-Century Egypt*, pp. 24-25.

年。該年埃及執政黨民族民主黨[7]在議會選舉中遭遇嚴重挫折，只獲得了三分之一的議會席位，這導致黨內出現「增加新鮮血液」的呼聲，也為賈邁勒的崛起提供了契機。賈邁勒之前熱衷於經商，但在中東父權子繼的風潮[8]下，也開始轉向政治。二〇〇〇年三月，賈邁勒進入穆巴拉克領導的民族民主黨，擔任該黨的青年和發展委員會主任，負責青年事務。二〇〇二年九月民族民主黨的第八次全國代表大會上，賈邁勒被穆巴拉克任命為民族民主黨書記處書記，分管黨的政治事務，並任高級政策委員會主席。由此，賈邁勒成為民族民主黨的第三號人物。會議閉幕時，穆巴拉克還發表講話強調：「應該把執政黨的年輕一代推上各級黨組織的領導崗位，要重視對黨內青年的培養，加強政治和黨性教育，以適應目前形勢的需要。」[9]當時的埃及輿論認為，穆巴拉克此番講話顯然是為賈邁勒在黨內接班做鋪墊。

　　執掌民族民主黨書記處後，賈邁勒逐漸建立起自己的領袖地位。在這期間，一批民族民主黨的成員聚集在他的身邊，成為他的追隨者，並為他繼承權力而奔走呼號。賈邁勒在經濟領域有兩個的重要追隨者，一是埃及鋼鐵產業巨頭艾哈邁德‧艾斯（Ahmed Ezz），二是負責國有資產私有化的馬哈穆德‧穆希丁（Mahmoud Mohieddin）。馬哈穆德‧穆希丁飽受非議，因為他自二〇〇四年擔任埃及投資部長後，在國有資產私有化的過程中大幅調低資產預估價值，從而使購買者獲得暴利。二〇〇四年七月政府職位調整後，賈邁勒及其支持者團

---

7　民族民主黨（National Democratic Party, NDP）是當時埃及的執政黨，穆巴拉克是該黨黨魁。

8　這股風潮主要是在敘利亞、利比亞、突尼斯等國。在敘利亞，巴沙爾‧阿薩德於二〇〇〇年六月被任命為敘利亞復興黨總書記，兼武裝部隊總司令。其父哈菲茲‧阿薩德總統於二〇〇〇年六月去世，巴沙爾‧阿薩德隨即於七月成為敘利亞總統。

9　Robert Bianchi, *Unruly Corporatism: Associational Life in Twentieth-Century Egypt*, p. 17.

隊的權力得到進一步鞏固，艾哈邁德・納齊夫（Ahmad Nazi）被任命為埃及總理，艾哈邁德・馬格拉博（Ahmed Maghraby）被任命為住建部長，佐黑格・加拉那（Zoheir Garana）被任命為旅遊部長，拉希德・默罕穆德・拉希德（Rashid Mohammed Rashid）被任命為工業部長，曼蘇爾（Mansour）被任命為運輸部長，優素福・卜曲思・加利（Youssef Boutros Ghali）被重新任命為經濟部長。這些人都是賈邁勒的支持者，他們主導著埃及的私有化進程，並希望籍此過程為賈邁勒爭取更多的支持者。[10]賈邁勒還獲得了埃及國家安全調查局的支持。國家安全調查局監控著埃及的方方面面，掌控對象包括埃及的各色政黨、社會團體、甚至埃及軍隊。

　　賈邁勒權力的上升，引起了民族民主黨老一代領袖和軍方領導人的不滿。他們對賈邁勒繼承總統職位的反對，源於埃及軍事精英掌控國家的政治文化。這種政治文化可以追溯到埃及共和國初建之時。一九五二年自由軍官革命後，軍事精英掌控了埃及政權，軍人在內閣、中央和地方各級部門中擔任了主要職位。從共和國第一任總統納吉布和被譽為「當代薩拉丁」的納賽爾，到薩達特和老穆巴拉克，都是優秀的軍人。納吉布是第一次中東戰爭的英雄，納賽爾領導埃及在一九五六年成功阻擊英法以三國聯軍，薩達特是自由軍官組織最早的創建者之一，在第四次中東戰爭中成功打破了「以色列不可戰勝」的神話。老穆巴拉克本人也是第四次中東戰爭時的埃及空軍總司令，正是在他的帶領下，埃及空軍在戰爭初期贏得了空戰勝利，從而確保了西奈戰役的順利展開。在埃及軍人眼中，賈邁勒只是個商人，既無長期的從軍經歷，也沒有獲得過任何像樣的軍事成就。因此，賈邁勒很難

---

10 Waheed Abd el-Meguid, *The 25th of January Revolution: A Preliminary Reading* (Cairo: Al Ahram for Publishing, Printing and Dissemination, 2011), p. 26.

贏得埃及軍方的支持。而在穆巴拉克政權中，恰恰是這些軍官或退休軍官掌握著國家最重要的職位。以二〇一一年二月穆巴拉克執政的最後時刻為例，時任副總統奧馬爾・蘇萊曼、總理艾哈邁德・沙菲克、國防部長和副總理坦塔維、內政部長馬哈茂德・瓦基迪、陸軍參謀長薩米・阿南，都是現任或退役軍人。

民族民主黨領袖和軍方領導人反對賈邁勒的第二個原因，是賈邁勒掌權將威脅到他們的政治和經濟地位。他們不甘心在穆巴拉克父子的權力交接中，淪為無足輕重的人物。賈邁勒組建團隊時，不僅將軍方力量排除在主要政治權力的分配之外，還威脅到軍方的經濟利益。賈邁勒在埃及國企私有化過程中，任命親信擔任重要經濟職位，默許他們在私有化過程中公飽私囊，以換取他們對父權子繼的認可。在此之前，這些國有企業的職位大多保留給退休的將軍。現在，這些企業轉歸私有，持有者和受益人變成了賈邁勒的年輕追隨者們。這種方式引起了埃及軍方的極大不滿。

穆巴拉克交接權力於賈邁勒的意圖，無疑是穆巴拉克政權內部分裂的根本原因，因此釀成的「權力繼承危機」首先在媒體中得到表達。反對賈邁勒的政府高層通過各種管道，將賈邁勒及其隨從的腐敗和非法行為披露出來。而這種在公眾媒體中的相互征伐，導致執政黨和穆巴拉克權威的不斷衰落。因此可以說，在一・二五革命以前，穆巴拉克父子就已面對著極大的權威困境。

在權力繼承危機的背景下，穆兄會也開始越來越多地涉足埃及政治，並且從民族民主黨的內部鬥爭中獲益。在二〇〇五年的選舉中，執政黨與其它反對派談判，允許他們進入議會並扮演一些無關緊要的陪襯角色，以緩解他們對賈邁勒上位的批評。這種向多元主義發展的趨向，增加了埃及議會選舉的可信度和真實度，緩解了穆巴拉克政權的合法性危機，同時也迎合了美國在中東「民主推行政策」。

在二〇〇五年穆巴拉克訪問美國之前，埃及政府官員就與穆兄會時任總訓導師穆罕默德・阿可夫談判，希望以釋放穆兄會在押領導人、允許穆兄會成員以個人名義參與二〇〇五年議會選舉為條件，換取穆兄會保持安靜，不發動公眾示威遊行。穆巴拉克政權的條件，促成了埃及穆兄會的又一次選舉勝利。

阿可夫與穆巴拉克政府達成協議後，被捕入獄的穆兄會高層陸續被釋放（如埃塞姆・埃利安和馬哈茂德・高斯蘭），穆兄會為選舉造勢的行為也未遭干涉，安全員警對穆兄會的競選融資睜一只眼閉一只眼，並且默許了「伊斯蘭是萬能解藥」的競選口號。[11]隨後，在二〇〇五年議會選舉的前兩輪，穆兄會大獲全勝。儘管第三輪選舉被政府暗箱操作，但穆兄會成員仍獲得了八十八個議會席位。可以說，正是在權力繼承危機的背景下，埃及政府放鬆了對穆兄會的限制，由此不僅推動了穆兄會政治參與的進一步發展，也鞏固了總訓導師穆罕默德・阿可夫的地位。

但是好景不長，隨著賈邁勒權力的穩固，埃及社團主義開始抬頭。二〇〇九年，穆巴拉克開始大幅度降低自己在政府和政黨內部的活動，將大多數事務交給賈邁勒・穆巴拉克去處理。[12]穆巴拉克「政治撤退」的意義重大，但原因不明。有猜測這與穆巴拉克突然失去了其最疼愛的孫子有關。該事件發生在二〇〇九年五月，穆巴拉克正在美國訪問，並計畫與美國總統奧巴馬會晤。根據穆巴拉克親近之人透露的消息，穆巴拉克因無法參加孫子的葬禮而倍感悲傷，在此之後其參與政治的興趣和頻度明顯降低。

---

11 Khalil Al-Anani, *The Muslim Brotherhood in Egypt: The Senility of Time's Struggle* (Cairo: El Shorouk International Publisher, 2007), pp. 231-239.

12 Mariz Tadros, *The Muslim Brotherhood in Contemporary Egypt: Democracy Redefined or Confined?*, p. 21.

　　二○一○年議會選舉，穆巴拉克政府與反對派之前的協調消失了。政府使用嚴厲的安全手段去控制政治團體和投票過程，並迫使他們接受即成事實。選舉過程中充斥著過分的暴力，政府雇傭的暴徒[13]蠻橫地威脅競爭者和投票民眾。在第二輪選舉前，時任穆兄會總訓導師穆罕默德・巴迪就宣布穆兄會退出選舉，理由是廣泛存在的暴力、暗箱操作和欺詐行為。隨後，穆兄會的穆夫提[14]阿卜杜勒・拉赫曼・埃爾貝發布裁決令，再次指責政府操縱選舉，認為穆兄會退出選舉進程是合理的抗爭。[15]穆兄會退出議會選舉的行為令政府窘迫異常，二○一○年議會選舉也因投票率和參與度的缺乏，而遭受諸多質疑。

　　二○一○年議會選舉結果中，執政黨民族民主黨獲得了五百零八個政黨席位中的四百二十四個，占比百分之八十六；反對派政黨僅獲得了十六個席位，占比百分之三。另外，六十五個非政黨的獨立候選人席位，大多也被前民族民主黨成員獲得，而這些人退出民族民主黨的唯一動機可能就是為了奪取獨立候選人席位。二○○五年選舉中，穆兄會總共取得了八十八個席位，占當時議會總席位的百分之二十，而在二○一○年議會選舉中，穆兄會沒有拿到一個席位。賈邁勒權力

---

13 這些暴徒在開羅有一個特有的稱呼——「巴塔基亞」（Baltagiya）。巴塔基亞誕生於二十世紀八○年代，自九○年代開始他們受埃及政府雇傭打擊政治反對派，開羅民眾則對他們深惡痛絕。

14 穆夫提（Mufti）是對伊斯蘭沙里亞法（Sharia）進行解釋的伊斯蘭學者，一般擁有極高的宗教和法律權威，他們的裁決令可以為司法和政治行為進行宗教解釋。在伊斯蘭法律學校中，穆夫提是最頂級的學者。另外，中東很多國家（包括埃及）都有一個大穆夫提。大穆夫提是遜尼派和艾巴德派穆斯林國家宗教法律的最高權威，他們發佈的法特瓦（Fatwa）常常被作為伊斯蘭法律體系的合法補充，而死刑判決也必須提交給大穆夫提，獲得他們的認可才能生效。二○一○年時埃及的大穆夫提是沙烏基・易卜拉欣・阿卜杜勒・卡里姆・阿拉姆（Shawki Ibrahim Abdel-Karim Allam）。

15 H. El Souweify, "The Brotherhood's Mufti: Withdrawal is Hallal, rigging is haram", *Al Distour* 11 December 2010.

的上升和埃及社團主義的重新抬頭，無疑對穆兄會有重要影響。

正是出於對這種選舉結果的質疑，很多人認為二〇一〇年選舉事實上是被「精心安排的」。所有成為議員的人，都是埃及秘密部門（the State Security Investigation Apparatus, SSI）精挑細選的，以至於他們被戲稱為「SSI 議員」。另外，該次選舉中有超過五十名軍隊出身的將軍獲得議員身份。穆兄會、科普特人和國際組織對民族民主黨的野蠻行為表達了強烈的敵視和不信任，埃及人心中也充滿了幻滅感。[16]穆兄會總訓導師穆罕默德·巴迪在新聞發布會上表達了這種不滿，他聲稱議會選舉因其合法性的缺失而必須解散。隨後，穆兄會舉行了示威遊行和靜坐。

面對可能的選舉舞弊，埃及世俗在野黨也與穆兄會等伊斯蘭在野黨聯合起來。新議員前往人民議會宣誓就職的前一天，超過九十名前議員組成了一個「平行議會」，以對抗二〇一〇年的新議會。穆巴拉克聽到「平行議會」建立的消息時，不屑地表示：「讓他們去自娛自樂！」[17]這種態度也反應了穆巴拉克父子對埃及民眾政治的輕蔑態度。一年後的埃及革命中，倘若穆巴拉克能重溫這句話，也許會有不同的感受。

二〇一〇年人民議會選舉後，「人民已被窒息」成為埃及街頭的流行語。埃及政府一直宣傳「改善民生」（live and let live），但結果卻是通貨膨脹加劇、貧富分化愈演愈烈、權貴的財富則因私有化而不斷增長、埃及年輕人的失業率不斷增加，遊行示威時有發生。值此之時，埃及政府、穆巴拉克和賈邁勒仍保持樂觀，並且對安全員警充滿

---

16 A. Zalat, "Emad El Din Adeeb: the election spawned opposition outside the institutions", *Al-Masry Al-Youm* 26 December 2010.

17 Mariz Tadros, *The Muslim Brotherhood in Contemporary Egypt: Democracy Redefined or Confined?*, p. 24.

信任。秘密員警在開羅的大街小巷都有布局，他們的觸角延伸到埃及社會生活的方方面面。但事實證明，安全員警無法對埃及實現全盤控制，尤其在社交媒體領域。

另外一個關鍵因素在於軍隊。因為賈邁勒的權力繼承問題，軍方事實上已經與穆巴拉克分道揚鑣。但在當時，因為軍隊事務的不透明，人們無法確定軍方對賈邁勒繼承權力的態度。僅有傳聞稱軍隊最高領袖、時任國防部長坦塔維不認可賈邁勒繼任總統。坦塔維在埃及軍隊中擁有超強的影響力，他是二○一一年埃及革命中的決定性力量，二○一三年七月發動政變上臺的阿卜杜勒・塞西也是坦塔維的得意門生。坦塔維反對賈邁勒的同時，賈邁勒也試圖撤換坦塔維。在坦塔維與賈邁勒的鬥爭中，越來越多人呼籲軍方與反對派聯盟合作以對抗穆巴拉克父子，穆兄會就是最積極的鼓吹者。軍方確實擁有反抗穆巴拉克的能力和可能性，他們擁有自己的安全部門「穆卡巴拉」（Mukhabarat），同時還擁有與美國和以色列的外交專線。而若發起反對穆巴拉克的行動，這些外交專線可以方便軍方獲得美國等西方國家的外交支持，這對行動的成功相當重要。因為美國的經濟和軍事援助可以幫助埃及穩定經濟，而其國際影響力則基本可以決定國際社會對軍方行動的定性。

出於這些原因，早在「一・二五革命」之前，一些埃及人就認為穆巴拉克政權已陷入到深刻的危機之中，且「軍事政變已經不遠了」。[18]政權內部分成賈邁勒派和反賈邁勒派，在野黨則有世俗主義派聯盟和穆兄會為首的伊斯蘭主義派聯盟，這四股力量構成了埃及政治局勢的「四角格局」。世俗派聯盟包括肯法亞運動（Kefaya）、四月六

---

18 Mariz Tadros, *The Muslim Brotherhood in Contemporary Egypt: Democracy Redefined or Confined?*, p. 26.

日運動（6 April Movement）、改變國家委員會（National Committee of Change）、三月二十日運動（20 March movement）、三月九日運動（9 March movement）等。肯法亞即「夠了」（Enough）的意思，該運動成立於二〇〇四年，曾公開反對穆巴拉克繼續執政，反對賈邁勒上位。四月六運動始於二〇〇八年四月六日馬哈拉・庫巴的紡織工人大罷工，該罷工影響巨大，且持續了三年之久。改變國家委員會系由國際原子能總幹事、二〇〇五年諾貝爾和平獎得主穆罕默德・巴拉迪（Mohamed M. El Baradei）創立，聚集了一批埃及青年。這些反對派組織公開批評或諷刺穆巴拉克政權，其成員相互間存在聯繫，甚至某些成員同屬多個組織。比如在巴拉迪的改變國家委員會中，就有很多屬於穆斯林兄弟會的青年，他們後來還試圖推動穆兄會直接加入到一・二五革命中。

總的來看，在二〇一一年埃及變局到來前，埃及在野黨與穆巴拉克政權的矛盾、賈邁勒派和反賈邁勒派的矛盾，都已無法調和。在野黨內的伊斯蘭主義者與世俗主義者的矛盾，也蘊含著風險。這些矛盾和風險，將在隨後的革命中陸續爆發。

## 第二節　「一・二五革命」與穆兄會的謹慎參與

在埃及，每年的一月二十五日是「員警愛國日」，其目的是紀念一九五二年在伊斯梅利亞被英國殖民軍隊殺害的愛國員警。埃及政府將這一天列為公共假日，每年舉辦一次紀念活動。但是，二〇一一年的一月二十五日，卻迎來了大規模、有組織的示威遊行活動。

示威活動受到三個偶然因素的刺激，一是突尼斯茉莉花革命的成功，二是二〇一一年一月發生在亞歷山大科普特教堂的恐怖襲擊事件，三是加奈姆運動。[19]其中，科普特教堂襲擊共計造成二十人死亡、二百多人受傷，導致亞歷山大的科普特青年走上街頭遊行示威。隨後，數百名對科普特人抱有同情的穆斯林青年也加入遊行隊伍。遊行示威是和平的，群眾憤怒的目標也是無能且腐敗的穆巴拉克政府。但是，這些示威者並未預料到自己的行動會帶動整個埃及。

發生在開羅的加奈姆運動，起到的影響更大。該運動創始人瓦埃勒·加奈姆（Wael Ghoneim）是一個普通的 IT 工程師，他在臉譜上建立了「我們都是海拉特·賽義德（Khaled Said）」的版塊，呼籲人們為遭政府謀殺的賽義德討回公道。海拉特·賽義德於二〇一〇年六月六日（時齡28歲）在亞歷山大的西迪·加博區（Sidi Gaber）被埃及秘密員警帶走，隨即在關押期間死亡。他被毀容後的屍體照片被披露在網上，引發了埃及人對政府任意逮捕和虐殺平民的憤怒。加奈姆既非賽義德的親人，也非他的好友，純粹為了道義而大聲疾呼。他的呼籲也迅速獲得埃及青年的關注，「我們都是海拉特·賽義德」版塊下的發言數短期內增至四十多萬條。為了喚醒更多的埃及民眾，加奈姆和一些青年活動者們在埃及主要省市分發了約五十萬份傳單，呼籲人們「在一月二十五日為自己的權利而走出家門」。

一·二五革命大致可以分為四個階段：一、二〇一一年一月十一日突尼斯茉莉花革命勝利到一月二十五日開羅的大規模示威遊行，這是革命的醞釀階段；二、一月二十五日示威到二月一日晚的「駱駝戰役」，這是革命的起步階段；三、二月二至八日，這是決定革命走向的關鍵時期；四、二月八至十一日革命的高潮階段。二月八日，瓦埃勒·加奈姆回到解放廣場並發表「我已準備赴死」的講話，起義開始狂飆猛進並席捲全國。

19 A. Rabie ed., *25th of January: A Preliminary Reading and a Futuristic Vision* (Cairo: Centre for Political and Strategic Studies, 2011), p. 21.

　　在革命的醞釀階段，埃及青年是主要的組織者和發起人，而網路新媒體則是他們組織協調的工具。埃及世俗主義者和伊斯蘭主義者給予了或明或暗的支持。四月六青年運動、華夫脫黨、民主陣線（Democratic Front）、明日黨（Ghad party）、三月九日運動、紡織工人運動等眾多世俗派，旗幟鮮明地支持遊行。伊斯蘭主義者如穆兄會，為避免政府鎮壓沒有直接支持遊行，但大量穆兄會青年不受約束地參與到示威活動當中。[20]

　　也有一些政黨或社會運動公開反對示威遊行。納賽爾黨秘書長艾哈邁德・哈桑（Ahmed Hassan）認為示威活動是外部力量驅使的陰謀活動，是「一小撮政黨為了利益謀劃的不恰當的遊行」。極端組織伊斯蘭團和一些蘇菲主義團體公開反對示威活動，認為這違背了沙里亞法的原則，並且有煽動暴力和搞「汪達爾主義」的嫌疑。基督教亞歷山大教宗辛諾達三世要求埃及各地的主教們約束教民，不要捲入這個「少數團體組織的有特殊目的的活動」。伊斯蘭保守派薩拉菲主義領袖謝赫亞西爾・伯哈米（Yasser Borhami）也呼籲穆斯林青年不要遊行，因為這將導致埃及的混亂，並為外國勢力所乘。

　　一月二十五日示威遊行開始後，其規模之大出乎所有人的意料。示威活動總體上是和平的，很多女人、小孩和老人都參與其中。[21]面對聲勢浩大的示威遊行，政府不得不積極應對。政府首先指使埃及媒體大肆報導抗議青年的負面新聞，將他們描述為無所事事、製造麻煩的人。穆巴拉克則於二〇一一年二月一日發表電視講話，運用煽情的方式回憶自己為共和國奮鬥的一生，保證不再參選總統，也不會把權

---

20　Mariz Tadros, *The Muslim Brotherhood in Contemporary Egypt: Democracy Redefined or Confined?*, pp. 30-35.

21　Mohamed El-Fiki and Gail Rosseau, "The 2011 Egyptian Revolution: A Neurosurgical Perspective", *World Neurosurgery* 76.1 (2011), pp. 28-32.

力傳給兒子，只祈求民眾給予自己一個完成任期的機會。[22]新上任的副總統奧馬爾・蘇萊曼則表示「政府將與所有政治團體建立對話，討論有關政治改革的問題」，希望以此緩和示威者的情緒。[23]

　　安撫普通民眾的同時，政府也大肆打壓示威民眾，甚至不惜撤走員警、釋放囚犯、切斷埃及的互聯網接入、勾結暴徒襲擊解放廣場。二月一日晚，一群騎著駱駝和馬、裝備了刀械槍支的暴徒「巴塔基亞」，襲擊了解放廣場上的和平示威民眾，引發了血腥混亂，而此時的埃及員警「恰好」撤出了廣場。[24]暴徒的襲擊遭到示威者的抵抗，這一夜的衝突後來被人們稱為「駱駝戰役」。儘管時任總理艾哈邁德・沙菲克否認襲擊與政府有關，但有確鑿的證據證明時任內政部長哈比卜・阿迪勒（Habib el Adly）和其他兩名官員策劃了這次襲擊，而他們事先上報了穆巴拉克。另外，人們還在暴徒中看到便衣員警的身影，說明員警可能直接參與到襲擊中。穆巴拉克下臺後，對他的審判中最重要的罪名就是「下令武力鎮壓示威者」。

　　「駱駝戰役」被卡塔爾和諸多西方媒體迅速爆料，並在臉書、推特、YouTube 等社交媒體上廣泛傳播，引起了歐洲和世界輿論的廣泛關注。[25]美歐等國隨即介入到埃及變局中。

　　經過一夜醞釀，二月二日，美國總統奧巴馬突然發表講話表示：

---

22 Farha Ghannam, "Meanings and Feelings: Local Interpretations of the use of Violence in the Egyptian Revolution", *American Ethnologist* 39.1 (2012), pp. 32-36.

23 Jeremy Maxwell Sharp, "Egypt: The January 25 Revolution and Implications for U.S. Foreign Policy".

24 Thomas Francis, "Youth Protesters and Street Gangs Clash in Tahrir Square's Tent City", *Pulitzer Center on Crisis Reporting* 4 July 2011, http://pulitzercenter.org/reporting/youth-protesters-and-street-gangs-clash-tahrir-squares-tent-city，檢索日期：2022年2月13日。

25 錢磊、（埃及）穆尼爾・宰亞達：〈埃歐關係的歷史建構與當下演變——從非對稱到強相互依賴〉，《歐洲研究》2017年第6期，頁36。

「（埃及政治）過渡必須是有意義的、和平的，必須立即開始。」[26]同日，美國國務院呼籲埃及各方克制，英國首相卡梅倫則譴責了暴力，德國外交部長吉多・韋斯特維勒和法國總統薩科齊發言支持埃及民眾和平示威的權利，土耳其總理埃爾多安則呼籲埃及開啟民主化進程。[27]二月二日晚間，奧巴馬與穆巴拉克通了半個小時的電話，未能說服後者改弦更張，穆巴拉克堅持「不辭職」，只承諾「不再參加二〇一一年九月的總統選舉」。[28]之後，美歐外交否定進一步升級。

二月三日，德國總理默克爾同英國首相卡梅倫、法國總統薩科齊、義大利首相貝盧斯科尼、西班牙首相薩帕特羅（Jose Luis Zapatero）一起發表聯合聲明，稱：「埃及政治過渡『必須立即開啟』。」[29]此宣言相較於一月二十九日英法德三國領導人的聯合聲明[30]，無疑強硬地多，揭示了美國對其盟友的重要影響。二月四日，美國參議院進一步通過第四四號決議，要求穆巴拉克政府立即進行有序的、和平的政治

---

26 "Obama says Egypt's transition 'must begin now'", *CNN* 2 February 2011, http://edition.cnn.com/2011/POLITICS/02/01/us.egypt.obama/index.html，檢索日期：2022年2月13日。

27 Alan Silverleib, "World Leaders Denounce Attacks on Egyptian Protesters", *CNN* 2 February 2011, http://edition.cnn.com/2011/WORLD/meast/02/02/egypt.world.reaction/，檢索日期：2022年2月13日。

28 "Army tells protesters to help Egypt return to normal", *Reuters* 2 February 2011, https://www.deccanherald.com/content/134116/army-tells-protesters-help-egypt.html，檢索日期：2022年2月13日。

29 "European Leaders Demand Immediate Egypt Transition," *CBS News* 3 February 2011, http://www.cbsnews.com/news/european-leaders-demand-immediate-egypt-transition/，檢索日期：2022年2月13日。

30 一月三十一日，卡梅倫、薩科齊和默克爾的聯合聲明提到：「敦促穆巴拉克總統以溫和方式來解決埃及現在的局勢。」"Joint UK-France-Germany statement on Egypt," *Number10.gov.uk* 30 January 2011, https://www.gov.uk/government/news/joint-uk-france-germany-statement-on-egypt，檢索日期：2022年2月13日。

轉型。[31]這標誌著美國人的態度從外交言語向政策落地的方向發展。

　　包括奧巴馬、默克爾在內的美歐多國領導人的聯合聲明和公開表態，事實上已經構成了對穆巴拉克政權的「外交否定」，並成為了埃及政治變革的「催化劑」。「外交否定」瓦解了穆巴拉克政權在國際社會的影響力和合法性，使得埃及軍方順應時局發動政變的道德成本和國際風險降到極低。美國參議院第四四號決議的同日（二月四日），埃及軍方領袖、時任國防部長坦塔維出現在解放廣場，安撫民眾並忠告人們要和平的、非暴力的舉行示威。與此同時，軍隊取代「缺席的」員警出現在解放廣場，建立檢查點、恢復秩序、保護示威者。軍隊的士兵普遍對示威者抱有同情，坦塔維則告訴示威者「穆巴拉克將不會再競選總統」，進而呼籲示威者與副總統奧馬爾・蘇萊曼對話。[32]坦塔維的行動，成為埃及一・二五革命的重要轉捩點。

　　二月四至七日，迫於政府的壓力和美國的干涉，部分反對派認為應當同政府對話了，但埃及革命協調委員會拒絕妥協、堅持鬥爭，反對過早同政府對話。[33]

　　革命協調委員會成立於一月三十日，是示威遊行者和政治反對派為聯合應對政府壓力而組建的廣泛政治聯盟，前國際原子能機構總幹事穆罕默德・巴拉迪擔任委員會主席。協調委員會主要成員包括穆兄會領袖穆罕默德・貝蒂吉（Mohammad Baltagi）、卡拉馬黨和左翼國民黨領袖哈馬丁・薩巴赫（Hamdeen Sabahy）、「呼籲改變聯盟」的阿卜杜・加利利・穆斯塔法（Abdel Galili Mustafa）、前上訴法院副主席馬

---

31 安高樂：〈「阿拉伯之冬」的原因及其對美國中東政策的挑戰——基於埃及的思考〉，《印度洋經濟體研究》2014年第4期，頁56。

32 Jeremy Maxwell Sharp, "Egypt: The January 25 Revolution and Implications for U.S. Foreign Policy".

33 "El Baradei's Role Cast in Doubt", *Wall Street Journal* 3 February 2011.

哈茂德‧阿拉奎德（Mahmoud Al-Khudairi）、肯法亞運動領袖喬治‧伊斯哈格（George Ishaq）、世俗派左翼塔格瑪黨（Tegammu Party）創始人阿卜杜勒‧阿齊茲‧哈利利（Abdel Ezz Hariri）、世俗派明日黨（Ghad Party）領袖艾曼‧努爾（Ayman Nour）、親伊斯蘭的勞工黨領袖麥迪‧艾哈邁德‧侯賽因（Magdy Ahmed Hussein）、全國民主陣線創始人奧薩瑪‧加扎利‧哈伯（Osama Ghazali Harb）。青年運動、四月六青年論壇、巴拉迪青年、明日黨青年、穆兄會青年和全國民主陣線青年等青年運動，均表示服從該委員會的指導。委員會還公開發布了一‧二五革命的目標綱領，包括：穆巴拉克立即辭職、修改或重訂憲法、罷免和審判下令鎮壓示威者的官員、解散現有議會、結束國家緊急狀態、重新進行議會和總統選舉、組建更具代表性的政府。

協調委員會的成立，是埃及革命派團結一致的標誌，也是起義最終贏取勝利的重要保障。[34]二月八日，抗議活動最早的網路組織者瓦埃勒‧加奈姆在被當局拘禁十二天後回到解放廣場，發表「我已準備赴死」的講話，協調委員會隨即啟動全國總罷工。蘇伊士運河員工首先站起來號召大罷工，新聞工作者、郵政職員、公車司機、醫生、鋼鐵工人、織工、製藥工人和環衛工人隨後加入進來。值此之時，唯有埃及鐵路工人仍堅守在崗位上，因為人們希望他們盡可能地運送全國各地的示威者前往開羅解放廣場。

面對驟然升級的示威活動和大罷工，穆巴拉克政權措手不及。二月十日晚，穆巴拉克發表講話，委任副總統奧馬爾‧蘇萊曼為其全權代表，並堅持不在二○一一年九月任期結束前辭職。他還強調：「除非埋葬黃土，否則永不辭職！」此時，軍隊已經成為穆巴拉克維持政權的最後手段，但也正是他倚為臂膀的軍隊，給予了他最終一擊。

---

34 "El Baradei's Role Cast in Doubt".

　　埃及軍方一直是穆巴拉克維持威權主義政權的工具，但因埃及權力繼承危機，軍方與穆巴拉克父子的關係早已潛藏著危機。[35]軍方對「一・二五革命」的態度，也與政府截然相反。一開始，軍方順從穆巴拉克的意志努力壓制示威活動，但在駱駝戰役後，其立場已發生微妙變化。二月四日，軍方領袖坦塔維率領士兵前往解放廣場維持秩序，呼籲示威者同副總統蘇萊曼對話，軍隊的士兵則對示威者普遍抱有同情。[36]二月十日，軍方警告如果示威遊行的態勢不緩解，則將全面介入以控制局勢，這其實就是對穆巴拉克的最後通牒。對此，穆巴拉克不願妥協，而軍方則選擇了反叛。二月十一日，副總統奧馬爾・蘇萊曼宣布穆巴拉克已經辭職，軍方組成的最高軍事委員會（SCAF）接管埃及最高權力、組織過渡政府。至此，穆巴拉克三十年的威權主義統治轟然倒塌。隨後，埃及正式步入民主政權的初創階段。

　　在整個一・二五革命中，穆兄會秉持積極參與的邏輯，但在表態上十分謹慎、循序漸進。早在一月十九日，即一月二十五日大遊行的六天前，穆兄會就發表了一個官方聲明，對突尼斯成功推翻本・阿里政權的起義作出評論。聲明中強調：「茉莉花革命源於受壓迫人民的一致願望，而其合法性高於憲法的權威。壓迫人民的統治者並非安穩，他們是坐在人民和真主憤怒的火山口。」[37]隨後，穆兄會謹慎地表達了對國內局勢的立場：「儘管政治並非我們的本職，但我們依然

---

35 Mariz Tadros, *The Muslim Brotherhood in Contemporary Egypt: Democracy Redefined or Confined?*, pp. 20-22; Mohammed Zahid, *The Muslim Brotherhood and Egypt's Succession Crisis: The Politics of Liberalisation and Reform in the Middle East*, pp. 143-145.

36 Jeremy Maxwell Sharp, "Egypt: The January 25 Revolution and Implications for U.S. Foreign Policy".

37 Muslim Brotherhood, "The Muslim Brotherhood and the on-going events: the Tunisian Intifada and the demands of the Egyptian People", Cairo, 19 January 2011.

關注埃及社會的方方面面，包括其穩定與和諧。我們相信，當下埃及
社會最根本的要求是在政治、經濟和文化等領域進行全方位的改革。
穆兄會是埃及國家不可分割的一部分，它清楚的看著這一切。如果現
政權有意願和意志引領改革，它也將獻出自己的力量。」[38]

　　穆兄會多次重申穩定對於埃及的重要性，支持改革而非革命。這
種謹慎要求在現有體制框架內改革的態度，目的是維持穆兄會與政府
當局的關係。細節方面，穆兄會為改革之路提出了十點要求：一、廢
除緊急狀態法；二、給予人民議會議員以豁免權；三、對憲法第五、
七六、七七、八八、一七九條進行修正以改善政治參與；四、立刻著
手改善人民經濟生活水準；五、改變埃及對以色列的外交政策；六、
立即釋放政治犯；七、對各黨派的要求給予回應；八、對埃及政治制
度明文規定；九、堅決追究非法竊取國家財產的行為；十、撤銷秘密
員警對大學、公會、慈善機構、公民機構、人權組織的監視。[39]穆兄
會認為，儘快實現人民的這些願望可以避免內部動盪、維護國家穩
定，從而防止一個擴大版的茉莉花革命發生在埃及。

　　示威遊行爆發後，穆兄會組織的態度依舊比較謹慎，但穆兄會青
年不受限制地參與到示威活動之中。穆兄會對憤怒日（即1月25日）
唯一的「正式參與」，就是組織五十名穆兄會成員在開羅最高法院門
口象徵性的靜坐。不同於穆兄會組織和領導人，穆兄會青年積極參與
到「自由、尊嚴和麵包」的鬥爭當中，以埃及年輕人的身份，而非穆
兄會成員的身份。他們加入到四月六青年運動、改變國家委員會和其
他青年組織，呼籲「人民議會和舒拉委員會的免罪權」、「建立過渡政

---

38　Mariz Tadros, *The Muslim Brotherhood in Contemporary Egypt: Democracy Redefined or Confined?*, p. 31.

39　Mariz Tadros, *The Muslim Brotherhood in Contemporary Egypt: Democracy Redefined or Confined?*, p. 32.

府」、「限定最低工資為一千二百埃鎊」、「穆巴拉克下臺」、「穆巴拉克和賈邁勒不得提名參加總統選舉」、「終止非法拷問和鎮壓」。

新聞媒體中也無法看到穆兄會參與抗議示威的報導。優素福報、金字塔報等官方媒體不斷宣傳政府對示威者的克制和人道，但卡塔爾報卻披露了政府使用催淚瓦斯、毆打和監禁等手段。當示威者決定在解放廣場徹夜示威時，政府的回應是開進二百輛裝甲車和一萬三千名荷槍實彈的士兵。為制止一月二十五日的示威遊行，埃及內政部宣布遊行示威為非法。埃及政府曾指控穆兄會、肯法亞運動、四月六日運動等組織煽動年輕人，以達到其不可告人的目的。但在示威活動發生後的一月二十七日，自由媒體開始普遍將這次起義視為由埃及青年自發組織的一次遊行，而非穆兄會的陰謀。[40]

穆兄會組織一開始拒絕參與示威遊行，不是因為其內部的不協調，而是因為可能付出的過高政治代價。穆兄會在埃及社會擁有巨大能量，是唯一能對穆巴拉克政權構成威脅的社會組織，且長期與共和國政府既鬥爭又妥協。埃及政府也高度關注穆兄會的動向，防止穆兄會利用政治不穩變更政權。儘管參與示威的眾多政治力量批評穆兄會的立場像穆罕默德‧巴拉迪一樣「高坐欄杆之上」，但穆兄會的「不作為」，事實上就是對示威活動最大的支持。因為一旦穆兄會公開參與示威活動，政府就會以「防止伊斯蘭極端主義者威脅國家安全」的名義進行大規模鎮壓。而鑒於埃及官方、半官方媒體一直以來對穆兄會的抹黑，這種鎮壓可能還會得到受蒙蔽的埃及普通民眾的同情。

一月二十六日形式開始明朗，大規模示威遊行已成定局。此時，穆兄會訓導局方開會後宣布將參與到一月二十八日的示威行動中，以

---

40 Mariz Tadros, *The Muslim Brotherhood in Contemporary Egypt: Democracy Redefined or Confined?*, pp. 32-33.

擴大「憤怒星期五」的聲勢。[41]如同埃及大多數人一樣，穆兄會領導層不曾預測到一月二十五日的示威活動有如此大的聲勢。埃塞姆·埃利安此時也認為這是一場人民的革命，而人民有權利反抗現狀。當時，穆巴拉克政府倒臺尚未在人們的預期之內，而穆兄會也只是希望大規模示威遊行能促使政府立即執行改革、釋放政治犯。

此後的示威活動中，穆兄會組織和穆兄會青年也儘量降低伊斯蘭色彩。穆兄會在公開場合、人民議會等謹慎行事，以免政府找到藉口把一·二五革命描繪成伊朗式「伊斯蘭革命」。穆兄會積極參與了一月三十日革命協調委員會的組建，穆兄會的穆罕默德·貝蒂吉是主席之外最有分量的成員。這不是因為穆兄會無法爭取到革命協調委員會的主席職位，而是為了降低委員會的伊斯蘭色彩。

在解放廣場，穆兄會也致力於減少伊斯蘭色彩。穆兄會高層埃塞姆·埃利安在後來的回憶中提到，自己的一個朋友看到解放廣場的禱告活動，隨即告誡他要「最小化伊斯蘭的印象」。[42]這個告誡產生了重要影響，穆兄會隨後開始有意壓制解放廣場上的伊斯蘭色彩。儘管如此，穆兄會青年在解放廣場的參與仍屢受關注。二月二日的「駱駝戰役」中，穆兄會青年與扎馬雷克（Zmalek）和阿赫利（Ahly）足球俱樂部的粉絲們一起，搭建了街壘以對抗來襲的暴徒，保護示威者。當時，穆兄會青年一度被譽為「示威者之盾」，而穆兄會並未藉此要求解放廣場的領導權。[43]

二月一日駱駝戰役後，政府強烈希望與示威民眾或各色政黨達成

---

41 反對派號召在二〇一一年一月二十八日再次舉行大規模示威遊行，因這一天是星期五，因此也稱之為「憤怒星期五」（the Friday of Rage）。

42 M. Gaweesh, "Closed meeting between the political forces at Ghad premises", *Al-Masry Al- Youm* 26 January 2011.

43 Mariz Tadros, *The Muslim Brotherhood in Contemporary Egypt: Democracy Redefined or Confined?*, p. 35.

調解，以化解大規模示威遊行，使人群散去。但示威者呼籲人們堅持到穆巴拉克倒臺，強調「不妥協共識」。示威青年還一度懷疑穆兄會與埃及副總統奧馬爾・蘇萊曼秘密談判。對此，穆兄會總訓導師穆罕默德・巴迪於二月三日專門發表聲明，稱沒有任何穆兄會代表與政府進行談判。[44]

　　二月四日坦塔維來到解放廣場後，軍方與穆巴拉克分子的分歧開始逐漸為人所知，示威者與官方的力量對比也發生變化。此時，與軍方對話成為一個重要的選項。二月五日，穆兄會總訓導師穆罕默德・巴迪再次發表聲明，稱與政府的對話必須「反應人民的要求」、「與伊斯蘭信仰一致」，且須是「嚴肅的、真誠的、建設性的」。[45]這意味著穆兄會開始拋棄「不妥協共識」。

　　二月六日，穆兄會聯合一些政治反對派，開始同奧馬爾對話。期間，穆罕默德・穆爾西、薩阿德・卡塔特尼擔任了主要的談判責任。革命協調委員會中的一些組織反對談判，比如民主陣線的奧薩瑪・加扎利・哈伯，他認為「不應與一個已經喪失合法性的政府進行談判」。儘管如此，穆兄會同政府的談判還是順利進行，穆爾西和卡塔特尼向奧馬爾總理提出了八個要求，包括政治改革、結束緊急狀態等。

　　整個談判進程中，穆兄會的參與力度在所有其他政黨之上。因此，穆兄會相當於領導了一・二五革命的最後階段，也為革命的最終勝利做出了重要貢獻。穆兄會副訓導師馬哈茂德・伊扎特認為，人們需要的是行動而非空話，政府首先要做的是驅逐穆巴拉克、停止緊急狀態法、建立過渡政府。

　　與政府對話無疑增加了穆兄會對埃及政局的影響力，客觀地提升

---

44 Muhammad Badie, "The Muslim Brotherhood: We will not negotiate the existing regime", *Al-Masry Al-Youm* 3 February 2011.

45 Muhammad Badie, "The Muslim Brotherhood: We will not negotiate the existing regime".

了穆兄會的政治地位，但也造成了一些負面影響。原為穆兄會資深成員的哈薩姆・阿布哈利勒（Haitham Abou Khalil）在二○一一年三月份主動退出穆兄會，因為其對穆兄會所做的事情感到震驚和不可思議。據他所言，穆兄會訓導局與總理奧馬爾另有秘密協議：穆兄會撤銷對革命的參與和支持，政府將重新定位穆兄會，給予其合法政黨和公民組織的資格。[46]著名的女權人士載妮（El Zeiny）激烈批評穆兄會與奧馬爾達成的協議，因為穆兄會與一個反覆無常且經常不遵守承諾的政府達成了一個致命的同盟，從而使革命面臨流產的威脅。[47]穆兄會與政府的對話，在解放廣場引起了一部分示威者的憤怒。協調委員會成員艾哈邁德・扎格盧勒於二月六日在解放廣場大聲疾呼：「在穆巴拉克倒臺前，不對話、不派代表、不要穆兄會，人民的意志在解放廣場，而不在穆兄會。」[48]但是，倘若沒有二月十一日埃及軍方對穆巴拉克的反戈一擊，穆兄會與奧馬爾的談判會將革命導向何方，不得而知。

　　一・二五革命還對穆兄會的社會影響力產生衝擊。此前，穆兄會總誇口自己「掌握了民間」，是埃及唯一一個可以動員群眾的力量。但此次大規模示威，讓穆兄會領導人認識到埃及青年的巨大力量。一直以來，穆兄會青年對高層決策沒有影響力，但此時已能對高層施壓，並使穆兄會領導層認識到這次革命的集體性質。[49]他們還成為穆兄會與抗議示威者聯繫的橋樑。

---

46　H. Abou Khalil, "A suspect pact between the Brotherhood and Omar Soliman", *Al Bashayer* 31 March 2011.

47　N. El Zeiny, "The Intelligence of el dahya Omar Soliman and the idiocy of the Brothers' leader", *Al Jazeera Arabic* 7 February 2011.

48　Ahmed Zaghloul, *One Hundred Steps from the Revolution* (Cairo: Islamic House for Distributing and Publishing, 2011), p. 77.

49　Mariz Tadros, *The Muslim Brotherhood in Contemporary Egypt: Democracy Redefined or Confined?*, p. 34.

　　縱觀二○一一年埃及革命，穆兄會在革命前期的行動無疑是遲緩的，在革命後期的作用則是決定性的。穆兄會領導人一直擔憂政府的報復，懷疑抗議示威能否實現推翻穆巴拉克政權的目的。與領導層的不作為相反，穆兄會青年丟開了穆兄會的旗幟和宗教思維，以埃及青年的身份參與到抗議示威活動中去。他們加入了一系列的青年組織和青年聯盟，其所作所為贏得了埃及世俗派的尊敬。穆兄會組織和訓導局的「不作為」也有積極價值，它使得政府難以將一・二五革命抹黑成為伊朗式的「伊斯蘭革命」，因而間接保護了示威遊行。在起義狂飆猛進之時，穆兄會轉向同政府談判，希望借此開啟溫和的政治轉型，而不是將現有政府完全推倒重來。這種「轉型而非革命」的思維，與示威青年和部分世俗派的態度發生衝突。他們一直認為不能同穆巴拉克政府妥協，堅持政治協商的前提是穆巴拉克辭去總統職位。這種要求雖在二月十一日獲得成功，但從二○一一至二○一二年過渡政府擠壓民主進程、二○一三年七月軍方推翻民選政府來看，也許穆兄會高層的顧慮是正確的。經歷過無數埃及政治風波和牢獄之災的穆兄會老一代領導人，其對埃及威權主義的認識可謂頑固，但這種頑固也可能是深刻的、準確的。他們看到了埃及政治的本質。

## 第三節　過渡政府時期的穆兄會

　　二○一一年二月十一日穆巴拉克政權倒臺後，埃及進入第一過渡政府時期，事件截止二○一二年六月總統大選。期間，埃及軍方與革命派的權力博弈成為了政治活動的主旋律。

　　軍方一直是埃及政治中不可忽視的一股力量。穆巴拉克時期，軍方與穆巴拉克支持者、民族民主黨中上層、受政府影響的司法界和媒體人士等，共同構建了一個巨大的保守派利益集團。這個集團佔有著大量的政治、經濟和社會資源，軍方是其中的核心力量，也是穆巴拉克維持威權主義的最重要工具。[50]穆巴拉克倒臺後，軍方仍然是保守派利益集團的支柱，一直試圖維持自己在埃及政治中的特殊地位和經濟特權。[51]

此時，埃及青年的起義熱情已經讓位於政黨競爭。革命派因意識形態差異分裂成兩個陣營，一是以穆兄會和薩拉菲派為首的伊斯蘭主義力量，二是以世俗黨派和青年社會團體為核心的世俗派聯盟。兩者的矛盾根深蒂固，但在革命勝利初期，雙方為了革命和民主轉型的大局，仍然保持協調一致。

在政治轉型過程中，革命派與軍方鬥爭的焦點是路線圖問題，即先舉行議會和總統選舉，還是先修訂憲法的問題。軍方傾向於先進行憲法修訂，希望藉此鞏固軍方的權力。革命派則希望先舉行議會和總統選舉，隨後軍隊重回軍營，把權力移交給新議會和新總統，再重新修訂憲法。

二○一一年三月，最高軍事委員會推出一系列的憲法修正草案，並計畫在三月十九日進行公投。公投遭到眾多革命派團體的聯合抵制。四月八日，超過十萬名示威者再次聚集在解放廣場，要求最高軍事委員會滿足民眾的要求，推進路線圖並審判穆巴拉克。七月十三日，最高軍事委員會宣布了新的選舉法，並將議會選舉再次推遲到二

---

50 Mariz Tadros, *The Muslim Brotherhood in Contemporary Egypt: Democracy Redefined or Confined?*, pp. 20-22; Mohammed Zahid, *The Muslim Brotherhood and Egypt's Succession Crisis: The Politics of Liberalisation and Reform in the Middle East*, pp. 143-145; S. E. Nepstad, "Mutiny and nonviolence in the Arab Spring Exploring military defections and loyalty in Egypt, Bahrain, and Syria", *Journal of Peace Research* 50.3 (2013), pp. 337-349.

51 Daniela Pioppi, "Muslim Brotherhood and the Illusion of Power", *Opinions on the Mediterranean*, German Marshall Fund of the United States (July 2012).

○一一年十一月。示威者感受到背叛，大批民眾隨即湧入解放廣場和議會大樓，迫使時任首相沙里夫解雇了多名部長。九月，最高軍事委員會迫於壓力，再次修改了選舉法，減少了獨立候選人的比例。這一舉措無疑增加了前穆巴拉克政權官員重獲權力的難度，因為前執政黨民族民主黨將註定被解散。

　　二○一一年十一至十二月，埃及最終舉行了議會選舉，穆兄會和薩拉菲派光明黨等伊斯蘭主義團體出人意料地獲取了百分之七十五的議會席位。新議會成為革命派與軍方鬥爭的核心力量，致力於結束所謂的「軍事統治」。[52]二○一二年三月，新議會組建了一百人憲法修訂委員會，這意味著新議會開始從軍方手中奪取立法權。與此同時，五月二三至二四日的埃及總統選舉第一階段，前穆兄會成員、自由與正義黨主席穆罕默德‧穆爾西（Muhammad Morsi）以百分之二四‧七八的得票率居第一位，順利進入第二階段角逐。他的對手艾哈邁德‧沙菲克則是穆巴拉克時期的最後一任埃及總理，得票率為百分之二三‧六六。

　　面對革命派的節節勝利和穆爾西的可能當選，埃及軍方聯合法官們在最後時刻發動了反擊。六月十五日，最高法院判定二○一一年議會選舉的部分程式不合法，從而取消了三分之一議員的資格，這些議員大多是伊斯蘭主義者。為了使法院的判決可以順利執行，軍方控制了議會大樓，以防止議員們反撲。在此之前的六月十二日，軍方操控下成立了新的百人憲法修訂委員會。六月十七日，修憲委員會公布了新的憲法附加條款，授予了最高軍事委員會監督國防預算、指派軍事指揮官、任免國防部長、決定對外戰爭與和平的權力。憲法附加條款

---

52 Jeremy Maxwell Sharp, "Egypt: Transition under Military Rule", *Congressional Research Service* 21 June 2012.

成為一道枷鎖，剝奪了總統的一部分關鍵權力，限制了新生民主政權的行動能力。六月十七日憲法附加條款，因此也被視為埃及民主轉型的最大障礙。

儘管軍方做了一系列彌補措施，但仍無法改變埃及政治的大勢。對威權主義和軍方統治的厭惡和對民眾主權的追求，最終促使人們拋棄軍方代表和前總理沙菲克，選擇穆爾西來建設一個嶄新的埃及。在隨後的埃及總統選舉第二輪中，穆爾西以百分之五一・七三的得票率戰勝沙菲克，成功當選為埃及共和國總統。二〇一二年六月三十日，在最高憲法法院院長蘇爾坦的主持下，穆爾西宣誓就職總統。穆爾西的當選，不僅意味著埃及一・二五革命結出碩果，也標誌著埃及民主化進程邁出最重要的一步。

從穆巴拉克倒臺到穆爾西當選總統，穆兄會一躍成為埃及政治的主角。政治環境的巨變所帶來的巨大機遇、穆兄會在埃及社會基層的巨大影響力和豐富的政治經驗，是穆兄會一步步走向埃及最高權力的根本原因。

# 第六章
# 穆爾西執政及其失敗（2012-2013）

　　二〇一二年六月穆罕默德・穆爾西通過選舉成為埃及總統，但僅僅一年之後（2013年7月3日），他就被阿卜杜勒・塞西領導的埃及軍事最高委員會廢黜。隨後，埃及軍方開始武力鎮壓穆兄會，釀成了一系列的流血衝突事件。二〇一四年五月，塞西脫下軍裝參選總統，以百分之九六・二得票率的絕對優勢戰勝所有對手，成為阿拉伯埃及共和國的第六任總統。塞西的當選意味著威權主義在埃及的回歸，同時也標誌著二〇一一年革命以來的埃及政治轉型走入困境。此後，關於埃及政治轉型緣何失敗的爭論此起彼伏，有人委過於穆爾西的執政失誤和穆兄會對埃及的伊斯蘭化，也有人強調世俗派出於黨派之爭而放棄同穆兄會的聯合，還有人責備軍方不願放棄權勢。二〇一三年「七・三事件」本身，也是疑點重重。因此，有必要對穆爾西執政始末及其倒臺的原因深入分析。

## 第一節　穆爾西時期的埃及內政

　　穆爾西組建新政府後，埃及政治轉型步入了一個新的階段──民主鞏固階段。根據亨廷頓的民主轉型理論，在民主鞏固階段，新生的民主政權將會面對轉型問題、背景性問題和體制性問題。其中轉型問題包括對前威權體制的象徵、原則、法律、文官和領袖的處理，以及對軍方集團政治權力的控制。背景性問題則是更持久的挑戰，它包括叛亂、族群和宗教衝突、社會經濟不平等、極端貧困等社會問題。新生民主政權如果在解決這些背景性問題上遭遇失敗，則會使人們倍感挫折、心灰意冷、進而產生幻滅感。體制性問題關乎民主制度的運行，在某種意義上是民主鞏固完成後的情景。[1]

穆爾西當選總統後的埃及也面臨這些問題。首要的問題是對穆巴拉克政府指示暴徒襲擊示威者的審判問題。其次是政府與軍隊的關係問題，軍方一直致力於維護自己在埃及的政治經濟特權，而這些特權對於憲政民主制度來說是「絕非正常的」。最後，穆爾西還要面對經濟衰退、社會不平等、宗教衝突和恐怖主義等情景性問題。為了應對這些問題，穆爾西上任後採取了一系列的措施，以奪回民選政府的合法權力，鞏固新生民主政權。

二〇一二年八月五日，穆爾西以「軍方反恐不力」為由對軍方高層進行撤換。十一月二十二日，穆爾西頒布新憲法聲明，規定總統有權任命總檢察長、總統發布的命令任何方面無權更改，他還同時撤換了埃及總檢察長。二〇一二年十二月，穆爾西決定就埃及制憲委員會提交的二〇一二年新憲法草案進行全民公投，從而掀起埃及「憲法危機」。憲法草案最終以百分之六二‧八的支持率通過，標誌著穆爾西的又一次勝利。隨後，穆爾西撤換了多名軍人省長，代以革命派人士。

穆爾西還試圖給埃及法官進行「換血」。穆巴拉克在位時，為了籠絡法官群體，給予他們很多優待。埃及法學院中的慣例是最優秀的學生被任命為法官，但穆巴拉克允許在任法官的子弟破格成為新法官，而學習成績名列前茅的學生卻只能成為律師。穆巴拉克還調整了埃及法官的退休年齡，以使支持他的法官能一直工作到六十五歲或七十歲。穆爾西上臺後，恢復了法官六十歲退休的規定，以抑制法官超

1  塞繆爾‧亨廷頓（Samuel P. Huntington）著，歐陽景根譯：《第三波：20世紀後期的民主化浪潮》（北京：中國人民大學出版社，2012年）。

齡工作現象。他還頒布法令，將法學院曾經的優秀畢業生重新提拔為法官。經濟方面，穆爾西制定工資限制制度，一方面確定最低工資以保障民生，另一方面限制公務員最高工資以抑制腐敗。

但是，穆爾西的一系列舉措中也出現了諸多問題，其中在文化事業上的問題最具代表性。二〇一三年六月十一日早上，埃及一些著名作家、電影製片人、表演者和知識份子在開羅歌劇院門口聚集並舉行大規模的靜坐。這場被媒體譽為「歌劇院戰爭」的事件，起因於新上任的親穆兄會文化部長阿卜杜勒‧阿齊茲（Abdel-Aziz），突然解雇文化部門中的女性工作者。歌劇院戰爭一度被稱為埃及二〇一三年群眾抗議活動的「揭幕式」。[2] 二〇一三年六月三十日，塔姆路德運動發動大規模示威遊行，要求穆爾西下臺。七月三日，軍方「回應人民的號召」發動政變。二〇一四年五月，塞西將軍脫下軍裝參選總統並最終勝出。至此，穆爾西領導的民主鞏固最終失敗，埃及政治轉型走回了原點。

圍繞著埃及政治轉型失敗的原因，各方學者進行了廣泛的討論。討論的焦點一是軍事政變為什麼會發生，二是穆爾西的執政得失。關於穆爾西的執政得失，學者們考察了政治、經濟、宗教文化、歷史因素、對外政策等多個方面。

政治方面，學者們認為有三點因素導致了穆爾西的失敗。其一、穆兄會長期處於反對派角色，缺乏治國理政能力，因而犯下太多錯誤。其二，穆兄會熱衷於追逐權力，引起了軍方和世俗派的抵抗，甚至傳出「穆爾西想當新法老」的謠言。其三，有學者認為埃及世俗派政黨不斷訴諸街頭政治謀求權力，造成了穆爾西政權不穩的表象，從

---

2　Mohammed Saad and Sara Elkamel, "Artists break into Egypt's culture ministry building, declare sit-in", *Al-Ahram* 5 June 2013.

而極大了穆爾西被推翻的可能性。[3]

　　經濟方面，一些學者們認為，未能解決經濟和民生問題是穆爾西倒臺的根本原因。[4]二〇〇八開始的經濟危機對埃及造成的影響在二〇一〇年開始顯現，埃及的社會困境也隨之加劇。到二〇一三年十一月，埃及失業人數達到百分之十三‧四，而其中年輕人占到百分之七十‧八。[5]

　　對穆爾西政府宗教文化政策的批評最為嚴重。很多學者對政治伊斯蘭抱有疑慮，進而對穆兄會和穆爾西政府能否貫徹民主存有疑慮。[6]一些學者認為，穆爾西執政期間，在科普特人、婦女、非穆斯林等問題上處置不當。[7]部分學者還認為，穆兄會和穆爾西政府要為發生在西奈半島和上埃及明亞地區的一系列宗教衝突和武裝襲擊，負主要責任。[8]

3　Elizabeth Iskander Monier and Annette Ranko, "The Fall of the Muslim Brotherhood: Implications for Egypt", *Middle East Policy* 20.4 (2013), pp. 111-123; 廖百智：〈埃及「穆兄會」垮臺原因及前景分析〉，《現代國際關係》2013年第8期，頁29-34；郭小虎：〈埃及政治整合困境探源與前景展望〉，《阿拉伯世界研究》2014年第1期，頁50-61。

4　Sofia Alejandra Lopez, "Dynamic Alliances: Political Economy of Labor Organization in Post-Revolution Egypt" (Doctoral Dissertation, Massachusetts Institute of Technology, June 2013); Eberhard Kienle, "The Political Economy of Transformation in the Arab World After Authoritarianism: Economic and Social Policies in Tunisia and Egypt", 2013, http://www.erf.org.eg/CMS/uploads/pdf/Eberhard.pdf.

5　Lucy Marx, "Young Egyptian entrepreneurs gather for Youth to Business Forum workshop", *Egypt Independent* 23 December 2014.

6　Peter C. Weber, "Modernity, Civil Society, and Sectarianism: The Egyptian Muslim Brotherhood and the Takfir Groups", *International Journal of Voluntary and Nonprofit Organizations* 24 (2013), pp. 509-527.

7　Mona Farag, "The Muslim Sisters and the January 25th Revolution", *Journal of International Women's Studies* 13.5 (2012), pp. 228-237.

8　Anne R. Pierce, "US 'Partnership' with the Egyptian Muslim Brotherhood and its Effect on Civil Society and Human Rights", *Society* 51 (2014), pp. 1-19.

　　對穆爾西外交政策的指責較少。但也有學者注意到，「七‧三事件」前埃及軍方似乎取得了以色列和美國的諒解。另外，事件發生後俄羅斯、沙特等國不同程度地表達了對塞西的支持。因而也有學者認為，對外關係上的虛弱是穆爾西失敗的重要原因。[9]

　　但是，深究穆爾西執政時期埃及的內政外交，可能並不像這些媒體和學者們所認為的那麼糟糕。訪談發現，埃及民眾對穆爾西執政時的內政、經濟、外交，似乎並未抱有太多的指責。指責大多充斥在媒體界、學界和政界。因此，要捋清的真相，必須深入分析穆爾西執政始末，方能驗證穆爾西倒臺的根本原因。另外，這種分析還能驗證穆兄會這樣一個長期反對派，是否確如部分媒體宣揚的「缺乏執政能力」。

　　首先是國內經濟方面，經濟治理的失敗很難成為穆爾西被推翻的合理原因。埃及親軍方媒體一直致力於宣傳穆爾西的執政失誤，及其對埃及經濟造成的惡劣影響。但研究發現，穆爾西執政期間，埃及經濟不僅沒有惡化，反而比軍方控制的第一過渡政府時期更好。二〇一一年二月到二〇一二年七月的第一過渡政府時期，除了蘇伊士運河帶來的收入基本不變之外，埃及經濟嚴重退化。其中，經濟增長率從二〇一〇年的百分之三‧三左右下滑到二〇一一年的百分之〇‧〇五，人均國民收入增速從二〇一〇年的百分之一‧三四下降到二〇一一年的百分之負〇‧五五，外匯儲備從二〇一〇年的三七〇‧三億美元下降到二〇一一年的一八六‧四億美元。二〇一一年，約九十億美元資本外逃，外國直接投資出現負增長。該年作為外匯主要來源的埃及旅遊業也倍受打擊，年度遊客總人數下降超過三分之一。

9　陳天社：〈埃及的政治與社會轉型〉，劉中民、朱威列編：《中東地區發展報告：轉型與動盪的二元變奏（2013年卷）》（北京：時事出版社，2014年），頁119-138。

　　二〇一二年七月穆爾西履職時，接手的明顯是一個爛攤子。而經過一年的慘澹經營，埃及經濟出現了轉好的趨勢。到二〇一三年七月，埃及經濟增長率恢復至百分之〇‧五左右，人均國民收入增速恢復到二〇一〇年的水準，外匯儲備基本保持平穩，旅遊業也開始好轉，通脹率則下降至百分之七‧一。與此同時，外國投資者對埃及的信心恢復，當年對埃及直接投資達二七‧九八億美元，在阿拉伯世界排名第一，在非洲排名第四。[10]另外，穆爾西還積極通過平衡外交，來為埃及的經濟發展尋求國際支持。通過外交努力，沙特、阿聯酋、科威特等海灣富國就答應向埃及提供超過一百二十億美元的貸款，以幫助埃及恢復經濟。

　　穆爾西對歐洲的經濟外交也獲得巨大成績。二〇一二年九月，穆爾西出訪歐洲，與歐盟達成一系列經濟合作計畫，並建立了「歐埃特別小組」（EU-Egypt Task Force）。二〇一二年十一月，歐埃特別小組召開了「開羅經濟大會」，近五百多名歐埃政界商界精英參加，包括一百多名歐洲各大巨頭企業的代表、二百多名埃及各行各業商人、歐洲各國政府和社會代表、歐洲投資銀行和歐洲復興開發銀行的代表。會議中，歐埃特別小組公布了歐埃經濟合作一攬子計畫，總額達五十億歐元。其中，歐盟機構決定資助七‧五億歐元資金，用以對埃及的「夥伴關係、改革和包容性增長支持專案」。歐盟委員會還啟動了一項「農業和邊緣地區發展計畫」，以促進埃及農業的發展。[11]

---

10 UNCTAD, "World Investment Report 2013", 26 June 2013, http://unctad.org/en/pages/DIAE/World% 20Investment% 20Report/Annex-Tables.aspx.

11 Beata Przybylska-Maszner, "The Political Dimension of European Union - Egypt Relations after 2012 - Between Necessity and Obligation", in Anna Potyrala, Beata Przybylska-Maszner, and Sebastian Wojciechowski eds., *Relations between the European Union and Egypt after 2011: Determinants, Areas of Co-operation and Prospects* (Berlin: Logos Verlag, 2015), p. 34.

　　在開羅經濟大會上，埃及還對歐洲開放了油氣勘探和開發權。這一決策直接推動了埃及北部海洋氣田的開發，其經濟效益連後來的塞西政府都受益匪淺。埃及北部海洋氣田位於東地中海海盆天然氣富集區，處於以色列、賽普勒斯、埃及三角包圍的地帶。該地區已發現的天然氣田包括以色列的他瑪氣田（Tamar，發現於2009年，儲量約3070億立方米）、利維坦氣田（Leviathan，2010年，4700億立方米和約6億桶深礦層石油）、和賽普勒斯的阿佛洛狄特氣田（Aphrodite，2011年，2000億立方米和37億桶石油）。二〇一三年初，義大利國家控股的埃尼公司（Eni）從埃及政府招標獲得一塊地區，位於埃及專屬海洋經濟區的東北邊緣，總面積三七六五平方千米。埃尼公司擁有拍賣區塊百分之百的股東權益。[12]二〇一五年八月三十日，埃尼公司對外宣布探明該區域的巨額天然氣儲量，預計達八千五百億立方米，並隨即將之命名以祖哈勒（Zohr）。[13]祖哈勒氣田是地中海區域發現的最大天然氣田，在世界天然氣田儲量排行榜中位列第二十位，它的發現也使埃及天然氣儲量瞬間增加一倍。[14]二〇一七年末投產後，祖哈勒氣田預計可以每年二百至三百億立方米的水準供應三十年，不僅能填補埃及國內消費的缺口，還可將埃及天然氣出口拉回到歷史最高水準。

　　政治方面，穆爾西與軍隊和司法部門的鬥爭，是過渡政府時期革命派與保守派利益集團鬥爭的延續。穆爾西的目的就是奪回民選總統的合法權力，擺脫最高軍事委員會和司法系統的鉗制，並把埃及軍隊的權力削減到與憲政民主制度相適應的程度。[15]

---

12 "Egypt Hands Out Acreages For Gas, Oil Exploration", *Africa oil-Gas Report* 2 May 2013.

13 "Eni discovers a supergiant gas field in the Egyptian offshore, the largest ever found in the Mediterranean Sea", *Eni (press release)* 30 August 2015.

14 "ENI in Egypt: Euregas!", *The Economist* 5 September 2015.

15 埃及法官們肆意干涉政治、唯軍方是從的行為，在埃及是眾所周知的事實。審判穆巴拉克父子、判決穆爾西追隨者和穆兄會成員六百多人死刑等一系列事件中，都突

　　民主鞏固階段最大的不確定因素就是力量強大的軍隊，軍隊職業化的問題是大多數新生民主政權必須解決的問題。穆爾西堅持約束軍方和司法部門的權力，這是民主鞏固的必要步驟。對穆爾西擴權的指責之聲不絕於耳，它們大多來自於保守派利益集團控制的媒體。穆巴拉克時期，這些媒體一直是保守派利益集團控制輿論、壓制反對派的重要工具。一些有影響力的私人報刊、傳媒，也或多或少受到官方的影響。穆爾西執政期間，保守派控制的新聞媒體大肆發表攻擊穆爾西的言論。而相對應的，支持穆爾西的報紙媒體影響力微弱，發出的聲音微不足道。話語權的劣勢，是對穆爾西批評聲多、讚譽聲少的主要原因。[16]

　　一些媒體和學者質疑穆兄會的宗教性質和激進思想，源於其對穆兄會歷史進程認識缺乏。一個被掩蓋的事實是，穆兄會本身是以類似民族主義的方式登上埃及歷史舞臺的。[17]哈桑・班納本身是個教師，在伊斯梅利亞出於對英國霸權的憤怒而創立穆兄會。穆兄會早期一直致力於抵抗英國在埃及的殖民統治，後來又反對以色列在穆斯林的土地上建國。根據美國學者埃里克・特拉格（Eric Trager）的整理分析，

---

顯了埃及法官群體不合理使用司法權力肆意進行政治審判的惡習。二〇一二年六月七日，埃及法官聯合會甚至公然宣佈「法官應是政治人」。Jeremy Maxwell Sharp, "Egypt: Transition under Military Rule", *Congressional Research Service* 21 June 2012; "Egyptian Judge Speaks Against Islamist Victory Before Presidential Runoff", *New York Times* 7 June 2012.

16 Shaimaa Mostafa Ibrahim, "A Study of Official Media Outlets of Muslim Brotherhood Group and Freedom and Justice Party in Egypt" (Master's Thesis, The American University in Cairo, 2013).

17 Steven A. Cook, *The Struggle for Egypt: From Nasser to Tahrir Square* (Oxford: Oxford University Press, 2011), pp. 315-316; Joshua Haber and Helia Ighani, "A Delicate Balancing Act: Egyptian Foreign Policy after the Revolution", *IMES Capstone Paper Series* (2013), pp. 54-55.

現任穆兄會領導層也大多來自不同的教育和職業背景，他們是政治家而非伊瑪目，穆兄會本身也是一個政治組織，而非宗教組織。以穆兄會推出的總統候選人穆罕默德・穆爾西為例，他曾長期求學於美國，是南加州大學工程學的博士（一九八二年畢業），他的三個孩子是美國國籍，他本人也是在美國時加入的穆兄會。[18]

認定穆兄會的思想過於激進，或將之定義為「恐怖組織」，是埃及媒體和部分西方媒體刻意宣傳的結果。他們過多地關注於賽義德・庫特卜的激進主義思想，拿穆兄會中分裂出的極端組織說事，卻忽視了穆兄會主流思想的溫和化歷程。而事實上，庫特卜主義極端思想從來不是穆兄會的主流意識形態，庫特卜本人在一九五一年才加入穆兄會，一九五四年即被捕入獄，一九六五年因涉嫌參與暗殺和謀反活動而被處決。庫特卜原本就有濃厚的極端主義思想，而長期的牢獄之災使他發展出一整套極端主義理論。儘管很多伊斯蘭組織從他的思想中獲取動力，但穆兄會訓導局一直試圖抵消他的影響力。

學界和媒體長期忽視哈桑・胡代比以來穆兄會意識形態的溫和化歷程，是造成這種認知差異的主要原因。胡代比及其追隨者們一直掌控著穆兄會的權力核心和意識形態陣地，庫特卜的極端思想對穆兄會組織的影響並不如外界宣揚的那麼大。[19]一九七一年薩達特大赦之後，穆兄會在溫和化的道路上走得更遠。二十世紀七、八十年代泰勒馬薩尼掌權時，穆兄會不僅繼續溫和化，而且積極參與政治。這一時期，穆兄會大舉進入大學校園、行業協會、慈善機構和其他公民社會

---

18 Eric Trager, Katie Kiraly, Cooper Klose and Eliot Calhoun, "Who's Who in Egypt's Muslim Brotherhood", The Washington Institute (September 2012).

19 Barbara H. E. Zollner, *The Muslim Brotherhood: Hasan al-Hudaybi and Ideology* (Oxford: Routledge, 2009); Lorenzo Vidino, "Lessons Learnt: Post-Mubarak developments within the Egyptian Muslim Brotherhood", *Arts and Humanities Research Council (AHRC),UK* 9 (2011).

組織。[20]二十世紀九十年代，穆兄會通過選舉進入埃及人民議會和政府機關，它已經在溫和化、政治化方向上走得足夠遠了。僅僅因為穆巴拉克要維持自己的威權，維護同沙特等反穆兄會國家的聯盟，埃及媒體才一直抹黑穆兄會，而西方媒體出於對伊斯蘭的恐懼盲目跟隨。[21]

總的來看，穆爾西政府在發展經濟、收攏合法權力和宗教問題方面，雖有一定的政策失誤，但並未上升到失敗的高度，也無需太多指摘。因此，需要進一步考察繼穆爾西時期的埃及外交，以期獲得更多的評估資訊。

## 第二節　穆爾西時期埃及的開拓外交

穆爾西執政期間，對埃及外交進行了大刀闊斧的改革，領導埃及以一個自信的姿態參與到地區和全球事務中。穆爾西執政的前十個月，出訪了十個國家，參加了六次全球峰會，顯露出積極開拓的外交姿態。

穆爾西外交政策的核心理念，是在不傷害已有外交基礎、不動搖國內政治秩序的前提下，重建埃及的地區大國地位。為此，穆爾西秉持實用主義的策略，努力維持同美國的關係；安撫海灣國家，承諾不輸出革命；重回非洲，發展與東北非國家的關係；同伊朗接觸而不結盟；對埃以和平條約秉持承認，全力仲裁加沙衝突；努力推動敘利亞問題解決；發展同新興大國關係，謀求加入金磚國家。穆爾西一系列眼花繚亂的外交活動無疑是相當成功的，它不僅為埃及爭取到大量援助和經濟機遇，還使埃及在中東地緣政治中的地位得到一定程度地恢

---

20 Ninette S. Fahmy, "The Performance of the Muslim Brotherhood in the Egyptian Syndicates: An Alternative Formula for Reform?", pp. 551-562.

21 Daniela Pioppi, "The Muslim Brotherhood and the Illusion of Power".

復。總的來看，在短短一年的外交實踐中，穆爾西政府的表現無疑是合格的。

## 一　穆爾西開拓外交的背景

穆巴拉克時期的埃及外交，一直遭到埃及民眾和政治團體的詬病。埃及公眾普遍認為，穆巴拉克三十年來嚴重忽視外交，而將埃及的利益依附於以色列和西方的利益之下。[22]革命後穆兄會成立的自由與正義黨，也強烈批評穆巴拉克通過非法手段保有權力，而不履行總統職務所對應的義務，使得埃及在阿拉伯圈子和伊斯蘭圈子中的地位不斷下降。自正黨對外關係委員會主席阿姆魯·達拉克指出：「穆巴拉克三十年，埃及忍受了自身威望的嚴重降低，其在中東文化、宗教和政治上的領導地位完全喪失，成為了一個邊緣者，而不得不追隨別國的腳步。」[23]海灣戰爭中穆巴拉克在外交和軍事上支持美國的行動，埃及政府以超低價向以色列供應石油，都遭到了埃及民眾的大量抗議。

對穆巴拉克的批評，不僅僅集中於他忽視外交活動、追隨西方腳步，而且指責他在外交決策中罔顧公眾意見。穆巴拉克時代，政治權威集中在總統一人身上，而外交活動被完全隔離在公眾視線之外。根據埃及一名資深外交官的說法：「穆巴拉克時期，政府控制一切外交活動，來自媒體、反對派、政治活動家和民眾的呼聲被置之不理。」[24]

22　Joshua Haber and Helia Ighani, "A Delicate Balancing Act: Egyptian Foreign Policy after the Revolution", p. 17.

23　Amr Darrag, "A Revolutionary Foreign Policy: The Muslim Brotherhood's Political Party Promises to Transform Egypt's Place in the World", *Foreign Policy* 16 October 2012.

24　Joshua Haber and Helia Ighani, "A Delicate Balancing Act: Egyptian Foreign Policy after the Revolution", p. 155.

對埃以關係、埃美關係的批評聲儘管喧囂在大街小巷，政府卻絲毫不為所動。相反，他們壓制反對的聲音，而不是適當調整外交政策以適應民意。

這種外交與公眾隔絕的狀況，隨著埃及革命的成功而發生改變。革命使得公眾意見開始作用於外交決策過程。第一過渡政府時期，在國內民眾的壓力下，埃及外交政策已有調整的趨勢，主要表現在對以色列、敘利亞、伊朗、美國、蘇丹、埃塞爾比亞等國的政策上。

二〇一一年八月十八日，以色列南部城市埃拉特發生連環恐怖襲擊，造成八名以色列人死亡，四十多人受傷。隨後以色列武裝直升機突襲靠近埃及邊境地區的武裝分子，造成了五名埃及軍人和員警的不幸死亡。以色列力求不擴大事態，以色列國防部長巴拉克公開表示對此事十分遺憾。埃及政府認為巴拉克僅僅就此表達遺憾是不夠的，而埃及各界人士則迸發出強烈的反以情緒。埃及軍方對以色列提出嚴重抗議，要求以色列立即就此事展開聯合調查。埃及總統候選人穆薩和哈姆丁・薩巴赫對以色列表示譴責，埃及民眾則在開羅以色列大使館前進行抗議，焚燒以色列國旗，並要求驅逐以色列大使。[25]埃及民眾衝擊以色列使館事件是一九七九年埃以簽訂和平條約以來，兩國間爆發的最嚴重外交危機。

除了邊境爭端和衝擊使館事件，埃及過渡政府還開放了加沙口岸，調整了對哈馬斯的關係，推動哈馬斯與法塔赫的和解，同時支持巴勒斯坦加入聯合國，這些都給埃以關係蒙上了一層陰影。隨著埃及民眾反以情緒的逐漸增長，要求修改甚至廢除埃以天然氣協議的聲音，越來越引起埃及人的共鳴。迫於壓力，埃及石油部長阿卜杜拉・古拉卜發表聲明稱：「為了最大限度維護埃及的利益，將修改埃以天

---

25 "Egypt Protests Border Killings, Demands Israeli Probe", *Jerusalem Post* 19 August 2011.

然氣貿易協議，修改草案即將完成，天然氣出口價格將大幅提高。」[26]
與此同時，埃及過渡政府還有意修改埃以和平條約。謝里夫總理九月
十五日在接受土耳其媒體採訪時表示：「戴維營協議並非聖經，只要
有利於這一地區的和平，完全可以修改。」[27]

　　與以色列衝突加劇的同時，埃及開始調整同其他國家的關係。過
渡政府時期，埃及出乎意料地開始與伊朗接觸。埃及外長阿拉比於二
〇一一年四月在開羅會見伊朗駐埃及代表，強調埃及願意發展與伊朗
的關係，並表示「已為恢復與伊朗外交關係做好了準備，兩國的關係
也將翻開新一頁」。對此，伊朗方面給予了積極回應。埃伊關係的前
景一片大好，以致於埃及《消息報》副主編易卜拉欣認為「埃及與伊
朗建交是很快的事情」。[28]與此同時，在尼羅河水資源分配問題上，埃
及過渡政府表示願意積極協調各國利益，希望同蘇丹、埃塞俄比亞共
同投資埃塞的復興大壩。此舉改變了穆巴拉克時期的強硬態度，因此
被稱讚為「打開了一扇和尼羅河國家交往的大門」。[29]另外，在埃及過
渡政府建立後，中國立即與其建立了聯繫，中國外交部長楊潔篪於二
〇一一年五月訪問開羅。[30]

　　儘管過渡政府時期埃及外交有一定的調整，但總體上沒有發生重
大改變。最高軍事委員會是過渡政府時期埃及事實上的領導者，他基

---

26 "Egypt to Markedly Raise Gas Prices in New Deal with Israel", *Jerusalem Post* 4 October 2011.

27 "Egyptian PM: Peace Deal with Israel Not Sacred", *Jerusalem Post* 15 September 2011.

28 Michael Theodoulou, "Egypt's New Government Ready to Renew Country's Ties with Iran", *The National* 6 April 2011.

29 Ali Soliman, "Egypt's Nile Valley Policy: Setbacks and Opportunities", *The Ahram Weekly* 19-25 May 2011.

30 Wu Sike, "China Contributes to Stability in West Asia, North Africa", *People's Daily* 31 May 2011.

本上原封不動地保存了現有的外交決策機制。在這個機制下，總統府、外交部、軍方和情報部門分享了外交決策權力，情報部門保持著同一些關鍵國家的秘密外交專線，而軍方則維持著其埃及保衛者的角色。在一‧二五革命後，埃及軍方與美國軍方機構建立了新的連線頻道，而隨著埃及政局的變化，這一頻道不斷擴大。[31]埃及軍方開啟與美國的新專線，意在鞏固埃美戰略合作夥伴關係，這表明軍方控制下的埃及外交模式基本不變。

過渡政府時期埃及外交政策的一些調整，揭示了埃及外交轉變的趨勢，而這也是埃及民意自然宣洩的結果。後穆巴拉克時代，沒有任何政府可以忽視民眾的要求，因為民眾成為政權合法性事實上的授予者。[32]過渡政府時期埃及外交政策中強烈的地區關懷和「去穆巴拉克化」特點，正是為了回應埃及民眾的呼聲。這種變化不僅貫穿過渡政府始終，也一直延續到穆爾西執政時期，促成了穆爾西政府外交政策的調整。

## 二　穆爾西開拓外交的目標

不同於穆巴拉克時期埃及外交的固步自封，穆爾西在維持現有外交關係的同時，積極開拓與其它國家的外交聯繫，其目標是實現埃及的中東大國地位，並為埃及的經濟發展尋找機遇。

首先，穆爾西政府無意於推行「革命國家模式」，極力消除他國對其輸出革命的憂慮。儘管執政黨自由與正義黨受穆兄會意識形態的強

---

31 Joshua Haber and Helia Ighani, "A Delicate Balancing Act: Egyptian Foreign Policy after the Revolution", pp. 27-38.

32 Joshua Haber and Helia Ighani, "A Delicate Balancing Act: Egyptian Foreign Policy after the Revolution", p. 41.

烈影響，但穆爾西時期的埃及並沒有表現出一種伊朗式「革命國家」的模樣，其外交政策傾向於務實和進取，而不是在中東輸出革命。二〇一二年七月，穆爾西公開宣布：「我們不輸出革命，埃及也不干涉任何國家的內政。」[33]九月，穆爾西在聯合國大會上重申「埃及希望與其它國家和諧相處」。[34]顯然，穆爾西政府雖受穆兄會意識形態的影響，但其外交活動卻以埃及國家利益為軸。

其次，穆爾西政府致力於追求埃及在中東的地區大國地位。上臺伊始的自由與正義黨，便推出埃及復興計畫——納哈達計畫（Nahda Project），以期「重建埃及的地區領導地位，保護埃及在國內和國外的利益」。[35]穆爾西還不斷呼籲埃及民眾和社會力量支持納哈達計畫。自由與正義黨認為，埃及的文化、政治和經濟地位，賦予了其理所當然的地區領導角色，而穆巴拉克時期的外交依賴使得埃及丟掉了這一身份。[36]對此，穆爾西政府外交戰略的核心目標就是恢復埃及的地區大國地位。

再次，穆爾西政府追求獨立自主的外交模式，致力於擺脫對外部勢力的外交依附。除了追求地區領導地位，納哈達專案還規劃了穆爾西政府外交政策的另外兩個核心：擺脫對外部勢力的依賴、抵制西方對巴勒斯坦和敘利亞衝突的干涉。自由與主義黨二〇一二年的競選綱領中聲明：「埃及的立場是反對一切形式的外國干預，埃美關係應轉變為平等的雙邊關係模式，美國不應對埃及尋求對所有國家開放的外

---

33 "President Mohamed Morsi's Speech at Cairo University", *Ikhwan Web* 1 July 2012.

34 "Statement of H. E. Dr. Mohamed Morsy, President of the Arab Republic of Egypt", Permanent Mission of Egypt to the United Nations in New York, 26 September 2012.

35 "Dr. Morsi's Electoral Program - General Features of Nahda (Renaissance) Project", *Ikhwan Web* 28 April 2012.

36 "The Report: Egypt 2012", *Oxford Business Group*, 2012, http://www.oxfordbusinessgroup.com/product/report-egypt-2012.

交政策橫加干涉。」這種反對外來干涉、提倡自主外交的情緒，來源於埃及民眾的普遍心聲。[37]

最後，穆爾西政府外交政策調整的核心是為埃及經濟發展尋找機遇。經濟穩固與發展是穆爾西政權存續的基礎。穆巴拉克時期的埃及經濟依賴於外部援助、旅遊收入、食品和能源進口，因此深刻地捲入世界經濟體系，並處於依附性地位。[38]穆爾西上臺後，不得不暫時維持埃及現有的經濟運作模式，以保障埃及民眾的基本生活水準和國家安定。在此基礎上，穆爾西政府又全力尋求外部機遇，以刺激埃及經濟的發展。具體到政策層面，穆爾西政府極力爭取海灣國家、歐盟和美國的經濟援助，同時開拓與中國、俄羅斯和印度等國的經濟合作。因而呈現出一種東西方平衡外交的特點。

堅守和平、獨立自主、重建地區領導地位、為經濟發展尋找機遇，穆爾西政府放棄了穆巴拉克時期固步自封的外交姿態，開啟了埃及外交的復興之旅。地緣政治優勢和軟實力資源，是埃及推動地區大國戰略的底氣。

相較於穆巴拉克時期將一部分外交事務交給軍方和情報部門主持，穆爾西政府的外交決策很大程度上集中在總統府。總統主導著埃及外交決策過程，外交部的作用被降低，而傳統勢力如軍方和情報部門則更難發揮作用。在敘利亞和巴勒斯坦問題上，穆爾西總統接管了幾乎所有的外交權力。另外，穆爾西還經常利用其外交顧問和助手，來繞開政府部門，領導外交活動。一些自由與正義黨的重要成員如埃塞姆·哈達德，經常被委以重任。作為總統外交顧問的哈達德甚至部

---

37 Joshua Haber and Helia Ighani, "A Delicate Balancing Act: Egyptian Foreign Policy after the Revolution", pp. 17-18.

38 Joshua Haber and Helia Ighani, "A Delicate Balancing Act: Egyptian Foreign Policy after the Revolution", pp. 38-39.

分替代了埃及外長的作用。[39]

## 三　穆爾西開拓外交的具體實踐

不同於穆巴拉克最後十年很少出國，穆爾西在其上任的十個月內即出訪了十個國家，參加了六次國際峰會，表現出一種積極開拓的外交姿態。

穆爾西出訪的第一站是沙特阿拉伯，其目標是安撫海灣國家，以平息其對埃及「輸出革命」的憂慮，並修復穆兄會與沙特君主間的意識形態矛盾。[40]沙特阿拉伯和阿聯酋是海灣地區對穆兄會掌控權力最感憂慮的國家，同時也是埃及的主要援助國。考慮到海灣國家對埃及政治經濟的重要性，穆爾西希望改變穆兄會同該地區政權的敵對關係。因此在穆爾西執政的最初幾個月，埃及不僅在話語上而且在行動上貫徹著對海灣國家的安全承諾。不同於穆巴拉克通過尋找共同敵人來構建與海灣國家的親密關係，穆爾西希望與這些國家建構相互尊重、平等共處的關係。訪問沙特後，穆爾西還邀請卡塔爾領導人訪問開羅。通過這次訪問，穆爾西不僅安撫了海灣國家，還帶回了巨額資金援助，部分緩解了埃及的財政困難。

一九九五年埃塞俄比亞遇刺事件後，穆巴拉克就已經喪失了對非洲事務的興趣，對埃及的非洲外交不管不顧，且以強硬的態度維護埃及在非洲之角和尼羅河流域的利益。穆爾西上臺後，一改穆巴拉克的作風，仿照納賽爾強調「埃及屬於非洲圈子」，積極主動地發展與非

39 Eric Trager, Katie Kiraly, Cooper Klose and Eliot Calhoun, "Who's Who in Egypt's Muslim Brotherhood".

40 Ellen Knickmeyer and Matt Bradley, "Egyptian Leader's Visit Sends Signal to Saudis", *The Wall Street Journal* 11 July 2012.

洲國家、尼羅河流域國家的關係。執政之初，穆爾西先後訪問埃塞俄比亞和蘇丹，隨後重啟了埃及在索馬里的大使館，參加了阿迪斯阿貝巴的非盟峰會。這些舉措，都標誌著埃及重回非洲。穆爾西還延續了過渡政府在尼羅河水資源問題上的協商態度，提倡地區合作以協調各國利益。[41]

　　在對伊朗的態度上，穆爾西比過渡政府更進一步。二〇一二年八月，穆爾西頂著美國對伊朗的制裁壓力，前往德黑蘭參加了不結盟運動峰會。這是一九七九年以來埃及與伊朗的首次首腦互訪，標誌著埃伊關係的全面改善。對於埃及拋出的橄欖枝，伊朗欣然接受。二〇一三年二月，伊朗總統內賈德回訪埃及，參加伊斯蘭合作組織峰會。伊朗的外交目標是擴大地區影響力、反抗制裁、擺脫國際孤立，與最重要的阿拉伯國家——埃及——建交，無疑會使這些目標立刻實現。但是，埃及強化與伊朗的聯繫有可能會損害到埃及的地區角色，傷害其現有的聯盟結構——尤其是同海灣國家的關係，甚至還可能引發國內薩萊菲主義者和宗教力量的抗議。[42]這些可能的後果，對穆爾西政府而言是難以接受的。因此，穆爾西政府時期的埃及雖然同伊朗頻頻接觸，但也不得不緩步而行。穆爾西政府有時甚至不得不對埃伊關係緩和進程施加限制，他曾撤銷了允許伊朗旅客在埃及自由旅行的決定。[43]總的來看，穆爾西時期埃伊關係停留在「接觸與緩和」的狀態，極力避免外界質疑的「埃伊結盟」。穆爾西政府對伊朗的「接觸但不結盟」策略，使得埃及可以在不傷害其國家利益和盟友關係的前提下，

---

41　Abdelrahman Youssef, "Egypt Fights to Reclaim African Role as Ethiopia Gains Power", *Al-Monitor* 23 April 2013.

42　Joshua Haber and Helia Ighani, "A Delicate Balancing Act: Egyptian Foreign Policy after the Revolution", pp. 43-44.

43　"Egypt Suspends Tourism from Iran", *Ma'an News Agency* 9 April 2013.

增強對地區事務的能力和話語權。這種能力和話語權的提升，在敘利亞問題上得到充分地體現。

　　穆爾西在麥加的伊斯蘭合作組織峰會上，提出了由土耳其、伊朗、沙特和埃及共同建立「敘利亞問題聯絡小組」的設想。隨後的德黑蘭不結盟會議上，他再次重申了這一意向。[44]此時，伊朗希望與埃及接觸以擺脫外交孤立，沙特則害怕埃及步入伊朗懷抱而威脅本國的政治穩定，土耳其對埃及實踐「土耳其模式」抱有期待，所以儘管各方對敘利亞問題看法不同，穆爾西設想的四方會談仍得以開啟。阿拉伯四方會談沒能實質性解決敘利亞問題，但卻贏得了地區和國際社會的高度讚揚，而這次會談也被認為是埃及重建地區領導地位的標誌。

　　埃及外交無法繞開的一個核心就是與以色列的關係和巴勒斯坦問題。過渡政府時期，埃及民眾強烈的反以情緒開始影響政府的以色列政策，穆爾西時期也不例外。儘管執政以前的穆兄會一直秉持反以色列態度，並且認為對以色列使用一切形式的暴力都是合法的。[45]但當穆爾西執政後，卻以務實的態度處理與以色列的關係。

　　首先，對於埃以和平條約，穆爾西政府秉持「承認」的態度。與外界預期的相反，埃及民眾並非壓倒性地支持廢除條約。二○一一年阿拉伯公眾意見調查報告顯示，百分之三十七的埃及人支持保留協議，百分之三十五的人支持廢約。[46]二○一二年一月的蓋勒普民意調

---

44 "Opening Statement by H. E. Mohamed Morsy President of the Arab Republic of Egypt (Opening Session of the XVI Summit of the Non-Aligned Movement)", Freedom and Justice Party, 1 September 2012.

45 Ban Ki-moon,Former UN Secretary-General, "Secretary-General's remarks to the Security Council [as delivered]", 21 November 2012, https://www.un.org/sg/en/content/sg/statement/2012-11-21/secretary-generals-remarks-the-security-council-delivered.

46 Shibley Telhami, "The 2011 Arab Public Opinion Poll", *Brookings* 21 November 2011, https://www.brookings.edu/articles/the-2011-arab-public-opinion-poll/.

查也顯示，百分之四十八的埃及人認為和平協議是個「好東西」，而百分之四十二的人認為它不好。[47]因此，廢約不是埃及民眾的普遍心理，也不能促進國內共識，相反會造成民眾意見分歧。對此，穆爾西政府選擇接受戴維營協議，並稱「與他國的條約都應被廣泛尊重，但必須在公正和大眾支持的基礎上」。[48]自正黨外交事務顧問賈哈德·哈達德還聲明：「儘管戴維營協議是中東歷史上的災難，但它對埃及現狀是有利的。」[49]

　　鑒於埃及國內無論伊斯蘭主義者還是世俗主義者，都對埃以條約的一些不公平條款表示不滿，穆爾西政府在承認條約合法性的同時，力爭修改不公平的部分，並強調埃及擁有廢除和約的權力。[50]另外，為了符合民意，穆爾西還把對埃以和平條約的承認定義為「暫時的承認」。這種「暫時承認」策略，既維持了埃以和平，又凝聚了國內共識，同時避免外交政策與穆兄會一直秉持的反以態度完全衝突。由此可見，穆爾西政府在面對國家利益與民眾呼聲和自身意識形態存在衝突的外交問題上，是能做到靈活實用的。

　　在維持埃以和平的基礎上，穆爾西對以色列與哈馬斯的加沙衝突的成功仲裁，為埃及帶來了巨大的地區和國際聲譽。二〇一二年十一月十四日，以色列指責哈馬斯發動恐怖襲擊和火箭彈攻擊，遂展開了「防衛柱行動」，對加沙地區的武器倉庫、火箭發射點、政府設施和

---

47　Dalia Mogahed, "Opinion Briefing: Egyptians Skeptical of U.S. Intentions", *Gallup* 21 September 2012, https://news.gallup.com/poll/157592/opinion-briefing-egyptians-skeptical-intentions.aspx.

48　"Electoral Program: 2011 Parliamentary Elections", Freedom and Justice Party, 2011, p. 35.

49　Omayma Abdel-Latif and Amira Howeidy, "Interview with Gehad el-Haddad. 'We Will Not Let Egypt Fall'", *Al-Ahram Weekly* 6 March 2013.

50　Joshua Haber and Helia Ighani, "A Delicate Balancing Act: Egyptian Foreign Policy after the Revolution", p. 36.

公寓樓發動了襲擊[51]，造成了一百三十三名巴勒斯坦人死亡，八百四十人受傷，更多的人流離失所[52]。作為回應，加沙地區的巴勒斯坦人勢力哈馬斯、卡桑旅和巴勒斯坦聖戰組織向以色列城市發射了超過一千四百枚火箭彈。儘管多數被以色列導彈防禦系統攔截，但仍造成了以色列人的恐慌。[53]

　　危機發生時，穆爾西緊急派出埃及總理前往加沙，並驅逐了以色列駐開羅大使，以此展示出與巴勒斯坦人站在一起的堅定態度。同時，穆爾西通過埃及軍方與美國、以色列的外交專線，表達了仲裁衝突的意願，並在衝突的八天後促成了停火協議。穆爾西的行動贏得了美國、以色列和哈馬斯的一致讚譽。美國國務卿克林頓感謝了穆爾西在加沙衝突中的領導角色。同時，哈馬斯領導人也認為埃及是「負責任的」，宣稱「埃及沒有出賣巴勒斯坦抵抗運動」，並讚美穆爾西對停火協議做出的重要貢獻。[54]國際危機組織也在報告中認為，穆爾西的行動表達了他同華盛頓的合作意願，向以色列證明了埃及對地區和平的價值，並且沒有因此疏遠哈馬斯和巴勒斯坦人民。[55]調停加沙衝突為埃及帶來了巨大的國際聲譽，使其地區領導角色得到認可，同時也防止了衝突的外溢，保護了埃及的國家安全，可謂一舉多得。

　　如果說在西亞非洲的積極外交只是恢復了埃及的地區地位，那麼

---

51 "Factbox: Gaza targets bombed by Israel", *Reuters* 21 November 2012, https://www.reuters.com/article/idUSBRE8AK0H9/.

52 "Israeli strikes kill 23 in bloodiest day for Gaza", *The News Pakistan*, 19 November 2012.

53 Ban Ki-moon,Former UN Secretary-General, "Secretary-General's remarks to the Security Council [as delivered]".

54 Hendawi Hamza, "Morsi's Gaza Ceasefire Deal Role Secures Egypt's President as Major Player", *Huffington Post* 21 November 2012.

55 "Israel and Hamas: Fire and Ceasefire in a New Middle East", *International Crisis Group Middle East Report* 133 (22 November 2012).

發展同中國、俄羅斯和印度的關係並申請加入金磚國家，則意味著穆爾西想將埃及的全球地位推到新的、未曾有過的高度。二〇一二年八月，在出訪沙特和埃塞之後，穆爾西率領了一個龐大的代表團訪問中國，以期借助中國的經濟實力推動埃及的發展。這次訪問，也將中埃關係推向新的高度。

　　將中國而非美國作為第一個出訪的全球性大國，穆爾西無疑是希望積極發展同東方的關係。隨後的行動證實了這一點。二〇一三年三月，穆爾西再次帶領一個規模龐大的企業家代表團訪問印度，並表達了加入金磚國家的意願。他隨後又趕往南非，參加了德班的金磚國家第五次首腦會議，會晤了南非總統祖瑪和中國領導人習近平。二〇一三年四月，穆爾西出訪俄羅斯，與總統普京進行了會晤，期間俄方表示願意繼續前蘇聯在埃及援建的專案。五月，穆爾西訪問巴西，會晤巴西總統迪爾瑪‧羅塞夫，鼓勵巴西商人去埃及投資，並承諾提供一個友好的投資環境。[56]至此，穆爾西已訪問了所以金磚國家成員國，展現出加入金磚國家的強烈意圖。有理由相信，若不是因為隨後的政變打斷了穆爾西的外交進程，在經濟能力、國家軟實力和地緣政治優勢等方面與南非類似的埃及，毫無疑問將成為金磚國家的一份子。而埃及作為阿拉伯國家的代表加入金磚國家集團，無疑將提升該集團在阿拉伯世界的影響力，進而極大提高其代表發展中國家參與全球治理的合法性和權威性。對於埃及，加入金磚國家將使之直接獲得新興大國地位，進而超越沙特成為阿拉伯國家毫無爭議的代表。惜因二〇一三年「七‧三事件」的打斷，十年後埃及才實現穆爾西的野望。[57]

---

56 "President Morsi invites Brazilian investment in Egypt", *MENA and Ahram Online* 10 May 2013.

57 二〇二四年一月，埃及、沙特、阿聯酋、伊朗、埃塞俄比亞成為金磚國家正式成員。

　　安撫海灣國家，承諾不輸出革命；重回非洲，發展與東北非國家的關係；與伊朗「接觸而不結盟」；對埃以和平條約「暫時承認」；推動阿拉伯四方會談處理敘利亞問題；仲裁加沙的巴以衝突；發展同新興大國關係，謀求加入金磚國家……埃及一系列眼花繚亂的外交活動，集中展示了穆爾西政府積極進取、努力開拓的新外交精神。而其目的，則是為了構建埃及的地區大國地位，並為埃及經濟發展尋求機遇。可以說，穆爾西一年的外交開拓，超過了穆巴拉克最後十年的總和。

　　當然，穆爾西外交開拓的基礎，是不損害埃及的國家安全和經濟利益。因此，在外交開拓的過程中，穆爾西不得不平衡同美歐、以色列和海灣國家的關係。以對美政策為例，穆爾西當政前，穆兄會即開始改變其激烈的反美態度；穆爾西當政後，則以更加務實的態度處理與美國的關係，壓制宗教文化差異導致的分歧。[58]穆爾西的這種態度，也贏得了美國方面的認可。

　　穆爾西執政時期，在外交上始終秉持著實用主義的策略，積極開拓，收放有度，遊刃有餘。這種遊刃有餘，同革命後埃及的政治狀況密切相關。民主選舉誕生的穆爾西政府，不再依靠外部援助和支持來建構起自己的合法地位，而是依靠埃及人民的授權執掌國家。在這種情況下，穆爾西不需要像穆巴拉克一樣裁剪外交目標以獲取外部支持，他一開始就擁有足夠的外交獨立性，而這種獨立性則是人民賦予的。

　　民主轉型不僅有利於埃及的外交獨立，還賦予了埃及更多的外交戰略空間。阿拉伯之春和埃及民主化進程，使得埃以和平不再成為埃

---

58 劉雲、王泰、李福泉：《美國與西亞北非關係中的伊斯蘭因素研究》（杭州：浙江人民出版社，2013年），頁239-242。

及構建其地區身份的基石。穆巴拉克時期,埃以和平賦予了埃及中東
和平守衛者的責任,但也束縛著埃及的外交活動。為了服務於埃以和
平的大局,穆巴拉克不得不在國內壓制反以聲音,在國際上也被迫同
部分國家或組織保持距離。民主化進程衝破了這些障礙,使埃及獲得
足夠的戰略空間,來開展外交活動。美國和西方自始至終支持阿拉伯
之春,因此不得不肯定埃及的民主化進程。而且,根據盛行西方的
「民主和平」理論,新生的埃及將不會威脅到以色列的國家安全。因
此,以色列也沒有藉口以保衛安全為由干涉埃及的外交事務。基於這
些原因,埃及不再依賴埃以和平構建自己的地區身份,反而可以將埃
以和平作為自己外交運作的籌碼,其直接效果就是埃及可以開拓同伊
朗、敘利亞、法塔赫、哈馬斯等國家或組織的關係。因此可以說,埃
及民主轉型是穆爾西外交調整的基礎。

對穆巴拉克「沉睡外交」的逆流,是穆爾西外交開拓的輿論保
障。一直以來,埃及民眾對穆巴拉克後期極少出訪他國極度不滿,批
評穆巴拉克在外交上的消極不作為。因此,當穆爾西政府開始執行外
交開拓時,民眾的呼聲十分強烈。外交開拓也被視為「去穆巴拉克
化」延伸到外交領域的結果。[59]

總的來看,穆爾西時期埃及的外交開拓是相當成功的,有力反駁
了「穆爾西缺乏治國理政的能力」「穆兄會是激進主義組織」的說
法。在外交實踐過程中,穆爾西審時度勢、靈活應對,穆兄會成員如
埃塞姆・哈達德積極配合、東奔西走,這無不展現了穆兄會的政治經
驗和溫和態度。也因此,二○一三年七月三日埃及軍方廢黜穆爾西職
位、鎮壓穆兄會的行為,很難說是因為穆兄會不善執政。

---

59 王泰、王戀戀:〈埃及過渡政府的外交政策之調整〉,《阿拉伯世界研究》2012年第2
期,頁18-25。

## 第三節　二〇一三年「七・三事件」與穆爾西政府的倒臺

二〇一三年四月，五個二十多歲的埃及年輕人發起塔姆路德運動（Tamarod Campaign），旨在推翻民選總統穆爾西。該運動在自己的網站上列舉了穆爾西的諸多「罪狀」，並製作出簽名表，在埃及街道上尋求人們簽字支持。塔姆路德運動很快得到了一些政治反對派和社會團體的支持，前總理沙菲克等人也加入其中。二〇一三年六月二十六日，塔姆路德運動聲稱已收集到二千二百萬民眾的簽名，並開始籌備六月三十日的大規模示威遊行。六月三十日晚，示威遊行在開羅、亞歷山大等地上演。埃及軍方隨即在七月一日向總統穆爾西發出通牒，稱如果穆爾西四十八小時內不滿足示威者訴求，軍方將介入局勢。七月二日，穆爾西發表講話拒絕了軍方的最後通牒，並宣稱「將用生命捍衛民選政府的合法性，永不妥協」。七月三日，軍方基於政府未能解決衝突、穆爾西未能建立一個團結的埃及，宣布取消穆爾西的總統職位。軍方隨即逮捕了穆爾西及其追隨者。

軍方發動政變之果決、行動之迅速，讓人不禁產生「預謀已久」的疑慮。事實上，政變之後軍方的行動也絲毫不拖泥帶水。七月十日，軍方對三百名穆兄會領袖和成員發出了逮捕令並禁止他們出境。七月十六日，埃及過渡政府已經組建完成並宣誓就職。七月二十四日，塞西在閱兵儀式中發表講話，呼籲示威民眾給予軍方和員警部隊鎮壓恐怖活動的「授權」。七月二十六日，埃及多地爆發穆爾西支持者的遊行示威或靜坐，人數遠超塔姆路德運動。然而，軍方隨即清場，導致一系列流血衝突事件。

塔姆路德運動、「六・三〇遊行」和「七・三事件」可謂疑點重重，而軍方的反應也過於迅速，導致了外界的普遍質疑。

　　首先，塔姆路德運動罷黜穆爾西的原因即不充分。塔姆路德在其
網站上列舉了穆爾西的幾大罪狀，包括政治上未實行全國和解；經濟
上未能實行復甦，「借錢過日子」；外交上不獨立，仍然「圍著美國
轉」；安全局勢惡化等。[60]根據上文的分析，這些理由大多缺乏證據，
有的甚至完全違背事實，比如對穆爾西外交上不獨立的指責。塔姆路
德的這些理由看上去更像是拼湊而成，目的是要把埃及的一切問題都
推給穆爾西政府。而且，塔姆路德運動成立時只有五個年輕人，卻在
兩個月內擁有自己的網站、獲得眾多政治家的追隨、並且有能力組織
人手大規模收集簽名，期間需要的巨額經費卻來源不明。

　　其次，塔姆路德運動與軍方行動之間有明顯的協調。二〇一三年
四月二十八日，塞西在紀念西奈解放慶典上，發表了「伸向國家之手
必被斬斷」的演講，被反穆爾西人士解讀為軍方打算重新與穆爾西角
力。[61]同樣是在四月，塔姆路德運動成立。六月二十三日，塞西再次
發表聲明，警告軍隊不會允許國家陷入「衝突的黑暗隧道」。[62]三天後
塔姆路德便開始籌備大規模示威遊行。三十日晚，軍方極力誇大示威
遊行的規模，甚至稱自己用直升機偵查統計了全國示威人數，以佐證
塔姆路德的二千二百萬簽名主張。[63]但根據著名學者塔里克・拉曼丹

---

60　塔姆路德的官方網站（http://www.tamarod.com/）現已關閉，但塔姆路德列舉穆爾西
　　罪狀的「簽名表」在埃及國內流傳很廣。來自埃及開羅的留學生穆尼爾・宰亞達為
　　筆者翻譯了這個簽名表。他還告訴筆者，他認識的人中收到這個簽名表的人寥寥無
　　幾，總計絕對不超過十分之一。這驗證了下文中塔里克・拉曼丹（Tariq Ramadan）
　　對塔姆路德運動收集到二千二百萬簽名缺乏真實性的判斷。

61　"Al-Sisi: The hand that harm any egyptian must be cut", http://www.youtube.com/watch?
　　v=SSpNU7cxKKA.

62　Hamza Hendawi, "Egypt Morsi Protests: Army Ready To Save Nation From Dark Tunnel",
　　*Defense Minister Says* 23 June 2013.

63　Shaimaa Fayed and Yasmine Saleh, "Millions flood Egypt's streets to demand Mursi quit",
　　*Reuters* 30 June 2013.

（Tariq Ramadan）的研究，三千萬人走上街頭並且簽署了一項一千六百萬人的請願書，是一個巨大的謊言。[64]另外，保守派利益集團的代表人物沙菲克竟然被允許加入塔姆路德運動，無怪乎有人指責塔姆路德是「假託人民意志的穆巴拉克殘餘勢力」。埃及知情人士普遍懷疑塔姆路德運動與埃及軍方勢力存在聯繫，甚至認為該運動本身就是軍方操控的。

最後，在推翻穆爾西之後，塔姆路德不加區別地支持埃及軍方，導致了世俗派人士的強烈譴責。塔姆路德創始人馬哈茂德‧巴德爾（Mahmoud Badr）與該運動的其他領導人，曾公開支持軍方暴力鎮壓示威者。而曾加入塔姆路德運動的世俗派人士，在認識到該運動堂而皇之地為軍方血腥鎮壓行為背書後，先後退出了該組織。軍方掌控的第二屆過渡政府（2013年6月至2014年5月）成立後，塔姆路德的創始人也大多收穫了獎賞，其中馬哈茂德‧巴德爾和穆罕默德‧阿齊茲（Mohamed Abdel Aziz）被任命為五十人憲法起草委員會成員。[65]與此同時，被裹挾參加示威的自由派如四月六日青年運動卻受到軍方的鎮壓。[66]

不僅僅塔姆路德運動身上的疑點頗多，埃及軍方在「六‧三〇遊行」前後的反常行為也令人生疑。軍隊和員警長期以來對穆爾西政府

---

64 Tariq Ramadan, "Egypt: A Tissue of Lies", *ABC News* 16 August 2013, https://www.abc.net.au/religion/Egypt—-a-tissue-of-lies/10099680.

65 Sharif Abdel Kouddous, "What Happened to Egypt's Liberals After the Coup?", *The Nation* 1 October 2013, https://www.thenation.com/article/archive/what-happened-egypts-liberals-after-coup/.

66 Al-Masry Al-Youm, "April 6 Movement's Mohamed Adel arrested for involvement in Shura Council incidents", *Egypt Independent* 19 December 2013, https://www.egyptindependent.com/april-6-movement-s-mohamed-adel-arrested-involvement-shura-council-incidents/.

保持不合作態度。「六‧三○遊行」前，穆爾西的總統官邸和穆兄會總部前都沒有警衛。但隨著示威活動的爆發，軍方迅速開進總統官邸並把穆爾西「保護」起來，仍無警衛保護的穆兄會總部則遭到焚燒破壞。穆爾西被罷黜後，一直消失不見的員警又神奇地回到埃及街頭，同時一直以來困擾穆爾西政府的治安混亂、交通不便、燃料危機等問題突然之間得到解決。從「六‧三○遊行」到「七‧三事件」，軍方干預速度之快、罷黜穆爾西之果決，彷彿有過演習一般。而隨後穆兄會的反應，也似乎在軍方的預料之內。

一個重要證據來自埃及世俗派「明天黨」和「華夫脫黨」的共同議員奧貝德。二○一三年七月二十七日她在美國華盛頓中東研究所訪問時透露，二○一三年六月三十日早晨，她與其它十一人被緊急叫到前人口部長凱福拉維家中，時任國防部長的塞西、科普特人教皇和愛資哈爾大學教長等人一致要求他們寫一個聯合緊急聲明，呼籲軍隊介入當下局勢。他們通過電話聯繫得到另外五十人的支持，其中包括埃及憲法法院院長的副手和新任開羅大學校長。[67]而在六月三十日早晨，大規模遊行示威還未發生，埃及也未傳出軍方可能介入的消息。很顯然，軍方對如何發動遊行、以什麼藉口罷黜穆爾西，做了充分的準備。

結合塔姆路德運動的諸多疑點、埃及軍方的快速行動和奧貝德的證據，基本可以斷定「七‧三事件」的性質。顯然，埃及軍方早已開始策劃推翻民選總統穆爾西的行動[68]，而為了使廢黜穆爾西看上去

---

67 廖百智：〈埃及「穆兄會」垮臺原因及前景分析〉，《現代國際關係》2013年第8期，頁33。

68 軍方何時下決心廢黜穆爾西無法確定，可能是二○一三年四月塞西在西奈解放慶典上的講話時，也可能從二○一二年八月穆爾西撤換軍方高層時。更大的可能是在二○一二年十二月，當時反穆爾西人士攜帶燃燒彈和刀具等衝擊了總統府，威脅到穆爾西的人身安全，所幸被支持穆爾西的總統衛兵及時制止。

「合情合理」，他們自導自演了一出政治劇。塔姆路德運動是軍方的開路先鋒，唯一目的就是發動示威活動、營造「穆爾西為人民所拋棄」的表像。六・三〇示威遊行後，埃及社會精英、媒體和前政權人士隨後跟進，通過聯名信、報紙、電視節目等方式為軍方介入營造輿論氛圍。隨後軍方迅速行動，派兵「守衛」總統府並要求穆爾西「滿足人民的呼聲」。在遭到穆爾西拒絕後，軍方果斷發動最後一擊，宣布穆爾西被罷免。隨後，軍方再通過一系列的血腥鎮壓和大規模監禁[69]，來壓制反對的聲音，以使穆爾西下臺成為即成事實。軍方行動的果決出乎國際社會的預料，等到各方反應過來，埃及變局已塵埃落定，以至於七月十八日歐盟外長阿什頓第一次訪問開羅時都未能見到總統穆爾西。[70]

面對穆爾西下臺，不同國家的反應存在差異。歐美強烈譴責，非洲聯盟的反應也非常激烈，俄羅斯則表示支持埃及軍方的行動。一些國家和國際組織將「七・三事件」描述為軍事政變，另一些國家則用「廢黜」「事件」等詞進行描述。

## 一　美國的態度

美國政府和研究機構一直認為政治伊斯蘭是阿拉伯國家主流社會情緒的聚合體。因此，當埃及出現反穆兄會、反穆爾西的示威遊行

---

69 到二〇一四年五月，大約一萬六千人（有獨立媒體給出的數字是40000）被政府監禁，其中大部分是穆爾西支持者或穆兄會成員。"A Coronation Flop: President Abdel Fattah al-Sisi fails to bring enough voters to the ballot box", *The Economist* 31 May 2014, https://www.economist.com/middle-east-and-africa/2014/05/31/a-coronation-flop.

70 "EU calls for Morsi release amid protests," *Al Jazeera English* 18 July 2013, http://www.aljazeera.com/news/middleeast/2013/07/2013717124459915328.html，檢索日期：2022年1月24日。

時，美國政府感到震驚。當塞西發表最後通牒、要求穆爾西在四十八小時內回應街頭群眾的要求時，白宮、五角大樓和美國國會表達了深切關注。

七・三事件之後，塞西發表聲明宣布廢除二○一二年憲法，隨即任命埃及憲法法院院長曼蘇爾為埃及的臨時總統。美國對塞西的政策，也走向了「遏制」。奧巴馬總統發表了一份關於埃及局勢的聲明，強調美國自二○一一年一月二十五日革命以來對埃及局勢的基本原則，表達了對埃及軍隊囚禁穆爾西並中止憲法的深切關注。他要求埃及軍隊通過一個包容性和透明的程式，儘快移交並恢復民選政府的權力，避免任意逮捕穆爾西和他的支持者。與此同時，奧巴馬宣布對美埃軍事援助進行審查，並取消原定於九月的光明之星軍事演習。奧巴馬強調，必須聽取所有和平抗議的聲音，包括那些支持穆爾西總統的聲音。[71]二○一三年十月，美國進一步暫停向埃及交付 F16戰鬥機、M1A1坦克套件、魚叉導彈和阿帕奇直升機。

穆爾西被囚禁後，美國副國務卿伯恩斯隨即訪問埃及。伯恩斯在訪問中強調，他沒有帶來美國的解決方案，也不會給任何人提供建議，不會把美國的民主模式強加給埃及。他否定了埃及將走向敘利亞內戰的可能性，但要求釋放被拘留的穆兄會領導人，以便儘快開始一場關於未來的真正對話。

伯恩斯的訪問是美國對埃政策的轉捩點。穆兄會和穆爾西支持者表示震驚，他們希望美國堅持立場，但伯恩斯卻表達了對七・三事件「無可奈何、只能接受」態度。隨後美國國務卿約翰・克里的聲明進一步加劇了這種認知。克里認為很難將發生的事情描述為一場政變，

---

71 Steve Holland and Jeff Mason, "Obama cancels military exercises, condemns violence in Egypt", *Reuters* 16 August 2013, https://www.reuters.com/article/idUSBRE97E0N3/.

因為埃及軍隊沒有讓埃及捲入內戰。克里的聲明終結了關於七・三事件的爭論，此後美國政府不再堅持將埃及發生的事情描述為「軍事政變」。取消埃及和美國的聯合軍事演習成為了一種象徵性的舉動，圍繞美埃軍事援助的爭論也看上去像是一場輿論秀。

## 二　歐洲的態度

　　「七・三事件」也在歐洲政界和輿論界造成了一股風波，對埃及軍方的指責之聲喧囂於媒體中。而隨後塞西的行為，更進一步添加了歐洲社會的反感。七・三事件後不久，歐盟外長阿什頓即兩次（7月17日和29日）訪問埃及，以期調停埃及的政治衝突。阿什頓還成功會晤了被拘禁的穆爾西，但軍方與伊斯蘭主義者的巨大裂痕和殘酷的政治衝突使他無功而返。血腥鎮壓開始後，歐盟國家和輿論對塞西一片指責。八月十四日，北約秘書長安德斯・拉斯穆森（Anders Rasmussen）發表聲明表示，他對埃及局勢以及持續的「流血和死亡」深表痛心。[72]

　　八月十八日，歐洲理事會赫爾曼・範龍佩和歐盟委員會主席杜朗・巴羅佐發表聯合聲明，呼籲埃及結束暴力、恢復對話、回歸民主。八月十九日，歐盟召開緊急會議討論發生在埃及的「極度令人擔憂」的事變，並重新評估歐盟與埃及的關係。為了向埃及軍方施壓，歐盟宣布對原先的近五十億歐元貸款和捐助進行「持續評估」，從而事實上終止了二〇一二年開羅經濟大會上達成的幾乎所有經濟合作和援助專案。[73]同時，法國政府向沙特阿拉伯和卡塔爾施壓，希望兩國督促

---

72 Hazir Reka, "NATO's Rasmussen gravely concerned by Egypt situation," *Reuters* 4 July 2013, https://www.reuters.com/article/us-egypt-protests-nato/natos-rasmussen-gravely-concerned-by-egypt-situation-idUSBRE9630EO20130704，檢索日期：2022年2月24日。

73 Radoslaw Fiedler, "Financial and Trade Instrument in the European Union's Policy

埃及當局停止鎮壓穆爾西支持者和遊行示威民眾，但遭到兩國拒絕。

　　歐洲還利用旅遊警告來打擊埃及經濟，以迫使埃及軍方讓步。自英國外交和聯邦事務部二〇一三年八月頒布對埃旅遊警告後，[74]義大利、法國、德國、西班牙、愛爾蘭、丹麥等多國相繼出臺旅遊警告。此舉使得逐漸回暖的埃及旅遊業瞬間受挫。二〇一〇年訪埃遊客總計一千四百七十萬，二〇一一年因政治混亂跌至九百八十萬，二〇一二年旅遊業開始復甦後遊客達一千一百五十萬，二〇一三年上半年訪埃遊客持續增加，但旅遊警告後遊客暴跌，導致全年遊客只有九百五十萬。二〇一四年，訪埃遊客總數繼續走低，全年只有約七百萬人次。二〇一三年旅遊業稅收只有五十九億美元，不足二〇一二年的六成。[75]GDP 貢獻率達百分之十一的旅遊業受創，使埃及經濟雪上加霜。

　　二〇一四年五月塞西脫下軍裝參選埃及總統並成功後，也絲毫沒有改變歐洲輿論和政界對埃及軍方的厭惡之情。二〇一四年十一月二十四至二十七日塞西首訪歐洲的旅途也並不愉快，所到之地都遇到示威遊行和抗議活動。在與義大利總理倫齊和法國總統奧朗德會晤時，兩人都不斷強調埃及的「人權」問題。二〇一五年六月三日，塞西訪問德國遭到一片噓聲，綠黨、德國左翼黨及多個人權組織紛紛向默克爾施壓，反對其接見塞西。德國聯邦議院議長諾貝特‧拉默特則表示拒絕與塞西會晤。而在總理府大樓門前，大批示威者舉行抗議示威，

---

Towards", in Anna Potyrala, Beata Przybylska-Maszner, and Sebastian Wojciechowski eds., *Relations between the European Union and Egypt after 2011: Determinants, Areas of Cooperation and Prospects*, p. 51.

74 "Egypt Travel Warning To 40,000 British Tourists", *Sky News, UK* 16 August 2013, http://news.sky.com/story/egypt-travel-warning-to-40000-british-tourists-10437104，檢索日期：2022年2月24日。

75 Matt Smith, "Egypt tourist numbers to rise 5-10 pct in 2014 - minister", *Reuters* 11 September 2014, https://www.reuters.com/article/egypt-tourism/egypt-tourist-numbers-to-rise-5-10-pct-in-2014-minister-idINL5N0RC3CF20140911/.

他們手舉「停止死刑判決」和「反對軍事政變」橫幅，高喊著「兒童殺手塞西」的口號。

　　總的來看，七‧三事件之後的國內政治動盪制約著埃及外交，使得埃歐關係雙方話語權極度不平衡。埃及明顯是弱勢的一方，其唯一的籌碼是「埃以和平」，但在內部不穩的情況下任何動搖「埃以和平」的嘗試都有可能直接造成對塞西政權本身的衝擊。與此同時，埃及有求於歐洲，無論是來自歐洲的外部直接投資，還是前來金字塔和尼羅河觀光的歐洲遊客，都是埃及經濟不可或缺的助力。塞西多次向歐洲示好，並頂著壓力出訪德國等，都是埃及迫於國內經濟形勢的無奈之舉。而對歐洲國家和歐盟而言，埃及既不屬於自己的勢力範圍，對自身的利益干涉也不大，它不像土耳其那樣可以幫助歐洲抑制難民危機，也不似突尼斯那樣可以作為民主轉型的樣板，更沒有利比亞那樣豐富的石油。正是埃及－歐洲關係中的這種不平衡，使得兩者關係難以恢復到二〇一一年以前的程度，更遑論深入發展了。

## 三　國際組織的態度

　　七‧三事件後，聯合國等國際組織表達了對埃及政局的深切擔憂。聯合國秘書長潘基文在二〇一三年七至八月對埃及局勢的一系列聲明中，表達了他對軍方廢黜民選總統的擔憂。在軍事鎮壓和暴力對抗升級後，潘基文再次發布了一份宣言，呼籲埃及不同利益方進行和平對話，拒絕暴力。此外，聯合國方面還敦促埃及當局停止任意逮捕，要求釋放穆爾西和其他被拘留的穆兄會領導人，基於法律審查他們的案件。[76]

---

[76] "Ban discusses concerns about Egypt with EU foreign policy chief Catherine Ashton," *United Nations* 31 July 2013, https://news.un.org/en/story/2013/07/445952-ban-discusses-

　　面對埃及變局，非洲聯盟在二〇一三年七月五日做出決議，暫停埃及的成員國身份，禁止埃及參與非盟活動。這是埃及遇到的最嚴厲的國際反應。非盟反對罷免穆爾西總統，指控穆爾西下臺事件是一場反對民選政府的軍事政變。[77]非洲聯盟的這種回應，基於二〇〇〇年七月通過的《洛美宣言》。《洛美宣言》規定，任何通過軍事政變或反叛運動對政權進行違憲變更的國家，其成員資格應被暫停，政變當局應在為期六個月的寬限期內恢復憲法權威。如果這一步驟失敗，那麼將對政變國家實施制裁。非盟曾根據該宣言暫停過中非、馬里和馬達加斯加的成員國資格。[78]

　　埃及政府也對非洲聯盟的態度作出回應，時任埃及外交部長穆罕默德‧卡默爾‧阿穆爾（Mohamed Kamel Amr）發表聲明稱，埃及對發布這種不公平和倉促的決議深感遺憾，這一決議誤解了發生在埃及的人民革命的真相。他還表示，外交部開始採取緊急措施，與許多非洲國家，特別是非洲聯盟和平與安全理事會成員廣泛接觸，以表達埃及對該決議的不滿。埃及認為該決議基於對埃及現狀的不了解，忽視了埃及人民的願望。阿穆爾補充說：「二〇〇〇年根據和平與安全理事會決議發布的《洛美宣言》，沒有涉及通過合法的民眾革命改變偏離了民主和憲法道路的政權這一情況，僅限於處理軍事政變、武裝叛亂和其他案件。這些情況與糾正國家民主進程的六月三十日事件無

---

concerns-about-egypt-eu-foreign-policy-chief-catherine-ashton#.VnrZpXYrLIV，檢索日期：2022年2月24日。

77 "Communiqué of the Peace and Security Council of the African Union (AU), at its 384th meeting on the situation in the Arab Republic of Egypt," *African Union* 9 July 2013, http://www.peaceau.org/en/article/communique-of-the-peace-and-security-council-of-the-african-union-au-at-its-384th-meeting-on-the-situation-in-the-arab-republic-of-egypt，檢索日期：2022年2月24日。

78 Lome Declaration, http://www.peaceau.org/uploads/ahg-decl-2-xxxvi-e.pdf.

關。埃及希望非洲和平與安全理事會儘早重新審議其關於暫停埃及參與非洲聯盟活動的決議。他表示，外交部打算在未來幾天派特使訪問一些非洲國家，以說明埃及目前的情況。埃及當局支持將政權轉交給文官政府，並將提出詳細的路線圖，以確保新的議會和總統選舉。」[79]

## 第四節　無法避免的政變與新的鎮壓時代

　　埃及人一直存在這樣的假想：「如果二〇一二年上臺的不是穆爾西，而是一個世俗派人士，那麼埃及民主轉型是否會一帆風順？」這種假設難有答案。即使有，答案可能也是悲觀的。因為根據歷史經驗，民主鞏固階段的一大難題就是對軍方利益集團政治權力的限制問題──即軍隊職業化問題。埃及無論是世俗派當選還是伊斯蘭主義者當選，都要面對軍隊職業化的問題。一旦新生民主政權試圖削減軍隊的特權力，必然會引起軍方的不滿。而根據相關理論，軍事政變的發生與否，取決於政府是否足夠強大、能否給予軍方以利益補償、能否獲得國際支持、是否擁有對軍方的有效懲罰手段。[80]

　　埃及軍隊經過六十多年的發展，其觸手已經遍及埃及政治、經濟、新聞、司法等諸多領域，形成了強大的利益集團。埃及無論誰選舉上臺，都缺乏對軍方的有效懲罰手段，穆爾西如此，世俗派也如此。甚至穆巴拉克下臺，也是因為缺乏對軍方的制衡手段。另外，從二〇一一革命以來的諸多事實表明，以美國為首的外部世界無法對埃

---

79 "Final Report of the African Union High-Level Panel for Egypt," *African Union* 22 July 2014, http://www.peaceau.org/en/article/final-report-of-the-african-union-high-level-panel-for-egypt，檢索日期：2022年2月24日。

80 Sharon Erickson Nepstad, "Mutiny and Nonviolence in the Arab Spring Exploring Military Defections and Loyalty in Egypt, Bahrain, and Syria", *Journal of Peace Research* 50.3 (2013), pp. 337-349.

及國內政治發揮決定性影響力,因為埃及軍隊掌握著埃以和平,因而掌握著中東地區的總體命運。最後,從軍方指使塔姆路德運動掀起遊行示威浪潮、蓄意發動政變來看,埃及新生民主政權是否脆弱並不重要。即使世俗派人士取代了穆爾西,或者世俗派與伊斯蘭主義者的聯盟沒有破裂,埃及軍方都會使用自己的方式來營造民主政權脆弱的假像,差別只在於政變的形式而已。

有鑒於此,軍事政變似乎是無法避免的,而埃及民主鞏固也必然會遭受挫折。由之不禁反思,到底是何因素催生了軍事政變的魔怔,為什麼埃及不能擺脫軍人強權的噩夢。究其原因,政治文化的影響十分巨大。

埃及自一九五二年自由軍官革命以來,一直延續著軍事精英掌控國家的政治文化傳統。納賽爾時期,大批自由軍官成員和高級軍官進入埃及中央和地方部門,迅速控制了埃及政府[81],從而確立了這種軍人專政的政治文化。一九五三至一九七〇年間的十六屆埃及內閣中,軍官閣員占比達百分之三三‧六,總理、副總理、內政部長等關鍵性職位長期由軍官佔據。軍官還是埃及省長的主要來源,退役軍官則是國有企業高管的主要來源。

薩達特上臺後,延續了軍人專政的傳統。薩達特在一九七八至一九七九年力排眾議實現了埃以和平,從而扭轉了整個中東戰爭與和平的總趨勢。因為薩達特的個人聲譽和歷史貢獻,西方和中東學者此後很少再將埃及政權定性為軍人專政,媒體也跟風修改了對埃及政府的相關說辭。但是,埃及軍人幹政的傳統並沒有自此根本性改變。薩達特時期,儘管曾因阿里‧薩比利事件而對埃及軍政部門的納賽爾主義

---

81 楊灝城、江淳:《納賽爾和薩達特時代的埃及》(北京:商務印書館,1997年),頁155。

者進行過清退，但仍有高達百分之二十的內閣職位由軍官出任。穆巴拉克時期，進一步給予軍人以經濟上的特殊待遇。二〇一一年一・二五革命雖然推翻了穆巴拉克，也沒有打破埃及軍人專政的政治格局。

　　從納吉布到納賽爾，再到薩達特和穆巴拉克，埃及總統職位和最高權力都是由最優秀的軍人掌握，而軍事精英則涉足政治、經濟、教育、媒體諸多領域。在經濟領域，一九五六年納賽爾開始國有化改革，大批富人外逃，軍官開始佔有大量經濟資源。埃以和平之後，軍隊開始降低政治參與。作為補償，政府允許軍方涉足經濟建設，並將美國軍事援助和大量預算交由軍方使用。以一九七九年成立的「民用服務局」為例，它雇傭了數千名退役軍人，承擔著當時埃及五分之一的基礎設施建設專案。到二十一世紀初，埃及軍方已經深入到基礎設施建設、房地產、食品、醫療、旅遊等諸多領域。有統計稱，埃及軍方控制的產業可能占到埃及 GDP 的百分之四十。在新聞領域，納賽爾時就對新聞媒體進行過整頓和改造，在每一家報紙都委派軍官常駐，以審查其報紙內容。教育方面，納賽爾把軍事課程引入埃及學校教育，以宣傳埃及軍隊的光輝歷史和重要使命。軍方還開辦了為數眾多的中學、軍事院校。因此可以說，在埃及不是國家擁有軍隊，而是軍隊擁有了國家。這種政治文化歷盡六十多年而不衰，直到如今仍影響巨大。

## 一　新的鎮壓時代

　　二〇一三年「七・三事件」後，穆兄會再一次面對「鎮壓時代」。七月三日，穆爾西及其政治團隊即被逮捕。七月十日逮捕令發布後，穆兄會和自由與正義黨的主要人物也遭逮捕，包括穆兄會二號人物沙特爾、訓導局副主席巴尤米、自由與正義黨主席卡塔特尼。隨後，支持或同情穆兄會的電視頻道被停播，自由與正義黨的黨報也被停刊，部分穆兄會領袖的財產也遭到凍結。穆爾西及穆兄會高級人員也面臨包括從事間諜活動、煽動暴亂和危害國家經濟的指控。七月二十六日，埃及高級法庭下令調查總統穆爾西。十二月二十五日，塞西控制下的過渡政府將穆兄會定性為恐怖主義組織，宣布取締。二〇一四年三月二十二日起，埃及各地方法院還對近千名穆兄會成員和支持者進行審判。四月二十八日，開羅地方刑事法院判處六百八十三名穆兄會成員或支持者死刑。如此規模的死刑判決，也震驚了全球。

逮捕穆兄會成員的同時，埃及軍方也使用武力平息騷亂、鎮壓遊行示威者，釀成了三次大規模流血事件。二〇一三年七月八日的流血事件發生在解放廣場，當時的示威人群正在做祈禱，軍方聲稱遭到恐怖分子襲擊而開始反擊。衝突導致了一名軍官、五十四名示威者的死亡。埃及努爾黨和二〇一二年總統候選人阿布福圖等指責這是「一場大屠殺」。[82]七月二十四日，塞西在一次閱兵儀式中發表講話，呼籲示威民眾給予軍方和員警部隊鎮壓恐怖活動的「授權」，這遭到了埃及穆兄會、強大埃及黨、四月六青年運動等反對派的聯合抵制。七月二十六日，埃及多地發生大規模示威遊行，軍方發動清場運動，造成大規模傷亡。埃及衛生部表示，衝突中有八十二人死亡，二百九十九人受傷。而周邊一所醫院的一位醫生則指出至少有二百名抗議者被殺，四千五百人受傷。[83]之後的八月十四至十八日是流血衝突的高峰，五天內總計超過一千人死於武裝部隊與示威民眾的衝突中。下表為「七·三事件」後埃及街頭暴力導致死亡的大致數據。

---

82 Ian Black and Patrick Kingsley, "'Massacre' of Morsi supporters leaves Egypt braced for new violence", *The Guardian* 8 July 2013.

83 Patrick Kingsley, "Egypt crisis: we didn't have space in the fridges for all the bodies", *The Guardian* 28 July 2013.

表 6.1　二○一三年七月事件後埃及街頭暴力導致的死亡人數統計

| 時間 | 七月 | 八月 | 九月 | 十月 | 十一月 | 十二月 | 二○一四年<br>一至五月 |
|------|------|------|------|------|--------|--------|------------------|
| 死亡<br>人數 | 304 | 811 | 3 | 70 | 9 | 24 | 136 |

數據來源：基於相關媒體報導整理而來

　　經過約半年的強力鎮壓，埃及局勢才趨於暫時平穩。到二○一四年五月塞西參加總統大選時，埃及基本上沒有了大規模示威遊行，暴力對抗也不再發生，西奈和上埃及的武裝衝突也被平息。掩蓋在穩定之下的則是接近四萬人處於監禁狀態，近千人面臨不公正的審判。與此同時，埃及民眾轉而在社區、鄉鎮開展小規模的示威活動。這種示威一般不超過一兩個小時，在員警到來前人們既已撤離。而且，埃及經濟仍沒有起色，旅遊業無法恢復。同時，分配制度上的不公正不僅依然存在，甚至變本加厲。毫無疑問，穩定只是浮於表面，內下仍是暗流洶湧。

# 結語

　　作為當代伊斯蘭主義思潮和政治伊斯蘭運動的發源地，埃及在二十世紀經歷了伊斯蘭風潮的起起落落，伊斯蘭復興主義、現代主義和激進主義在這片土地上躍步而至。穆斯林兄弟會是埃及最具影響力的政治伊斯蘭運動，自誕生以來就在中東伊斯蘭主義發展史中留下濃墨重彩。而且，埃及穆兄會並不只囿於埃及，其步伐邁過了尼羅河，邁過了紅海，也邁過了地中海，影響力波及亞歐非多個地區。從一九二八年到當下，穆兄會近百年的歷史看上去像是一個歷經磨難卻功虧一簣的旅程。

　　作為政治伊斯蘭運動中典型的溫和派，穆兄會在埃及民眾、埃及威權主義政府和西方輿論中的形象不一。從哈桑・班納、哈桑・胡代比，到泰勒馬薩尼、穆罕默德・巴迪和馬哈茂德・伊扎特，穆兄會歷經九屆總訓導師，其內部組織結構基本未有太大變化，但其政治思想和意識形態卻隨著時局的改變而改變。二十世紀六、七十年代，賽義德・庫特卜的激進主義和吉哈德思想，吸引了一批對納賽爾鎮壓心懷憤懣的穆兄會人，他們走向了極端主義，並最後催生了宗教恐怖主義。九十年代，另一批傾向於「伊斯蘭民主」這一中間主義理念的穆兄會人，企圖擺脫穆兄會「狹隘的政治視野」。他們成立了瓦薩特黨，向政府提交了建黨申請，其意識形態也大踏步溫和化。穆兄會到底是一個伊斯蘭激進組織還是一個溫和組織，在不同時期有不同的定義。

　　穆兄會與埃及政府的關係則歷經波折、跌宕起伏。法魯克王朝時，穆兄會與國王、華夫脫黨呈三角博弈關係。一九五二年革命後，穆兄會在納賽爾與納吉布的權力鬥爭中選擇了後者，因此也遭受了近二十年的鎮壓。薩達特大赦後，穆兄會與政府的友好關係也僅維持了數年，在一九七九年左右即告終結。穆巴拉克時期，穆兄會借自由化改革的機會，大力滲透埃及的大學校園、行業協會和人民議會，成為當之無愧的第一反對派。二〇一一年埃及革命後，穆兄會一步步走向權力，但穆爾西僅執政一年便遭軍方廢黜。隨後，新的鎮壓時代開啟。

　　隨著相關研究的加強，穆兄會的社會文化影響也逐漸為人所熟知。有學者指出：「在伊朗伊斯蘭革命的影響下，埃及的伊斯蘭運動達到一股高潮……回歸伊斯蘭傳統生活的現象越發突出，參加週五聚禮日和麥加朝覲的穆斯林越來越多，蓄胡、戴面紗的男女青年也越來越多……」[1]事實上，七、八十年代埃及伊斯蘭主義風潮的高漲，不是伊朗革命一力促成的，而是穆兄會組織和社會影響力恢復的結果。瞭解和認識穆兄會與埃及社會的關係，才能理解埃及社會不斷伊斯蘭化的現象。

　　二〇一一年「九・一一事件」後，歐美媒體和輿論極力渲染伊斯蘭主義的暴力形象，大鬍鬚和自殺式恐怖主義成為其主要標籤。但是，依然有一些學者深究伊斯蘭主義的本質，為溫和主義的穆兄會辯護，他們包括約翰・埃斯波西托、洛倫佐・費蒂諾、凱莉・韋翰等。西方世界對穆兄會的態度反差極大，穆兄會對西方世界的感觀也同樣複雜。哈桑・班納正是利用反西方思想吸引一波又一波受伊斯蘭傳統薰陶的埃及人，加入到自己的事業。但在同時，班納也提倡學習西方的教育制度和科學技術。穆兄會一直視以色列為西方文明入侵伊斯蘭文明的橋頭堡、排頭兵，因此極度敵視任何同以色列妥協的阿拉伯領導人，也憤恨依附西方聯盟體系的阿拉伯威權主義者。泰勒馬薩尼對

---

1　王泰：《當代埃及的威權主義與政治民主化問題研究》（西安：西北大學博士論文，2008年），頁106。

薩達特主持的埃以和平大加鞭撻：「歷史會審判我們這一代人，無論他是統治者還是被統治的人……有的人寧願肉體得存，也不要榮譽和信仰。」九十年代開始，民主觀念開始在埃及生根，穆兄會也開始使用「伊斯蘭民主」話語。時至今日，穆兄會對西方文明的感觀仍然複雜，充滿著糾結。在二○一一年埃及革命時，穆兄會既對美歐支持埃及的政治轉型表示讚許，也對美歐在巴以衝突問題上的雙重標準大加批判。穆兄會與西方世界複雜的相互認知，可見一斑。

　　思想的溫和化、與政府的關係、對西方文明的態度，這些都是穆兄會自身意識形態和政治思想自然而然折射出的表像。為了深入理解埃及穆兄會的本質，還需要對兩個問題深入探討，一是穆兄會與民族主義的關係，二是穆兄會對民主主義的觀念。前者是穆兄會與埃及國家建構的關係問題，後者是穆兄會在埃及政治現代中的角色問題。

## 第一節　穆兄會與民族主義

　　民族與民族主義是近代以來最重要的政治概念之一。一些學者甚至認為現代國家都是基於民族的，因此將現代國家與民族國家劃等號。但是，民族與民族主義是兩個不同的概念，前者指代一群人，後者是一種政治理念。對民族主義，蓋爾納在其《民族與民族主義》給出了最經典的定義——「民族主義是一條政治原則，它認為政治單位和民族單位應該是一致的」[2]埃里克・霍布斯鮑姆在闡述民族與民族主義關係時，也認同蓋爾納的定義。[3]

---

2　歐內斯特・蓋爾納（Ernest Gellner）著，韓紅譯：《民族與民族主義》（上海：上海人民出版社，2021年2版），頁1。

3　埃里克・霍布斯鮑姆（Eric J. Hobsbawm）著，李金梅譯：《民族與民族主義》（上海：上海人民出版社，2020年2版），頁16。

　　民族主義在中東地區表現為三種形式，即泛伊斯蘭主義、阿拉伯民族主義和中東地方民族主義。

　　阿拉伯民族主義（Arab Nationalism）又稱泛阿拉伯主義（Pan-Arabism）、阿拉伯主義（Arabism），它是十九世紀中後期在埃及、敘利亞等地出現的一種泛民族主義思潮，對當代中東政治、經濟、文化、社會、國際關係等方面產生了重大而深遠的影響，在形態上屬於文化民族主義。[4]

　　中東地方民族主義與泛阿拉伯主義幾乎同時興起，它主張擺脫奧斯曼帝國或西方的殖民統治，實現本地區的統一和獨立，建立有別於傳統的現代民族國家。地方民族主義有多個案例，十九世紀中後期的埃及民族主義是一個典型，它強調伊斯蘭文明與古埃及文明共同塑造下的埃及人共同體。強調波斯文明與伊斯蘭文明交融的當代伊朗民族主義，試圖剝離阿拉伯屬性、脫亞入歐的土耳其民族主義，後期興起的敘利亞民族主義、伊拉克民族主義等，理論上都可歸入中東地方民族主義。中東地方民族主義的興起，與歐洲東方學的不斷建構和歐洲國家對中東的分而治之策略，密切相關。

　　一般認為，當代伊斯蘭復興運動是對民族主義挑戰的回應，尤其是中東地方民族主義的挑戰。[5]但是也有一些觀點認為，當代伊斯蘭復興運動本質上就是一種特殊的民族主義。史蒂芬・庫克即認為：「當代埃及史中，穆兄會是作為一股民族主義的力量登上埃及政治舞臺的，它也從根本上將自己定義為民族主義力量。」[6]約書亞・哈伯

---

4　郭隽鷔高：〈阿拉伯民族主義思潮的界定與闡釋〉，《內蒙古民族大學學報（社會科學版）》2020年第5期，頁48。

5　劉中民：〈薩提・胡斯里的阿拉伯民族主義思想與伊斯蘭教〉，《阿拉伯世界研究》2007年第1期，頁65。

6　Steven A. Cook, *The Struggle for Egypt: From Nasser to Tahrir Square* (Oxford: Oxford University Press, 2011), pp. 315-316.

和哈里亞‧加慈尼也認為，自哈桑‧班納一直到穆罕默德‧穆爾西，穆兄會一直秉持民族主義傳統，穆爾西時期的埃及外交也是基於民族主義追求的。[7]劉中民對此表示反對，他在〈伊斯蘭原教旨主義對民族主義的思想挑戰〉中，反對將伊斯蘭主義籠統地歸入民族主義，認為伊斯蘭原教旨主義不僅反對民族主義，而且與民族主義存在尖銳的思想對立。該文不斷重申「烏瑪」[8]與民族、真主主權與國家主權的差別，認為：「儘管人們對民族有種種不同的理解，但民族無疑基於共同的語言、共同的地域、共同的經濟生活、共同的文化，這些也構成了民族主義政治認同的基礎。民族主義堅持國家與宗教分離、法律與宗教分離、教育與宗教分離的世俗化道路。而伊斯蘭原教旨主義則堅持國家與宗教統一、法律與宗教相結合、教育與宗教相結合的伊斯蘭化道路。」[9]

也有學者認為伊斯蘭主義與民族主義不能完全對立。錢雪梅在〈宗教民族主義探析〉一文中即界定了宗教民族主義與宗教運動、民族主義的區別與聯繫，認為：「作為一種社會政治現象的宗教民族主義，不可還原為純粹的宗教思想運動或世俗民族主義……宗教民族主義的成因不是先驗的或純精神性的，而是情境性的，也不存在普世單一、固定不變的宗教民族主義。」[10]緊接著，錢雪梅又在〈現代伊斯蘭主義同民族主義的關係〉中指出：「雖然伊斯蘭主義與民族主義不

---

7 Joshua Haber and Helia Ighani, "A Delicate Balancing Act: Egyptian Foreign Policy after the Revolution", *IMES Capstone Paper Series* (2013), pp. 54-55.

8 烏瑪（Ummah），又譯「溫麥」，代指伊斯蘭社區、伊斯蘭社會，有時也譯為「民族」。這一概念源於先知時代，穆罕默德出走麥加後，在麥地那建立的穆斯林社區即為最早的溫麥。

9 劉中民：〈伊斯蘭原教旨主義對民族主義的思想挑戰〉，《世界民族》2001年第6期，頁16-25。

10 錢雪梅：〈宗教民族主義探析〉，《民族研究》2007年第4期，頁12-21。

是可以合二為一的東西，伊斯蘭主義也不可以稱為宗教民族主義，但伊斯蘭主義與民族主義的關係並非簡單的對立，而是一種相互交叉甚至包容的關係。」[11]

緣於這些思考，有必要聯繫穆兄會成立的歷史情境，深入分析伊斯蘭主義與民族主義的關係。

埃及穆兄會一九二八年在伊斯梅利亞成立時，就有很深的反西方情節。一九三六年，納哈斯領導的華夫脫黨內閣與安東尼・艾登率領的英國代表團簽訂了《一九三六年英埃條約》。強烈的反英情節，導致穆兄會直斥華夫脫黨的行為是「賣國行徑」。哈桑・班納曾多次指責一九三六年條約是「埃及脖子上的枷鎖和手上的鐐銬」。高調的反英主義使穆兄會獲得大批埃及民眾的追隨，一九三六年穆兄會在埃及高歌凱進，規模迅速增長，並於一九三八年最終向埃及政壇「進軍」。

毫無疑問，反西方思想是穆兄會意識形態的最重要組成部分。但穆兄會的反西方主義，不是對西方事物的一味排斥或全盤否定。穆兄會也主張使用西方的先進科學技術，且對西方的教育體系極為推崇。穆兄會反對的核心，是西方國家的帝國主義和殖民主義。

反西方主義極為有利於民族主義關於「他者」和「民族」的建構，但它並不等於民族主義。

民族主義曾是亞非拉民族反對西方帝國主義和殖民統治的最有力武器。二戰後，為數眾多的亞非拉解放運動鬥士舉起了民族主義的號角。在英屬西非，恩克魯瑪號召加納人團結起來去爭取獨立。印度的尼赫魯、法屬幾內亞的塞古・杜爾、肯雅的喬莫・肯雅塔、象牙海岸

---

11 錢雪梅：〈現代伊斯蘭主義同民族主義的關係〉，《亞非論壇》2002年第5期，頁19-24。

的烏弗埃・博瓦尼、摩洛哥的穆罕穆德五世等，都是民族主義的倡議者。在亞洲、非洲、拉丁美洲乃至歐洲的土地上，民族主義作為一股解放的力量，成為同西方帝國主義和殖民主義作鬥爭的強大武器。

民族主義是反西方的，但反西方的不都是民族主義。在民族主義反對西方殖民統治的同時，社會主義等意識形態也做著同樣的事情。封建主義下的君主、官僚、臣民為了各自的利益，也會抵抗西方的帝國主義和殖民擴張。蘇聯成立之後，社會主義力量一直致力於在全球推動民族解放。甚至在資本主義美國，威爾遜總統提出的「十四條」中，也要求給予各個地區的民族以自決權。因此，並非所有反西方的力量都是民族主義，近現代諸多意識形態中都存在反帝反霸權的情緒。

因此，史蒂芬・庫克等人將伊斯蘭主義歸為一種特殊的民族主義，顯然擴大了民族主義的內涵。同理，將伊斯蘭主義歸為宗教民族主義也難言合理。縱觀歷史，與其說穆兄會從伊斯蘭宗教思想中汲取力量，不如說它是從伊斯蘭社會文化中汲取力量。穆兄會領導人和普通成員來自於埃及社會的各行各業，他們受到伊斯蘭社會文化的薰陶，但多非宗教人士。穆兄會是宗教社會思潮政治化的結果，它即是一股思潮，也是一個社會運動，更是一個政治運動。將之稱為「政治伊斯蘭運動」，是貼切的。因此，包括穆兄會在內的當代伊斯蘭主義，應被視作同民族主義相提並論的意識形態，它們都是一種共同體思想。這些共同體思想使用不同的理論，汲取不同形式的社會力量，目標相同，政治和社會功能交叉，並且可以相互取代。

基於這種理解，可以重新梳理埃及伊斯蘭主義與民族主義的關係。一個頗富特色的現象是：在埃及近現代歷程中，當埃及民族主義或阿拉伯民族主義狂飆猛進之時，伊斯蘭主義往往銷聲匿跡；而當民族主義遭遇挫折或被壓制時，伊斯蘭主義作為一股政治力量又重新抬頭；兩者相互交替、彼此替代。

　　一九二八年穆兄會誕生時，埃及民族主義最主要的力量——華夫脫黨，仍有一定的吸引力。但當華夫脫開始偏離民族主義鬥爭、慢慢衰落時，穆兄會迅速崛起。一九三六年華夫脫黨同英國簽訂《英埃協定》，引起埃及國內的一片爭議。作為民族主義力量崛起的華夫脫黨轉向親英立場，這被一些埃及人認為是在背叛祖國。值此之時，反西方的穆兄會開始大批大批地吸引埃及普通民眾。一九三八年穆兄會開始進軍埃及政治，到一九四五年其會員人數已達百萬。[12]從一九三八年到一九五四年，當華夫脫黨衰落時，穆兄會充當了反對英國殖民統治的急先鋒，一定程度上接過了反帝反殖民運動的領導權。

　　一九五二年自由軍官革命發生後，穆兄會繼續堅持反帝反殖民鬥爭。也因此，穆兄會極度反對納賽爾與英國進行的蘇伊士撤軍談判，認為這既無必要（一九五八年英國對蘇伊士運河的租借權將自動到期），也不應該。穆兄會的態度也贏得了很多埃及民眾的支持，故而在一九五四年納賽爾鎮壓穆兄會時，很多人抱有同情。但是，當一九五六年納賽爾獲得蘇伊士運河戰爭的勝利後，阿拉伯民族主義在中東狂飆猛進，穆兄會也不再能對納賽爾政權造成威脅。此後的二十年裡，穆兄會只存在於監獄的小圈子裡。此時的埃及人普遍相信，僅靠納賽爾和埃及軍方，就可以保護埃及免受西方列強的野蠻入侵。

　　七十年代薩達特大赦穆兄會時，希望借用他們壓制納賽爾主義者。但薩達特錯誤地估計了穆兄會的力量，也錯誤地認識了穆兄會的理想和追求。當他開始與以色列人進行和平談判時，穆兄會成了他的敵人。一九七八年戴維營協議，標誌著埃及民族主義的力量——軍方——放棄了同西方力量的鬥爭。官方報紙不再批評以色列和歐美，

---

12　畢健康：〈試論埃及穆斯林兄弟會的二重性問題〉，《世界歷史》2004年第1期，頁87-100。

埃及政府對以色列在巴勒斯坦的暴政保持沉默，這種情形與一九三六年華夫脫黨與英國簽訂協議後的情況極為類似。值此之時，穆兄會是埃及國內唯一一個激烈批判西方和以色列的政治力量，為此不惜面對政府的再次鎮壓。這種強烈的反西方意識形態，再一次為穆兄會帶來了一大批追隨者和同情者，穆兄會也得以滲透大學校園、行業協會和社會團體，一舉成為當代埃及最具社會基礎的政治組織。

因此可以說，埃及民族主義走向衰落之時，就是穆兄會重新崛起之時。華夫脫轉向親英國時，穆兄會第一次崛起。納賽爾領導下阿拉伯民族主義狂飆猛進時，穆兄會便失去了其社會根基。薩達特與以色列議和、埃及轉向親美之後，穆兄會又重新崛起，並席捲埃及社會的各個角落。伊斯蘭主義的穆兄會和埃及民族主義，確實可以彼此取代，因而總是相互爭鬥。

## 第二節　穆兄會與民主主義

伊斯蘭主義與民主主義能否相容，是否存在所謂「伊斯蘭式民主」，這個問題是當下學界爭論的又一焦點。穆兄會作為歷史最悠久、社會基礎最堅實、溫和化最徹底的中東伊斯蘭主義社會運動，無疑是檢驗「伊斯蘭式民主」的很好案例。

二十世紀七、八十年代，民主主義尚未在埃及風靡之時，穆兄會一直秉持著「伊斯蘭復興」的邏輯。到八、九十年代，穆巴拉克統治下的埃及在多元主義和社團主義間徘徊，穆兄會敏銳地抓住了政治自由化的時機，參與人民議會選舉並大獲成功，從而成為埃及最具影響力的政治反對派。用泰勒馬薩尼的話說：「在穆巴拉克政府提倡自由化改革的情況下，穆兄會若無視其所帶來的機會，則是一種浪費。」顯然，對埃及政治風向的變化，穆兄會並非持有一個絕對保守的態度。面對民主價值觀的興起，穆兄會內部也經歷了一股中間主義思潮，強調「伊斯蘭與民主中正中和」的聲音不斷增強，最後釀成了九十年代中期的瓦薩特黨風潮。

到世紀之交，穆兄會本能地自我約束，並不是因為其對自由主義和選舉制的排斥，而是因為穆巴拉克政府開始收緊權力。穆兄會也擔憂自己不斷增強的影響力，最終突破政府的底線，從而引起新一輪的鎮壓。縱觀一九八四年到二〇一〇年的四分之一個世紀，穆兄會基本參加了所有的埃及議會選舉。[13]顯然，穆兄會領導人早已認識到「自由選舉可以促進宣教的事業」。

穆兄會參與民主選舉的行為確鑿無疑，但它能否尊重民主價值觀，埃及和歐美學界都抱有懷疑。一些人認為穆兄會參與民主選舉，並非是因為他們真正認同民主，而只是利用選舉的勝利來實現自己的最終目的──埃及社會的再伊斯蘭化。另外，還一些學者考察了穆兄會對女性權利、非穆斯林權利、科普特人權利、沙里亞法問題的看法，認為穆兄會不可能像世俗黨派那樣尊重「憲政下的自由」。[14]

站在現代化的視角上看，伊斯蘭主義與民主主義的融合是無法避免的。穆兄會本質上是一股基於伊斯蘭主義的社會運動，經歷過溫和化改造，且斷斷續續地參與過政治和選舉事務。基於歷史經驗，埃及國內政治自由化程度越高，穆兄會的影響力膨脹地越為迅速。而當政府間歇性地收緊政治參與時，穆兄會要麼遭受壓制或一定程度的圍捕，要麼事先就自我約束。薩達特執政後期和穆巴拉克執政中後期，

---

13 一九八四、一九八七、一九九五、二〇〇〇、二〇〇五、二〇一〇年，穆兄會都參加了埃及人民議會的選舉。一九九〇年，因為不公正和極可能的選舉舞弊，穆兄會抵制了選舉。二〇一〇年選舉因為埃及政府和情報部門的操控，穆兄會未獲得任何席位。

14 Mariz Tadros, *The Muslim Brotherhood in Contemporary Egypt: Democracy Redefined or Confined?* (Oxford: Routledge, 2012).

便是例子。這也難怪一些政治觀察家認為穆兄會是「埃及民眾力量的代表」。二○○三年美國總統小布希開始推動「中東民主倡議」後，穆巴拉克不得不作出一定的政治改革姿態，而穆兄會也立刻抓住了這次機遇，在二○○五年的議會選舉中一舉奪得八十八個席位。二○一一年埃及革命後，穆兄會組建自由與正義黨並隨即贏得議會和總統選舉。穆爾西政府執政的一年間，極力維護政治轉型，不惜與軍方持續鬥爭。這些經驗表明，穆兄會確實可以適應民主制度和政治現代化進程。除穆兄會外，土耳其正義與發展黨、突尼斯復興黨、摩洛哥正義與發展黨等溫和伊斯蘭政黨的參政情況，也可以佐證政治伊斯蘭與民主制度的相容性。

對穆兄會利用民主制度實施伊斯蘭化的憂慮，似乎也無必要。從現實主義的視角出發，民主制度的基礎就是容納不同黨派的不同政治主張。因此，關鍵不在於政治主張的屬性如何，而在於一個黨派是否遵守憲法制度和民主規則。穆兄會與伊斯蘭激進組織最大的區別，就是穆兄會願意遵守民主制度的相關規則，而如基地組織、「伊斯蘭國」這樣的激進派則從根本上反對制度。而且，恰如一些學者的結論，基於選舉制度成功實現政治參與的經歷，會反過來促進穆兄會對政治規則和民主制度的遵守。

# 第三節　穆兄會的未來

在新的鎮壓時代，穆兄會命運如何，同樣值得深思。對此，也許可以引用埃及金字塔報政治和戰略研究中心主任納比勒・阿卜杜勒・法塔赫（Nabil Abdel-Fattah）[15]的評論：[16]

---

15 埃及《金字塔報》一直是官方的喉舌，金字塔報政治和戰略研究中心主任納比勒・

一、穆兄會未來的政治地位，將取決於埃及政府的態度和地區環境。

二、從歷史經驗來看，每一次僵局之後，政府總會試圖與穆兄會達成一個政治妥協。這就是政府的態度。

三、面對伊斯蘭激進主義的日益猖獗，埃及政府需要緩和同穆兄會的關係以穩固政治，從而可以集中精力於經濟建設，並恢復國外投資者的信心。但是，自六月三十日反對穆爾西的遊行以來，很多人責怪伊斯蘭主義者掌握權力後引起了國家混亂，他們包括城市中產階級、商人、科普特人和部分低收入者。因此，緩和還需要一定的民意基礎。

四、埃及未來將組建一個什麼樣的議會，前景不明。歐洲和美國認為，應該組建一個穆兄會參與的議會。而政府也害怕對穆兄會的完全隔離，會使得伊斯蘭主義者投向「伊斯蘭國」或基地組織的懷抱。

五、穆兄會的重要領導人和一些成員將被持續監禁，直到埃及政府與穆兄會達成某種程度的和解。這個時間可能需要三到五年。

六、如果穆兄會的某個領導人利用其組織資源重新進入議會，可能有助於政府與穆兄會的更快和解。當然，這位領導人需要重新定義穆兄會在議會中的行為。相反，如果伊斯蘭主義者在西奈和其他地區的恐怖襲擊不停止，政府和總統將迫於壓力推遲與穆兄會的和解，並更大程度將它隔絕在政治之外。

七、情形的發展將取決於穆兄會保持還是修改其意識形態，以及政府通過安全部門控制極端主義、避免恐怖襲擊的能力。關鍵在於穆

---

阿卜杜勒・法塔赫也頗受官方信賴，其在金字塔報公開發言，很大程度上代表了埃及官方的態度。

16 Ahmed Eleiba, "Muslim Brotherhood and the state: Possible scenarios", *Al-Aharam* 22 December 2014.

兄會如何自處。如果穆兄會領導權發生轉移，而新的變化有利於斷絕恐怖主義組織的活動，政府將給予穆兄會公開活動和重新歸來的機會。

# 附錄一
# 穆兄會年表

一九〇六年　哈桑・班納生於下埃及布海拉省的馬赫穆迪亞市。

一九一九年　一九一九年埃及起義。

一九二四年　哈桑・班納一家遷往開羅。

一九二七年　哈桑・班納從愛資哈爾大學的達爾・烏魯姆學院畢業，隨後成為伊斯梅利亞一所小學的教師。

一九二八年　三月，穆斯林兄弟會的前身「班納運動」成立。

　　　　　　五月，哈桑・班納與六位追隨者成立穆斯林兄弟會。

一九三二年　哈桑・班納把穆兄會總部從伊斯梅利亞遷到開羅。

一九三三年　穆兄會建立自己的第一份報紙《穆斯林兄弟會報》。

　　　　　　穆斯林兄弟會第一次全國代表大會上，哈桑・班納被選為穆兄會首任總訓導師。

一九三六年　埃及納哈斯政府與英國政府就蘇伊士運河撤軍等問題達成協議，史稱《一九三六年英埃協議》。

一九三八年　五月，哈桑・班納在《警示報》上發表《兄弟們，準備在另一條道路上奮鬥吧》一文，標誌著穆兄會進軍埃及政治。

　　　　　　十月，穆兄會在埃及召開討論會，號召阿拉伯世界幫助巴勒斯坦阿拉伯人對抗猶太人。

一九四一年　穆兄會推舉十七名候選人參加一九四二年埃及議會選舉，後因華夫脫黨阻撓，最終退出了選舉。

一九四二年　該年末，穆兄會建立秘密軍事部門「保衛伊斯蘭社團」。

一九四五年　哈桑・班納與另外五名穆兄會候選人參加議會選舉，但因政府操縱選舉而全部落選。

一九四七年　穆兄會參與策劃多起針對英國人和以色列人的襲擊。

一九四八年　第一次中東戰爭中，穆兄會派遣成員進入巴勒斯坦對以色列作戰。

十二月二十八日，二十二歲的穆斯林兄弟會特殊事務部成員、獸醫學大三學生阿卜杜勒・馬吉德・艾哈邁德・哈桑暗殺了時任埃及首相馬哈茂德・法赫米・諾克拉西；隨後，薩阿德黨領袖易卜拉欣・阿卜杜勒・哈迪繼任埃及總理。

一九四九年　二月十二日，哈桑・班納被埃及當局暗殺。

一九五一年　一月，華夫脫黨重新組閣，與穆兄會進行了談判。

三月十七日，刺殺諾克拉西案審判結束，刺客阿卜杜勒・馬吉德・艾哈邁德・哈桑被判死刑，穆兄會組織未被治罪。

五月十七日，穆兄會舒拉委員會討論選舉新的總訓導師。

十月，哈桑・胡代比當選為穆兄會第二任總訓導師。

該年，賽義德・庫特卜加入穆斯林兄弟會。

一九五四年　十月二十六日，埃及總統納賽爾在亞歷山大演講時遇刺；事後，穆兄會遭到嚴厲鎮壓，六名穆斯林兄弟會骨幹成員被絞死，穆兄會總訓導師哈桑・胡代比則被判處終身監禁。

一九六四年　納賽爾政權頒布大赦令，釋放穆兄會囚犯。

一九六五年　八月，埃及政府聲稱穆兄會策劃了針對納賽爾的刺殺陰謀。

一九六六年　納賽爾政府再次大規模鎮壓穆兄會，二十六人被判處死刑，賽義德・庫特卜也在其中。

一九七〇年　九月二十九日，納賽爾突然死亡，薩達特隨後繼任埃及總統。

一九七一年　薩達特開始釋放穆兄會成員。

一九七五年　薩達特頒布大赦令，下令釋放所有仍在押的穆兄會成員。

一九七六年　歐默爾・泰勒馬薩尼繼任穆兄會第三位總訓導師。

薩達特出訪耶路撒冷，這成為了穆兄會與薩達特分道揚鑣的轉捩點。

一九七七年　穆兄會譴責薩達特政府與以色列政府簽署《戴維營協議》，認為此舉背叛了伊斯蘭教信仰，出賣了阿拉伯民族利益。

一九七九年　穆兄會支持伊朗的伊斯蘭革命，抗議埃及政府向伊朗國王巴列維提供政治庇護。

一九八〇年　穆兄會要求政府停止同以色列關於巴勒斯坦自治問題的談判。

一九八一年　九月，薩達特發布逮捕令，逮捕穆斯林兄弟會總訓導師歐默爾・泰勒馬薩尼，接管穆斯林兄弟會控制的清真寺，取締穆斯林兄弟會主辦的報刊。

十月六日，埃及慶祝十月戰爭勝利八周年的盛大閱兵典禮上，薩達特死於聖戰組織成員哈立德・伊斯蘭布利的暗殺。

一九八二年　穆兄會總訓導師歐默爾・泰勒馬薩尼宣稱「庫特卜只代表其本人，而不代表穆斯林兄弟會」，這標誌著穆兄會與伊斯蘭激進主義的切割。

一九八三年　埃及舉行議會選舉，穆兄會與新華夫脫黨建立競選聯盟。新華夫脫黨獲得四百五十個議會總席位中的五十七個席位，其中穆兄會成員佔據八個席位。

一九八六年　穆罕默德・阿布・納斯爾就任穆兄會第四位總訓導師。

一九八七年　穆兄會與埃及勞工黨、自由黨組建三黨同盟，參加一九八七年議會選舉；三黨一共獲得五十六個席位，穆兄會佔據了其中的三十六個；穆兄會超過華夫脫黨（35個席位）成為議會第一大反對黨。

一九九五年　一九九五年議會選舉前，穆巴拉克政府宣稱兄弟會非法聚集，隨即關閉了位於開羅的穆兄會總部，逮捕了八十三名穆兄會骨幹；當年的議會選舉中，穆兄會的一百四十九位候選人僅有一人當選，其發展勢頭被阻斷。

該年，穆兄會的部分成員另立門戶，成立瓦薩特黨；瓦薩特黨隨即申請成為合法政黨，但遭到埃及當局的拒絕。

一九九六年　穆斯塔法・邁什胡爾就任穆兄會第五位總訓導師。

二〇〇〇年　穆兄會參加二〇〇〇年議會選舉，獲得十七個席位。

二〇〇一年　「九・一一」事件後，埃及政府宣布穆兄會為非法組織，隨後逮捕了多名穆兄會骨幹。

二〇〇二年　穆罕默德・馬蒙・胡代比就任穆兄會第六位總訓導師。

二〇〇四年　穆罕默德・馬赫迪・阿可夫就任穆兄會第七位總訓導師。

二〇〇五年　二〇〇五年議會選舉重新對穆兄會開放，穆兄會支持的獨立候選人獲得了四百五十四個席位中的八十八個，從而再次成為議會中的最大反對派。

二〇一〇年　穆兄會指責議會選舉舞弊，退出了第二輪議會選舉。

穆罕默德・巴迪耶就任穆兄會第八位總訓導師。

二〇一一年　一月二十五日，埃及革命爆發。

二月十一日，軍方宣布埃及穆巴拉克辭職。

二月二十三日，穆兄會總訓導師穆罕默德・巴迪耶宣布組建自由與正義黨。

三月十九日，埃及舉行埃及憲法修正案全民公決。

五月，埃及政黨委員會批准自由與正義黨的建黨申請，穆兄會成員穆罕默德・穆爾西就任黨主席，科普特作家拉菲克・哈比卜任副主席。

二〇一二年　　一月十一日，埃及人民議會選舉結束，自由與正義黨獲得五百零八個席位中的接近一半，自由與正義黨總書記薩達爾・卡塔特尼隨即出任議長。

六月二十四日，自由與正義黨主席穆罕默德・穆爾西贏得總統選舉，成為埃及史上首位民主選舉產生的總統。

八月五日，穆爾西以「反恐不力」為由對埃及軍隊高層進行大撤換。

八月，穆爾西率領一個龐大的代表團訪問中國。

十二月，穆爾西決定就埃及制憲委員會提交的二〇一二年新憲法草案進行全民公投，導致了埃及的「憲法危機」。

二〇一三年　　三至五月，穆爾西先後出訪南非、印度、俄羅斯和巴西，透露出埃及加入金磚國家集團的意願。

六月三十日，埃及世俗派掀起大規模示威遊行，要求穆爾西下臺。

七月三日，埃及軍方廢除穆爾西的總統職位。

七月十日，軍方對三百名穆兄會成員發出逮捕令。

七月二十六日，埃及爆發支持穆爾西總統的大規模示威遊行和靜坐活動。

七月二十八日，員警和安全部隊與穆爾西支持者發生暴力衝突，導致眾多示威者死亡；官方數據是八十二名示威者死亡，二百九十九人受傷。

八月十四至十八日，軍方「清場運動」的高峰，據稱超過千人死於武裝部隊的清場。

八月二十日，馬哈茂德・伊扎特被任命為穆兄會臨時總訓導師。

九月，埃及一法院判處穆兄會為「非法組織」，下令沒收其組織財產。

十二月，因為發生在曼蘇拉的一起恐怖襲擊，埃及法院宣布穆兄會為「恐怖組織」。

二〇一四年　四月二十八日，開羅地方刑事法院判處六百八十三名穆
兄會成員和支持者死刑，震驚了世界。

五月，二〇一三年「七・三事件」的軍方領袖阿卜杜
勒・塞西，脫下軍裝參選總統。

六月，塞西成功當選埃及總統。

# 附錄二
# 穆兄會主要人物

## 一　哈桑・班納

Hassan al-Banna　　حسن أحمد عبد الرحمن محمد البنا

出生　一九〇六年十月十四日，埃及布海拉省馬赫穆迪亞市
死亡　一九四九年二月十二日（42歲）遇刺身亡，地點開羅
身份　一九二八年成立穆斯林兄弟會，並擔任第一屆訓導師直至逝世
教育　愛資哈爾大學達爾・烏魯姆學院
職業　小學教師

　　哈桑・班納的故鄉馬赫穆迪亞位於布海拉省北部，坐落在尼羅河畔，是尼羅河與馬赫穆迪亞運河的樞紐城市。班納的父親謝赫艾哈邁德・班納（Shaykh Ahmad al-Banna, 1881-1958）是一個罕百里學派的伊瑪目，曾收集整理罕百里的經典文集，這項工作也使他同一些知名的伊斯蘭學者建立了聯繫。老班納對哈桑・班納的思想和意識形態影響很大，是他培養了班納及其兄弟賈邁勒・班納（Gamal al-Banna，埃及著名美術家，同為兄弟會成員）對伊斯蘭傳統價值觀的虔誠信念。

　　班納自小受到罕百里派清教思想的薰陶，又從拉希德・里達的《燈塔》報中吸取靈感。此外，班納在馬赫穆迪亞時還深受蘇菲主義的影響，曾不停歇地參加每週一次的蘇菲派集體儀式「哈達」（Hadra），並且是蘇菲團體哈薩菲葉（al-Hassafiyya）的成員。

　　一九一九年埃及反英起義時，十三歲的哈桑・班納第一次涉足政

治鬥爭，隨後又加入穆斯林青年會。在青年會中，班納憑藉自己的口
才贏得了包括青年會創始人阿卜杜‧哈米德‧賽義德等人的欣賞，認
識了很多埃及的上層人士。一九二四年，十七歲時，班納前往達爾‧
烏魯姆學院學習，這個學院後來併入愛資哈爾大學。一九二七年畢業
後，他前往伊斯梅利亞擔任教師，兩年後創立埃及穆斯林兄弟會。

## 二　哈桑‧胡代比
Hassan al-Hudaybi　　حسن الهضيبي

出生　一八九一年十二月，埃及開羅
死亡　一九七三年十一月十一日，埃及開羅
身份　穆兄會第二任訓導師（1951-1973）
教育　一九一五年埃及法學院畢業
職業　律師

　　哈桑‧胡代比一八九一年出生在開羅東北部的阿拉伯小村莊蘇瓦
里哈，有四個妹妹和三個弟弟。他的家庭是一個貧窮的工人階層家
庭，其父希望他能成為阿訇，故而將之送到當地的宗教小學「庫塔
巴」去學習古蘭經閱讀和吟誦，隨後又被送往愛資哈爾大學附屬小學
讀書。但僅僅一年以後，胡代比就轉學到一所政府創辦的世俗化小學
讀書[1]。根據胡代比的回憶，轉學是他自己的決定，他想成為律師，而
不是阿訇。[2]在完成小學學業後，胡代比又進入一所公立中學讀書，一

---

1　世俗化的小學和愛資哈爾附屬小學所代表的是兩個不同的學習背景，前者是現代西
　　方式的，後者是傳統伊斯蘭式的。在這兩類小學中讀書，其未來前途也是完全不一
　　樣的。

2　Richard Paul Mitchell, *The Society of the Muslim Brothers* (Oxford: Oxford University
　　Press, 1993), p. 86.

九一一年畢業後隨即考入埃及法學院，四年後完成學業並獲得律師從業證書。

胡代比求學期間，正值埃及民族獨立運動的巔峰時期，社會和學校中的進步分子都積極地參與到反對英國統治的示威遊行中。但據胡代比回憶，他並不是一位積極的政治參與者，期間他除了參加了民族主義領袖穆斯塔法‧卡米勒的葬禮外，未參加任何形式的示威遊行活動。

一九一五年胡代比年畢業後，進入卡米爾‧侯賽因和哈菲茲‧拉姆丹的法律事務所上班。拉姆丹是埃及新祖國黨[3]的領導人。一九一八年，胡代比在卡奈爾島開辦了自己的法律事務所，但由於時局動盪，事務所的業務並不興隆。之後不久，胡代比又搬到了桑哈賈地區，渴望在那裡能夠獲得提升的機會。期間，胡代比參加了一九一九年革命。但是較之其他革命人士，他卻缺乏熱情，並且表現出對暴力活動的厭惡。[4]一九二五年，胡代比被提升為巡迴法庭的法官，開始頻繁輾轉於埃及各個城市。最終，他在吉薩安定下來，並逐漸進入到其事業的巔峰期。二十世紀四十年代末，胡代比已成為一名高級法官，在埃及最高法院任職，是民事訴訟部門的主管、上訴法庭的顧問和司法稽查機關的領導。

一九五一年，胡代比被任命為穆兄會的總訓導師前，與穆兄會的聯繫並不多。根據胡代比自己的陳述，他是在三十年代前後才知道穆兄會的存在。一九四五年二月，胡代比聽了班納的一次演講，結識了對方。這次會面也對胡代比的生活產生了重大的影響。不久之後，胡

---

3　新祖國黨由穆斯塔法‧卡米勒於一九〇七年成立。穆罕默德‧法里德（Mohammad Farid）是第二任領導。

4　Sayed Khatab, "Al-Hudaybi's Infleunce on the Development of Islamist Movements in Egypt", *The Muslim World* 91.3 (2001), pp. 451-480.

代比成為穆兄會的顧問律師，開始幫助班納推動穆兄會事業的發展。在此期間，胡代比與班納的友誼不斷加深，他對穆兄會的諸多事務也都有了大概的瞭解。但這並不意味著胡代比正式成為穆兄會的成員，因為埃及法律明確禁止司法人員參與到社團活動中，遑論成為其正式會員。一九五一年，胡代比被任命為穆兄會的總訓導師，隨後就辭去了其法官職務。[5]

胡代比擔任訓導師後，為了使穆兄會拋棄暴力思想，致力於解散穆兄會特殊事務部。一九五二年自由軍官革命後，穆兄會捲入到納吉布與納賽爾的政治鬥爭中，胡代比主要支持總統納吉布。故而當納賽爾贏取權力鬥爭的勝利後，穆兄會與埃及政府的關係也遭遇考驗。一九五四年納賽爾亞歷山大遇刺後，穆兄會隨即遭遇鎮壓。一九五四年十二月，胡代比被政府判處死刑，但隨後被豁免執行，改判終身監禁。

一九五八年，納賽爾政府開始放鬆對穆兄會的壓制。但一九六五年團事件後，政府鎮壓重新加強。一九六六年二月，胡代比被再次宣判死刑。八月二十六日，當賽義德·庫特卜被處以絞刑時，時齡七十五歲的胡代比被再次改判終身監禁。隨後在阿曼勒·圖拉監獄中，胡代比與泰勒馬薩尼、穆斯塔法·馬謝兒、馬穆勒·胡代比和愛資哈爾大學的謝赫們共同寫作了《教士並非法官》一書。該書強有力地批駁了伊斯蘭極端主義思想，它也成為穆兄會組織主體溫和化的標誌。

一九七〇年埃及總統納賽爾死後，穆兄會與埃及政府的關係全面改善。一九七一至一九七五年，薩達特陸續釋放了穆兄會在押者。期間，胡代比參與了穆兄會組織的重建，他的非暴力思想和對自下而上

---

5 Barbara H. E. Zollner, *The Muslim Brotherhood: Hasan al-Hudaybi and Ideology* (Oxford: Routledge, 2009), pp. 21-22.

改造伊斯蘭社會道路的堅持，成為穆兄會組織的核心指導思想。一九七三年十一月十一日，這位八十二歲的垂垂老者於在軟禁中逝去，此時穆兄會已然在埃及社會中贏得了一席之地。

## 三　賽義德・庫特卜
Sayyid Qutb　　سيد قطب

出生　一九〇六年十一月九日
死亡　一九六六年八月二十九日（59歲）
身份　公認的伊斯蘭激進主義開創者
教育　愛資哈爾大學達爾・烏魯姆學院
職業　教師；政治家

　　庫特卜於一九〇六年十一月九日出生在上埃及艾斯尤特的穆薩村，家境殷實。和大多數當代伊斯蘭主義者一樣，庫特卜所受到的教育是傳統與現代的混合物。他在幼年接受傳統的古蘭經學教育，受到了伊斯蘭傳統文化的薰陶，中學時代則接受西方式現代教育，一九二〇年前往開羅負笈求學，一九二九年就讀於達爾・烏魯姆學院。因此，庫特卜也是穆兄會創始人哈桑・班納的校友。大學期間，庫特卜品學兼優，多受嘉獎。一九三三年畢業後曾任小學教師，一九四〇年供職於教育部，任小學教育的督導。

　　庫特卜極端主義思想的產生，與第二次世界大戰前後動盪不安的中東局勢息息相關。二十世紀三十年代，隨著猶太人大量移民巴勒斯坦，猶太人與阿拉伯人的衝突與日俱增。庫特卜堅決反對猶太復國主義，痛斥英國殖民當局玩弄分而治之的策略。當第二次世界大戰後美國總統杜魯門支持成千上萬的猶太難民遷居巴勒斯坦地區時，庫特卜憤怒地寫道：「我恨這些西方人，鄙視他們⋯⋯英國人、法國人、荷蘭人、最後還有美國人，他們無一例外，如一丘之貉，背叛了許多人的信任。」一九四八年十一月至一九五〇年八月，庫特卜受埃及教育部公派，前往美國考察教育制度。在這期間，庫特卜訪問了紐約、華盛頓等地，並就讀於科羅拉多州立教育學院（現北科羅拉多大學）。

晚年庫特卜曾回憶稱，在臨行美國之前自己不是一個伊斯蘭主義者，甚至談不上是一位虔誠的穆斯林，正是在美國的經歷促成自己的思想發生脫胎換骨的轉變，從民族主義者逐漸轉變為溫和的伊斯蘭主義者，從西方文明的崇拜者轉變為無情的批判者。在庫特卜看來：「美國是一個紙醉金迷、物欲橫流的社會，它的原始性使我們想起人類過去的叢林和洞穴時代，它是一個不折不扣的狂歡中心和性欲遊樂場。雖然民豐物阜、科技發達，人們卻生活在空虛與動物本能之中，以犧牲人性尊嚴為代價享受物欲。」

庫特卜回到埃及後不久便加入穆兄會，因其原有的社會地位很高，且思想深刻，故很快成為骨幹成員。一九五四年納賽爾下令鎮壓穆兄會，逮捕了一大批兄弟會骨幹，庫特卜即包括在內，被判處十五年有期徒刑。一九六四年，庫特卜在伊拉克總統穆罕默德・阿里夫的斡旋下被釋放出獄，不久又因參與反政府活動再次入獄，並於一九六六年八月二十九日被納賽爾政權處以絞刑，成為了一名殉道者。

庫特卜是一個多產的思想家，他著有四十多部作品和大量文章。從第一本詩集《新生活》（1921）至最後一部作品《路標》（1964），他的寫作生涯橫跨四十年，大致分為四個時期。一九二一至一九三八年庫特卜的早期作品，以浪漫情調的詩歌、小說為主，不時穿插反映社會政治與道德事務的論文。一九三九至一九四八年的過渡期，庫特卜的作品轉向以《古蘭經》為核心的宗教道德題材，散發著濃厚的宗教寓意，如《古蘭經的藝術描寫》（1945）、《古蘭經的復興事件》

（1947）。一九四八至一九五四年的成熟期，庫特卜成為一個溫和伊斯蘭主義者，主要作品有《古蘭經中的社會正義》（1949）、《伊斯蘭與資本主義的戰爭》（1951）、《伊斯蘭教與普世和平》（1951）。一九五四至一九六六年，伴隨著政府鎮壓和獄中迫害，庫特卜的論著日趨極端化，主要作品有《在古蘭經的陰影下》（1964）、《路標》（1964）。

　　《路標》一書濃縮庫特卜極端主義思想的精髓，許多學者一致認為，此書堪稱伊斯蘭極端主義之源，尤其是其中的查希里葉理念（jahiliyyah，意為「蒙昧狀態」）和吉哈德理觀念。

## 四　歐麥爾・泰勒馬薩尼
### Umar al-Tilmisani / el Telmesany / Telmesani
عمر التلمسانى

出生　一九〇四年十一月四日，開羅
死亡　一九八六年五月二十二日，開羅
身份　穆兄會第三任總訓導師（1972-1986）
教育　福阿德一世大學（1950）
職業　律師

　　泰勒馬薩尼一九〇四年生於開羅的達柏・艾哈邁爾區（Darb al-Ahmar district）。作為一名律師，他於一九三三年在哈桑・班納的引導下加入穆兄會。泰勒馬薩尼來自於一個富有的地主家庭，家中有三百費丹的土地和七處房產。他的副手、之後成為穆兄會總訓導師的穆斯塔法・馬謝兒（Mustafa Mashhur），也是來自富裕地主家庭。[6]

---

6　Robert Springborg, *Mubarak's Egypt: Fragmentation of the Political Order*, 1st ed. (London: Westview Press, 1989), p. 236.

　　儘管泰勒馬薩尼傾向於同政府合作，但仍然飽受牢獄之災，第一次是在一九五四年納賽爾當政時，第二次是在一九八一年薩達特大規模圍捕反對派時，第三次是一九八四年穆巴拉克當政時。

## 五　穆罕默德・哈米德・阿布・納賽爾
### Muhammad Hamid Abu al-Nasr　　محمد حامد أبو النصر

身份　穆兄會第四任總訓導師（1986-1996）
職業　政治家

　　泰勒馬薩尼一九八六年逝世後，阿布・納賽爾在一片爭論中成為新的領袖，有能力競爭總訓導師的薩拉赫・沙迪（Salah Shadi）和侯賽因・喀麥隆・埃爾丁（Husayn Kamal al-Din）是其反對者。所幸當時穆斯塔法・馬謝兒站在了他一邊，而馬謝兒也在一九九六年接替了阿布・納賽爾的總訓導師職位。

## 六　穆斯塔法・馬謝兒
### Mustafa Mashhur　　مصطفى مشهور

出生　一九二一年
死亡　二〇〇二年十一月十四日
身份　穆兄會第五任總訓導師（1996-2002）
職業　政治家

　　泰勒馬薩尼擔任穆兄會總訓導師時，馬謝兒是其副手。一九八六年泰勒馬薩尼逝世後，馬謝兒支持阿布・納賽爾成為新的總訓導師。

一九九六年，馬謝兒接替阿布・納賽爾成為新的總訓導師。歷史學家羅伯特・斯普林伯格猜測，在阿布・納賽爾擔任總訓導師的十年裡，實際上是馬謝兒在維持穆兄會的運轉。[7]

## 七　馬穆勒・胡代比（小胡代比）
### Ma'mun al-Hudaybi　مصطفى مشهور

出生　一九二一年五月二十八日
死亡　二〇〇四年一月八日
身份　穆兄會第六任總訓導師（2002-2004）
教育　福阿德一世大學法學院
職業　政治家

　　小胡代比一九二一年生於上埃及的蘇哈傑（Sohag），祖籍蘇瓦里哈。他的父親即著名的伊斯蘭主義溫和派領袖、穆兄會第二任訓導師哈桑・胡代比。小胡代比先是接受世俗教育，後畢業於福阿德一世大學法學院。

## 八　穆罕默德・馬赫迪・阿可夫
### Mohammed Mahdi Akef　محمد مهدى عاكف

出生　一九二八年七月十二日
身份　穆兄會第七任總訓導師（2004-2010）
教育　福阿德一世大學
職業　教師；政治家

---

7　Robert Springborg, *Mubarak's Egypt: Fragmentation of the Political Order*, p. 235.

　　阿可夫一九二八年生於下埃及的代蓋赫利耶，這一年也正是穆兄會創建的那一年。阿可夫小學就讀於曼蘇拉小學，中學就讀於福阿德一世大學附屬中學，大學就讀於福阿德一世大學體育教學專業。一九五〇年五月畢業後，阿可夫在福阿德一世大學初中部教書。

　　阿可夫於一九四〇年加入穆兄會，當時穆兄會正在班納領導下進軍開羅。阿可夫一度被任命為穆兄會諸易卜拉欣大學（現在的艾因沙姆斯大學）的聯繫人。一九五二年革命前，阿可夫參與了反對英國殖民統治的鬥爭。一九五四年時，阿可夫主管著穆兄會學生與體育部。一九五四年納賽爾全力鎮壓穆兄會，阿可夫也於八月被捕入獄，先判死刑，後改無期。

　　一九七四年，阿可夫被薩達特釋放，後成為穆兄會青年部的主席。隨後，他前往沙特首都利雅得，作為世界穆斯林青年大會（World Assembly of Muslim Youth）的顧問，協助組織該會議。大會之後，穆兄會在沙特、約旦、馬來西亞、土耳其、澳大利亞、馬里、肯雅、賽普勒斯、德國、英國和美國等地建立分支，阿可夫參與其中，並擔任慕尼克伊斯蘭中心主任。

　　自一九八七年開始，阿可夫一直是穆兄會訓導局成員。一九八七年，他作為東開羅選區的候選人而成為埃及人民議會議員。一九九六年鎮壓時，阿可夫擔任穆兄會國際部主席，因而也被投入監獄，直到一九九九年才被釋放。二〇〇五年，為了聲援宣稱伊朗總統內賈德，阿可夫發表了「大屠殺的神話」講話，以譴責美國人對猶太人大屠殺的過分渲染。[8]二〇〇四年，他接替小胡代比，成為穆兄會的第七任總訓導師。

　　二〇〇九年十月，因為穆兄會的內部糾紛，阿可夫宣布辭去總訓

---

8　"Egyptian Islamists deny Holocaust", *BBC News* 23 December 2005.

導師職務。[9]但第二天穆兄會在其官網宣布阿可夫並未辭職，他將擔任總訓導師直至二〇一〇年一月任期結束。二〇一〇年，阿可夫如期卸任。

　　二〇一三年「七‧三事件」，埃及軍方開始大規模逮捕穆兄會成員。七月四日，阿可夫被捕入獄。七月十四日，埃及新任總檢察長希沙姆‧巴拉卡特宣布凍結阿可夫的全部財產。入獄時，阿可夫健康狀況惡化，埃及當局遂允許他的女兒一週探視一次這位年邁的老人。

## 九　穆罕默德‧巴迪
Muhammad Badie　محمد بديع

出生　一九四三年八月七日
身份　穆斯林兄弟會第八任總訓導師（2010-2013）
教育　宰加濟格大學獸醫學博士
職業　貝尼蘇韋夫大學獸醫學院教授
家庭　三個女兒和一個兒子阿馬爾（Ammar）；阿馬爾在二〇一三年
　　　八月十六日的政府鎮壓中死亡

　　穆罕默德‧巴迪一九六五年從宰加濟格大學獲得獸醫學學士學位後不久，就因參加政治活動而被捕入獄，並與穆兄會領導人賽義德‧庫特卜關押在一起。穆罕默德‧巴迪原本被判十五年監禁，但一九七四年被薩達特下令釋放。之後的幾年裡，巴迪一直在穆兄會的馬哈萊‧庫巴行政辦公室工作，並最初成為該辦公室的主管。一九八六至一九九〇年，巴迪轉到貝尼蘇韋夫行政辦公室。一九九三年，他被選為穆兄會訓導局成員。一九九八年，巴迪因為參加伊斯蘭宣教會在貝

9　"Muslim Brotherhood General Guide Resigns", *Arab-West Report* 20 October 2009.

尼蘇韋夫的活動而被監禁七十五天。

二○一○年，巴迪代替穆罕默德·阿可夫擔任穆兄會總訓導師。巴迪曾多次發表反以色列和反西方的演說，並煽動吉哈德。在二○一○年的一次演說中，巴迪指責「阿拉伯和伊斯蘭政府已經背叛了其人民，他們向穆斯林的敵人以色列和美國卑躬屈膝。發動對以色列和美國的聖戰，是每個穆斯林義不容辭的責任，政府不應該阻止人民與美國的戰鬥。」

儘管巴迪成為了總訓導師，但其地位並不如前任們穩固。副訓導師海拉特·沙特爾、訓導局成員馬哈茂德·高斯蘭、馬哈茂德·侯賽因和馬哈茂德·伊扎特等，在穆兄會的決策層面擁有更大的影響力。這些人制衡巴迪的主要原因，可能是巴迪較為激進的思想。穆爾西政府倒臺後，巴迪於二○一三年七月十日被拘禁。隨後，馬哈茂德·伊扎特臨時代替了巴迪的總訓導師職務。

## 十　馬哈茂德·伊扎特
Mahmoud Ezzat　محمود عزت

出生　一九四四年八月十三日
身份　穆兄會第九任總訓導師（2013-2020）
教育　醫藥學學士學位（1975）；醫藥學碩士學位（1980）；宰加濟格大學醫藥學博士學位（1985）
職業　醫生；教授

伊扎特自小熟知穆兄會，一九六二年（16歲）便加入該組織，一九六五年被捕入獄。一九六五至一九七四年，伊扎特與後來的總訓導師馬哈茂德·巴迪關押在一起。一九八一年，伊扎特被選入穆兄會訓導局。他還與第七任總訓導師馬赫迪·阿可夫的女兒結婚。

　　一九九二至一九九三年，伊扎特與海拉特・沙特爾、哈桑・馬勒可一起因塞撒比檔案事件而被捕。一九九五年伊扎特被再次監禁。二〇〇八年，他因為參加反對以色列進攻加沙的示威遊行，又一次被監禁。伊扎特在宰加濟格大學醫藥學院擔任教授，與穆爾西和高斯蘭是同事。

　　在媒體中，伊扎特因其在穆兄會決策中的處事風格，而被戲稱成為穆兄會的「鋼鐵俠」。伊扎特與沙特爾過從甚密，在二〇一一年革命後他是穆兄會訓導局和自由與正義黨的關鍵協調人。二〇一三年八月二十日，鑒於穆罕穆德・巴迪被捕入獄且年邁生病，伊扎特臨時代理穆兄會總訓導師的職務。[10]二〇二〇年八月二十八日，伊扎特在政府的一次突襲行動中被捕，隨後易卜拉欣・穆尼爾接替他成為代理總訓導師。

## 十一　穆罕默德・穆爾西
Muhammad Morsi　محمد محمد مرسى عيسى العياط

出生　一九五一年八月

身份　埃及第五任總統（2012年6月30日-2013年7月3日）；前穆兄會訓
　　　導局成員；埃及國會議員（2000-2005）；自由與正義黨主席

教育　開羅大學學士學位（1975）；開羅大學工程學碩士學位
　　　（1978）；南加利福利亞大學工程學博士學位（1982）

職業　工程師

家庭　妻子 Najla Ali Mahmoud；五個子女 Ahmed、Alshaimaa、
　　　Osama、Omar、Abdullah

---

10　"Mahmoud Ezzat named Muslim Brotherhood's new leader", *Al Arabiya* 20 August 2013.

　　穆爾西在美國南加利福利亞大學讀工程學博士時加入穆兄會。穆爾西的子女中，兩人在加州出生，有美國國籍。一九八二年畢業之後，穆爾西在美國加州大學擔任助教，直到一九八五年回歸埃及。

　　回到埃及後，穆爾西在宰加濟格大學教書，他的同事中包括穆兄會副訓導師馬哈穆德·伊扎特和馬哈穆德·高斯蘭。據悉，穆爾西在二〇〇〇年開始在穆兄會中嶄露頭角，且在當時被選為埃及人民議會議員。二〇〇五年埃及議會選舉舞弊嚴重，穆爾西也丟掉了議員身份。二〇〇六年，穆爾西因抗議政府的司法不公而被監禁數月。隨後，穆爾西被任命為穆兄會政治部門的主管。二〇〇七年開始，穆爾西一直是穆兄會與埃及政府的關鍵中間人，同時還是穆兄會與哈馬斯的聯繫人。

　　二〇一一年一·二五革命期間，穆爾西和其他幾個穆兄會領導人被拘禁。革命勝利後，穆爾西被任命為新成立的自由與正義黨主席。二〇一二年四月，因為穆兄會領導人沙特爾被禁止參加總統選舉，穆兄會改為推舉穆爾西成為總統候選人。

　　二〇一二年五月的第一輪總統選舉中，穆爾西以百分之二四·七八的得票率位居第一，與前總理艾哈邁德·沙菲克一起進入六月中旬的第二輪總統選舉。六月二十四日，穆爾西以百分之五四·七三的選票戰勝沙菲克，成為阿拉伯埃及共和國的第五任總統。但僅僅一年之後，穆爾西即被埃及最高軍事委員會廢黜，隨後一直關押。

## 十二　海拉特・沙特爾
Mohammed Khairat Saad el-Shater
محمد خيرت سعد الشاطر

出生　一九五〇年五月四日
身份　穆斯林兄弟會第一副訓導師；自由與正義黨創始人
教育　工程管理碩士；土木工程和人類學學士學位
職業　工程師；商人

　　早在一九六七年，沙特爾就在亞歷山大領導創建了「伊斯蘭大眾行動」（General Islamic Action），後因參加學生示威活動而被當局監禁一段時間。沙特爾於一九七四年加入穆兄會，他是一名成功的商人，同時也是穆兄會的核心資助人。憑藉此優勢，沙特爾很快成為穆兄會最具影響力的領導人之一。

　　一九九二年，沙特爾因塞撒比檔案事件而被監禁，一九九三年釋放。一九九五年，沙特爾被選入穆兄會訓導局。一九九五至二〇〇〇年，穆巴拉克政府逮捕監禁了五十四位穆兄會領導人，沙特爾也包括在內。二〇〇四年，沙特爾成為馬赫迪・阿可夫的助手和第二副訓導師。沙特爾在與政府就二〇〇五年議會選舉的談判中，起到重要作用。在那次議會選舉中，穆兄會最終獲得了八十八個席位（總共454個席位），一躍成為埃及最大的政治反對派。二〇〇七年，政府以參與恐怖主義活動和洗錢的罪名，判處沙特爾七年監禁。穆巴拉克倒臺之後，沙特爾於二〇一一年三月被釋放。

　　二〇一一年一・二五革命後，沙特爾成為穆兄會最有影響力的決策者。他是穆兄會政黨化的主要負責人，並且是納哈達計畫（Nahda project）和穆兄會競選綱領的起草人。二〇一二年，沙特爾被推選為總統候選人，但埃及法庭以七年監禁未完成的理由取消了他的競選資格。沙特爾在穆兄會中扮演戰略和政策制定者的角色，他還是穆兄會與埃及最高軍事委員會的聯繫人。二○一三年七・三事件後，沙特爾被捕入獄，他的資產應被凍結。

## 十三　馬哈茂德・高斯蘭
Mahmoud Ghozlan　محمود غزلان

身份　穆斯林官方發言人；二○一二年埃及立憲委員會成員
職業　宰加濟格大學農學院教授

　　二○○二年高斯蘭被捕入獄前，一直是穆兄會訓導局的成員，並且是穆兄會的秘書長。二○○五年八月被釋放，二○○七年五月再次入獄，當年八月又再次出獄。高斯蘭的妻子法蒂瑪・沙特爾（Fatima al-Shater）是穆兄會第一副訓導師沙特爾的姐妹，他們共育有六個孩子。高斯蘭是宰加濟格大學的教師，與穆兄會副訓導師馬哈茂德・伊扎特和前總統穆罕穆德・穆爾西是同事。

　　二○一二年，因阿聯酋對請求知名的伊斯蘭學者優素福・卡拉達維的不公正對待，高斯蘭發表了對阿聯酋政府的一系列批評，導致了阿聯酋與穆兄會的關係危機。高斯蘭一直被視為穆兄會強硬派的領導人，他曾公開批評埃及前情報部長奧馬爾・蘇萊曼「援助猶太人」，並且堅持認為媒體上報導的埃及穆斯林迫害科普特人是完全捏造的。

## 十四　馬哈茂德‧侯賽因

Mahmoud Hussein　　محمود حسين

出生　一九四七年七月十六日
身份　穆斯林副訓導師
教育　美國愛荷華州艾奧瓦城大學博士（1984）
職業　中尼羅河地區的艾斯尤特大學工程學教授


　　侯賽因出生在巴勒斯坦的加法，當時的巴勒斯坦還受英國託管，以色列人還未建立國家。侯賽因在比爾謝巴長大，大學就讀於埃及控制下的加沙。侯賽因的母親是一個巴勒斯坦人，父親是穆兄會成員。

　　七○年代在美國讀書時，侯賽因積極參加穆兄會的活動，並擔任穆兄會下屬的美國穆斯林青年協會（Muslim American Youth Association, MAYA）主席。在此期間，侯賽因結識了穆罕默德‧穆爾西、阿里‧比謝爾，以及日後成為哈馬斯領導人的穆薩‧阿布‧馬佐克。回國後，侯賽因在艾斯尤特大學教書。他的兒子與巴謝爾的女兒結為夫婦。

　　一九九五至一九九八年間，馬哈茂德‧侯賽因被多次監禁。二○○四年，侯賽因短暫地成為了穆兄會訓導局成員。二○一一年埃及一‧二五革命時，侯賽因是穆兄會的秘書長，並在隨後成為穆兄會和自由與正義黨的協調人之一。


## 十五　埃塞姆‧哈達德

Essam al-Haddad　　الحداد ماصع

身份　穆爾西政府總統辦公室主任，穆兄會訓導局成員

教育　亞歷山大大學醫藥專業學士；英格蘭阿斯頓大學工商管理碩
　　　士；英格蘭伯明翰大學微生物學博士；
職業　醫生；商人

　　埃塞姆·哈達德在亞歷山大大學被選為學生會主席後，開始涉足
政治。一九八四年留學英國期間，他參與創建了非政府組織伊斯蘭救
助協會（Islamic Relief World Wide），隨後擔任該組織主席。另外，他
同時還是阿拉伯發展協會、阿拉伯展覽協會、國際商業論壇、德國—
阿拉伯商會、英國埃及商會，加拿大埃及商會的成員。

　　二〇〇九年哈達德因支持巴勒斯坦人遊行而被捕入獄，與當時的
穆兄會訓導局成員阿卜杜勒·穆奈姆·阿布福圖關押在一起。二〇〇
九年十二月，哈達德被選入穆兄會訓導局，他的兄弟邁哈特
（Medhat）同時進入穆兄會舒拉委員會。在訓導局，哈達德主管穆兄
會的對外交往事務。二〇一一年革命期間，哈達德對穆兄會與西方國
家關係產生重要影響。二〇一二年一月，他與美國助理國務卿邁克
爾·波斯納（Michael Posner）會晤。二〇一二年四月，他代表穆兄會
參加了卡內基和平基金會在華盛頓舉辦的「北非民主轉型」會議。

　　二〇一二年四月，穆兄會副訓導師沙特爾被埃及法院取消選舉資
格後，哈達德成為穆爾西的競選經紀人。五月，他陪同穆爾西和沙特
爾前往亞歷山大會晤了埃及薩拉菲派領袖，為穆爾西奪取選舉勝利立
下汗馬功勞。穆爾西當選總統後，哈達德被任命為總統對外政策首席
顧問，事實上掌握了埃及的外交事務。

## 十六　薩阿德・卡塔特尼

Saad al-Katatni　سعد الكتاتني

出生　一九五二年四月三日
身份　埃及人民議會發言人（2011-2013）；穆兄會訓導局成員
教育　植物學學士（1974）；微生物學碩士（1979）；微生物學博士
　　　（1984）；伊斯蘭文學學士（2000）
職業　明亞大學教授

　　卡塔特尼是阿拉伯國家議員反腐敗組織埃及分支的創始人之一，
且是大赦國際的成員。一九八四至一九九三年卡塔特尼擔任埃及國家
科學家協會的秘書長，一九九〇至二〇〇六年擔任明亞大學教工協會
的秘書長，一九九四至一九九八年擔任明亞大學植物學系主任，二
〇〇四年成為正教授。

　　二〇〇五年，卡塔特尼當選埃及人民議會議員，且是穆兄會議員
集團的領袖。二〇〇八年他成為穆兄會訓導局成員，二〇一一年四月
後擔任新成立的自由與正義黨秘書長。二〇一一年穆兄會在埃及議會
選舉中大勝之後，卡塔特尼被任命為埃及人民議會的對外發言人。

## 十七　侯賽因・易卜拉欣

Hussein Ibrahim　حسين أبراهيم

出生　一九五九年十一月
身份　埃及人民議會議員（2011-2013年7月）；穆兄會亞歷山大辦公室
　　　主任
教育　多個學位分別來自亞歷山大大學農學院、本哈大學理學院、利
　　　比亞奧馬爾・穆赫塔爾大學自然資源與環境科學院

職業　教授

　　二〇〇〇年易卜拉欣當選埃及人民議會議員，二〇〇五年再次成
為議員。在此期間，易卜拉欣是穆兄會議員中的地位僅次於卡塔特
尼，是穆兄會議員集團的副主席。二〇〇八至二〇一一年，易卜拉欣
還擔任穆兄會亞歷山大辦公室主任。二〇一一年革命勝利後，他參與
了自由與正義黨的創建，並於該年再次被選入埃及人民議會。二〇一
二年一月，易卜拉欣被任命為埃及人民議會多數黨領袖，後成為二〇
一二年埃及立憲會議的一員。他是旨在支持巴勒斯坦人事業的阿拉伯
議員協會創始人之一，還是伊斯蘭世界議員論壇的副主席。

# 十八　埃塞姆·埃利安
## Essam al-Erian　عصام العريان

出生　一九五四年四月二十八日
身份　埃及人民議會議員（2011-2013）；議會對外關係委員會主席；
　　　自由與正義黨副主席；埃及總統顧問
教育　醫學和外科學士；臨床病理學碩士；開羅大學醫藥和手術學
　　　博士，但因多次監禁而未完成學業；持律師執業證（1992）；
　　　開羅大學歷史學學士學位（2000）；曾在愛資哈爾大學學習舒
　　　拉和法律
職業　外科醫生

　　埃利安是二十世紀七〇年代埃及學生運動領袖，開羅大學「伊斯
蘭學生行動組織」的創始人之一，曾任埃及大學生聯盟主席。一九八
一年，他埃及軍事法庭逮捕審判，次年釋放。一九八六年，埃利安被
選入埃及醫生協會理事會。一九八七年，他競選成為埃及人民議會議

員，成為埃及歷史上最年輕的議會議員（33歲）。一九九五年，埃利安因參與穆斯林兄弟會活動而被監禁。二〇〇五年，當他透露出要參加總統選舉的意圖後，被政府監禁。二〇〇七年，埃利安成為穆兄會領導層。

穆巴拉克被推翻後，埃利安在創建自由與正義黨的過程中發揮重大作用，隨即被任命為自正黨副主席。二〇一一年再次當選埃及人民議會議員，被任命為議會對外事務委員會主席。埃利安說經常在美國媒體上發表演說，他與著名的阿卜杜勒・穆奈姆・阿布福圖同為穆兄會改革派領袖。

## 十九　法里德・伊斯梅爾

Farid Ismail　فريد اسماعيل

出生　一九五七年六月二十五日
身份　國家安全委員會副主席；穆兄會舒拉委員會成員；二〇一二年
　　　立憲會議成員
教育　宰加濟格大學藥物學學士（1980）
職業　藥師

伊斯梅爾第一次參加政治活動是在宰加濟格大學讀書時，當時他是該校學生會成員。他於一九八二年左右加入穆兄會，通過穆兄會的層級結構晉升，並擔任埃及東部省（省會即宰加濟格）的穆兄會辦公室主任。二〇〇五年，伊斯梅爾當選埃及人民議會成員，二〇一〇年卸任。二〇〇九年被選入穆兄會舒拉委員會。

二〇一一年埃及革命後，伊斯梅爾參與了自由與正義黨的創建活動。二〇一一年埃利安被再次入選埃及人民議會，並於二〇一二年一

月被任命為國家安全事務委員會副主席。二〇一二年六月，他被選為
埃及立憲會議成員。

## 二十　穆罕默德・貝蒂吉
### Muhammad al-Beltagy　محمد البلتاجي

出生　一九六三年四月十六日
身份　埃及人民議會議員；二〇一二年立憲會議成員
教育　愛資哈爾大學醫學院（1987/1988）
職業　醫生

　　貝蒂吉在亞歷山大讀中學時即加入穆兄會，一九八二年錄取愛資
哈爾大學醫學院。在愛資哈爾，他成為傑出的學生領袖，於一九八五
年當選學生會主席。畢業後，貝蒂吉成為醫生。

　　貝蒂吉在二〇〇五年成為埃及人民議會議員，後成為著名的政府
政策批評者。他在二〇一〇年議會選舉中遭遇失敗，隨後加入反對政
府的「大眾議會」。在二〇一一年一・二五革命中，他是說服穆兄會
訓導局放棄猶豫加入到抗議活動的關鍵人物。革命勝利的數周後，貝
蒂吉邀請了著名伊斯蘭主義學者優素福・卡拉達維在解放廣場發表演
講、舉行禱告，以對抗世俗派青年活動家的影響力。貝蒂吉在自正黨
創建過程中承擔重要角色，並於二〇一一年十一月再次當選埃及人民
議會議員，二〇一二年又被任命為立憲會議成員。

　　貝蒂吉是穆兄會內的改良派。在二〇一二年總統選舉前，他是穆
兄會中批評軍方把持國家權力最嚴厲的人，他的大聲疾呼令穆兄會訓
導局感到擔憂。他還參與了二〇一〇年土耳其人前往加沙的「自由艦
隊（Freedom Flotilla）」，並在隨後的衝突中被以色列逮捕。貝蒂吉還

主張給予女性更多的權力，他反對埃及人民議會關於女性議員數量的
限制，聲稱「革命之後理應實現男女平等」。

## 二一　薩阿德‧胡塞尼
Saad al-Husseini　سعد الحسيني

出生　一九五九年二月十八日
身份　埃及人民議會預算委員會主席；穆兄會訓導局成員；穆兄會舒
　　　拉委員會成員
教育　曼蘇拉大學工程學學士學位（1982）；坦塔大學律師執業證
　　　（2000）；坦塔大學伊斯蘭教法高級學位（2004）
職業　工程師

　　胡塞尼從大學開始參加政治活動，一九七七年被吸納入穆兄會。
一九八七年，胡塞尼參與了穆兄會領導人（Mahfouz Helmy）競選議
員的活動。一九八九穆兄會舒拉委員會選舉期間，他被政府逮捕監
禁，這是他一生十餘次被捕經歷的開始。

　　九〇年代，胡塞尼擔任馬哈拉‧庫巴（al-Mahalla al-Kubra）市政
監察委員會主席，也是這一地區的穆兄會政治領袖。二〇〇五年胡塞
尼入選埃及人民議會，但在二〇一〇年議會選舉中落選。二〇〇八年，
胡塞尼被選入穆兄會訓導局，成為當時最年輕的訓導局成員。二〇一
一年革命後，胡塞尼在創建自正黨過程中擔任重要角色，隨後當選埃
及人民議會議員，二〇一二年一月被任命為議會預算委員會主席。

　　胡塞尼被視為穆兄會的強硬派，與副訓導師沙特爾過從甚密。二
〇一一年三月，他聲稱自由與正義黨將堅持「禁止基督徒或婦女擔任
總統的法律規定」。胡塞尼還是伊斯蘭教育大會（Islamic Educational

Assembly）的成員。

## 二二　阿卜杜勒‧穆奈姆‧阿布福圖
### Abdel Moneim Aboul Fotouh
عبد المنعم ابو الفتوح عبد الهادي

出生　一九五一年十月十五日，開羅
身份　前穆兄會成員（1970年代-2011）；前穆兄會訓導局成員（1982-2009）；強大埃及黨創始人（2012）；阿拉伯醫學聯合會秘書長
教育　開羅大學醫學院學士（1995）；開羅大學法學院學士；在赫勒萬大學主辦的醫院中獲得碩士學位
職業　醫生

　　阿布福圖一九七五年成為開羅大學學生會主席，且是埃及大學聯盟宣傳委員會的部長。在大學期間，阿布福圖因直言批判時任總統薩達特而聞名於埃及。阿布福圖在七〇年代中期加入穆斯林兄弟會。後因參與極端主義組織「伊斯蘭團」，於一九八一年被捕入獄。一九九六至二〇〇一年間，他被政府監禁。在監禁前，他擔任阿拉伯醫學聯合會秘書長，出獄後重新擔任此職。一九八七至二〇〇九年，阿布福圖一直是穆兄會訓導局的成員。

　　阿布福圖曾是穆兄會改革派的領袖，且是大批穆兄會青年的精神導師。二〇一一年埃及革命勝利後，阿布福圖於二〇一一年五月宣布他將參加二〇一二年的埃及總統大選。當時埃及的政治走向還不明朗，穆兄會訓導局決定暫時觀望，以免觸及埃及軍方的紅線。所以，儘管阿布福圖的主張得到一大些穆兄會青年的支持，但穆兄會訓導局表示反對。六月二十日，穆兄會領導層宣布穆兄會不會推舉候選人參加總統選舉，並開除了阿布福圖。[11]這一決定引發了一群穆兄會青年的憤怒。二〇一一年十二月，自由與正義黨主席穆罕默德・穆爾西宣布：「自正黨將不為任何總統候選人背書，無論他是穆兄會組織曾經的領導，抑或他的意識思想類似於穆兄會。」[12]他的發言無疑是針對阿布福圖的。穆爾西還反覆提到：「自正黨不會推舉一個總統候選人，而只是尋找一個值得支持的。」

阿布福圖試圖建立自己的支持者組織，並於二〇一二年四月二十八日獲得了薩拉菲努爾黨的支持。[13]二〇一二年五月二十三至二十四日的埃及總統大選第一輪投票中，阿布福圖總計獲得百分之十七・四七的選票，緊隨穆罕默德・穆爾西（24.78%）、艾哈邁德・沙菲克（23.66%）、哈姆丁・薩巴赫（20.72%）之後，位列第四。在競選失敗後，阿布福圖創立了強大埃及黨（Strong Egypt Party）。[14]

## 二三　優素福・卡拉達維
### Yusuf al-Qaradawi　يوسف القرضاوي

出生　一九二六年九月九日，埃及西部省，塞夫特圖拉卜市（Saft Turab）

身份　舉世聞名的伊斯蘭「中間主義者」；穆兄會理論家

教育　愛資哈爾大學

職業　卡塔爾大學教授

---

11 Noha El-Hennawy,"Expelled Brotherhood leader clarifies his political position", *Al-Masry Al-Youm* 21 June 2011.

12 "FJP will not support former Brotherhood figure Aboul-Fotouh's presidential bid", *Ahram Online* 27 December 2011.

13 "Nour Party endorses Abouel Fotouh for President", *Al-Masry Al-Youm* 27 April 2012.

14 "Egypt: Aboul Fotouh's Campaign Initiates New Party", *All Africa* 5 July 2012.

　　卡拉達維是當代最著名的穆斯林神職人員之一，受到整個穆斯林世界的廣泛關注。他是世界穆斯林學者聯合會和歐洲伊斯蘭教法裁判與研究委員會的創始人和主席。他有自己的阿拉伯語網站，同時指導「伊斯蘭線上」這一頗受歡迎的英阿雙語網站。卡拉達維還是一位多產作家，已寫就百餘本伊斯蘭相關的著作。

　　卡拉達維與穆兄會有十分密切的聯繫。少年時，哈桑・班納是卡拉達維偶像。一九五一年，卡拉達維受努克拉西刺殺案的牽連，被捕入獄。在獄中聽聞班納被暗殺的消息，遂開始重新思考伊斯蘭主義。出獄後，卡拉達維在愛資哈爾大學學習，同時接受新訓導師哈桑・胡代比的領導。一九五二年革命後，他和穆斯林兄弟會的其他成員一起被派往敘利亞、黎巴嫩、約旦和加沙地帶，為穆兄會聯繫當地組織。卡拉達維還於一九五四年、一九六二年兩次入獄，一九五九年被禁止布道。

　　一九七三年卡拉達維在愛資哈爾大學取得博士學位，論文為《論天課及其在解決社會問題中的作用》。畢業後，卡拉達維先是任職於埃及宗教事務部，後調至愛資哈爾大學出版社。一九七三年受聘於卡塔爾大學，負責籌建伊斯蘭研究系，並一直執教至一九九〇年。一九九〇年卡拉達維被借調到阿爾及利亞大學，一九九一年回歸卡塔爾大學。卡拉達維還經常應邀到阿拉伯各國的大學中講學。近年來，他在卡塔爾半島電視臺「教法與生活」節目中擔任主講，受到中東地區眾多觀眾的歡迎。

　　卡拉達維作為當代伊斯蘭中間主義思潮的代表人物，宣導寬容溫和、中正和諧的思想，影響廣泛。卡拉達維的溫和伊斯蘭思想和一系列教法主張，在伊斯蘭世界得到廣泛認同，他本人也被譽為當代伊斯蘭世界最傑出的教法學家。

# 附錄三
# 中英阿文對照表

## 人名

| | | |
|---|---|---|
| Abd al-Hakim Abidin | 阿卜杜・哈基姆・阿布丁 | عبد الحكيم عابدين |
| Abd al-Rahman al-Sanadi | 阿卜杜勒・拉赫曼・薩奈迪 | عبد الرحمن السندي |
| Abd al-Rahman Banna | 阿卜杜・拉赫曼・班納 | عبد الرحمن البنا |
| Abd al-Raham al-Sukkari | 阿卜杜・拉赫曼・蘇卡利 | عبد الرحمن السكري |
| Abd al-Fattah Ismail | 阿卜杜勒・法塔赫・伊斯梅爾 | عبد الفتاح اسماعيل |
| Abd al-Majid Ahmad Hasan | 阿卜杜勒・馬吉德・艾哈邁德・哈桑 | عبد المجيد أحمد حسن |
| Abdel Moneim Aboul Fotouh | 阿卜杜勒・穆奈姆・阿布福圖 | عبد المنعم ابو الفتوح |
| Abou Elela Mady | 阿卜杜勒拉・馬迪 | ابو العلا ماضي |
| Abouel Hamid Rabie | 阿比爾・哈米德・拉比 | ابو حامد ربيع |
| Adil Hussein | 阿迪爾・侯賽因 | عادل حسين |
| Ahmed Abdel Majeed | 艾哈邁德・阿卜杜勒・馬吉德 | أحمد عبد المجيد |

| Ahmad Raif | 艾哈邁德・拉依夫 | أحمد رائف |
| Al-Rahman al-Banna | 拉赫曼・班納 | الرحمن البنا |
| Aliyyah | 阿麗亞 | |
| Al-Khawajia | 卡瓦賈 | |
| Amal al-Ashmawi | 阿瑪爾・阿什瑪維 | أمل العشماوي |
| Amina Qutb | 阿米娜・庫特卜 | أمينة قطب |
| Amr Farouk | 阿姆魯・法魯克 | عمرو فاروق |
| Badr Muhammad Badr | 巴德爾・穆罕默德・巴德爾 | بدر محمد بدر |
| Diya Rishwan | 迪亞・拉西旺 | ضياء رشوان |
| Essam al-Haddad | 埃塞姆・哈達德 | ماصع الحداد |
| Essam al-Erian | 埃塞姆・埃利安 | عصام العريان |
| Essam Sultan | 埃塞姆・蘇爾坦 | عصام سلطان |
| Farid Ismail | 法里德・伊斯梅爾 | فريد اسماعيل |
| Fuad Alam | 福阿德・阿拉姆 | فؤاد علام |
| Gamal Abdel Nasser | 納賽爾 | جمال عبد الناصر |
| Hamida Qutb | 哈密達・庫特卜 | حميدة قطب |
| Hafiz Ramadan | 哈菲茲・拉姆丹 | حافظ رمضان |
| Hassan al-Banna | 哈桑・班納 | حسن البنا |
| Hassan al-Hudaybi | 哈桑・胡代比 | حسن الهضيبي |
| Hassan al-Baquri | 哈桑・巴庫利 | حسن الباقوري |

| Hassan Malek | 哈桑・馬勒可 | حسن مالك |
| Hilmi Gazzar | 希米爾・加扎爾 | حلمي الجزار |
| Hindawi Duwayr | 辛達維・杜韋爾 | هنداوي الدوير |
| Hussein Ibrahim | 侯賽因・易卜拉欣 | حسين أبراهيم |
| Hisham Barakat | 希沙姆・巴拉卡特 | هشام محمد زكي بركات |
| Husayn Sirri | 侯賽因・西里 | حسين سري |
| Hussein Kamel | 侯賽因・卡邁勒 | حسين كامل |
| Ibn Taymiyya | 伊本・泰米葉 | ابن تيمية |
| Ibrahim al-Zaafrani | 易卜拉欣・宰法尼 | ابراهيم الزعفرانى |
| Ibrahim al-Tayyib | 易卜拉欣・塔伊布 | إبراهيم الطيب |
| Ibrahim Abd al-Hadi | 易卜拉欣・阿卜杜勒・哈迪 | إبراهيم عبد الهادى |
| Ibrahim Hasan | 易卜拉欣・哈桑 | إبراهيم حسن |
| Ibrahim Shoukry | 易卜拉欣・舒克里 | إبراهيم شكري |
| Ibrahim Munir | 易卜拉欣・穆尼爾 | إبراهيم منير |
| Jamal ad-Din al-Afghani | 哲馬魯丁・阿富汗尼 | سيد جمال الدين افغاني |
| Karam Zuhdi | 卡拉姆・祖迪 | كرم زهدي |
| Ma'mun al-Hudaybi | 馬穆勒・胡代比 | مصطفى مشهور |
| Mahmud 'Abd al-Latif | 馬哈穆德・阿卜杜勒・拉提夫 | محمود عبد اللطيف |
| Mahmoud Ezzat | 馬哈茂德・伊扎特 | محمود عزت |

| | | |
|---|---|---|
| Mahmoud El Nokrashy | 諾克拉西 | محمود فهمي النقراشي |
| Mahmoud Ghozlan | 馬哈茂德・高斯蘭 | محمود غزلان |
| Mahmoud Hussein | 馬哈茂德・侯賽因 | محمود حسين |
| Majdi Abd al-Aziz | 馬吉迪・阿卜杜勒・阿齊茲 | مجدي عبد العزيز |
| Misr al-Fatah | 穆西・法塔赫 | مصر الفتح |
| Mohammed Abduh | 穆罕默德・阿卜杜 | محمد عبده |
| Mohammed Mahdi Akef | 穆罕默德・馬赫迪・阿可夫 | محمد مهدى عاكف |
| Mohammed Khairat Saad el-Shater | 海拉特・沙特爾 | محمد الشاطر |
| Mohammad Farid | 穆罕默德・法里德 | محمد فريد |
| Mohammed Mahsoub | 穆罕默德・馬哈蘇布 | محمد محسوب |
| Mohammed Abdul-Latif | 穆罕默德・阿卜杜勒・拉蒂夫 | محمد عبد اللطيف |
| Muhammad Rashid Rida | 拉希德・里達 | محمد رشيد رضا |
| Mousa Abu Marzouk | 穆薩・阿布・馬佐克 | موسى أبو مرزوق |
| Muhammad Hamid Abu al-Nasr | 穆罕默德・哈米德・阿布・納賽爾 | محمد حامد أبو النصر |
| Muhammad Badie | 穆罕默德・巴迪 | محمد بديع |
| Muhammad al-Beltagy | 穆罕默德・貝蒂吉 | محمد البلتاجى |
| Muhammad Ali Bishr | 阿里・比謝爾 | محمد علي بشر |

| | | |
|---|---|---|
| Muhammad Badie | 穆罕穆德・巴迪 | محمد بديع |
| Muhammad Hasan al-Ashmawi | 穆罕默德・哈桑・阿什瑪維 | محمد حسن العشماوي |
| Muhammad Habib | 穆罕默德・哈比卜 | محمد حبيب |
| Muhammad Mahdi Akef | 穆罕默德・馬赫迪・阿可夫 | محمد مهدى عاكف |
| Muhammad Morsi | 穆罕默德・穆爾西 | محمد مرسى |
| Muhammad Naguib | 納吉布 | محمد نجيب |
| Muhammad Farghali | 穆罕默德・法哈里 | محمد فرغلي |
| Muhammad Fathi Rifa'i | 穆罕默德・法特希・拉法伊 | محمد فتحي الرفاعي |
| Muhammad Yusuf Awash | 穆罕默德・優素福・阿瓦什 | محمد يوسف عواش |
| Muhammad al-Islambuli | 穆罕默德・伊斯蘭布利 | محمد الاسلامبولي |
| Muhammad al-Dhahabi | 穆罕默德・達哈比 | محمد الذهبي |
| Muhammad Abd al-Salam Faraj | 穆罕默德・阿卜杜勒・薩拉姆・法拉吉 | محمد عبد السلام فرج |
| Muhammad Uthman Ismail | 穆罕默德・歐斯曼・伊斯梅爾 | محمد عثمان إسماعيل |
| Muhyiddin al-Zayyat | 慕尤丁・宰亞塔 | محيي الدين الزيات |
| Muhyiddin Ahmad Isa | 慕尤丁・艾哈邁德・伊薩 | محيي الدين أحمد عيسى |

| Muktar Nouh | 穆赫塔爾‧努哈 | مختار نوح |
| Mostafa el-Nahas | 納哈斯 | مصطفى النحاس |
| Mustafa Kamil Pasha | 穆斯塔法‧卡米勒 | مصطفى كامل |
| Mustafa Mashhur | 穆斯塔法‧馬謝兒 | مصطفى مشهور |
| Mustafa Mu'min | 穆斯塔法‧穆敏 | مصطفى مؤمن |
| Ninette S. Fahmy | 尼奈塔‧法赫米 | |
| Mustafa Shukri | 穆斯塔法‧舒克利 | مصطفى شكري |
| Omar Abdel-Rahma | 奧馬爾‧阿卜杜勒‧拉赫曼 | عمر عبد الرحمة |
| Rashid Rida | 拉希德‧里達 | محمد رشيد رضا |
| Richard Mitchell | 理查德‧米切爾 | |
| Sayyid Qutb | 賽義德‧庫特卜 | سيد قطب |
| Saad al-Katatni | 薩阿德‧卡塔特尼 | سعد الكتاتني |
| Salah Abd al-Karim | 薩拉赫‧阿卜杜勒‧卡拉姆 | صلاح عبد الكريم |
| Saad al-Husseini | 薩阿德‧胡塞尼 | سعد الحسيني |
| Salih al-Ashmawi | 薩利赫‧阿什瑪維 | صالح العشماوي |
| Sabri Arafa al-Kaumi | 薩布里‧阿拉法勒‧考阿米 | صبري عرفة الكومي |
| Salih Sirriyya | 薩利赫‧薩諾雅 | سمير حلمي |
| Samir Helmy | 薩米爾‧艾爾米 | |
| Salah Shadi | 薩拉赫‧沙迪 | صلاح شادي |

| Salah Jalal | 薩拉赫‧塔拉巴尼 | صلاح جلال |
| Sayyid Faiz | 賽義德‧法阿茲 | سيد فايز |
| Zahran Alloush | 扎赫蘭‧阿盧什 | زهران علوش |
| Shukri Mustafa | 舒克里‧穆斯塔法 | شكري مصطفى |
| Salah Abu Ismail | 薩利赫‧阿布‧伊斯梅爾 | صلاح أبو إسماعيل |
| Tahiyyah Sulayman | 塔黑亞‧蘇萊曼 | تحية سليمان |
| Tala'at Qasim | 塔拉特‧卡西姆 | طلعت فؤاد قاسم |
| Umar al-Tilmisani | 歐麥爾‧泰勒馬薩尼 | عمر التلمسانى |
| Uthman Ahmad Uthman | 歐斯曼‧艾哈邁德‧歐斯曼 | عثمان أحمد عثمان |
| Yusuf al Dijwi | 優素福‧迪吉威 | يوسف الديجوي |
| Yusuf al-Qaradawi | 優素福‧卡拉達維 | يوسف القرضاوي |
| Yusuf Tala'at | 優素福‧塔拉特 | يوسف طلعت |
| Zaynab al-Ghazali | 宰奈卜‧安薩里 | زينب الغزالي |

## 地名

| Ain Shams University | 艾因沙姆斯大學 | جامعة عين شمس |
| Al Azhar University | 愛資哈爾大學 | جامعة الأزهر |
| Al Mahmoudiyah | 馬赫穆迪亞 | المحمودية |
| Assiut University | 艾斯尤特大學 | جامعة أسيوط |
| Al-Mahalla al-Kubra | 馬哈萊‧庫巴 | |
| Al-Suwaliha | 蘇瓦里哈 | |

Beersheba                 比爾謝巴市

Beheira Governorate       布海拉省                          البحيرة

Beni Suef University      貝尼蘇韋夫大學

Dakahliya Province        代蓋赫利耶省                      الدقهلية

Damanhur                  達曼胡爾市                        دمنهور

Dar al-Ulum               達爾‧烏魯姆學院                  دار العلوم

Law College in Cairo      開羅法學院

Liman al-Turra Prison     李曼勒‧圖拉監獄

Rafah                     拉法赫市（加沙）

Qantara                   坎塔拉鎮

Qina'                     齊納監獄

Qanatir                   卡納提爾監獄

Sauhaj                    桑哈賈

Salafiya library in       開羅薩萊菲葉圖書館
Cairo

Shibin al-Qanair          卡奈爾島

Zagazig University        宰加濟格大學                      جامعة الزقازيق

## 組織團體

| al-Jama'a al-Islamiyya | 伊斯蘭團 | الجماعة الإسلامية |
|---|---|---|
| Al-Urma al-wuthqa | 團結報 | العرمة الوثقى |
| General Islamic Action | 伊斯蘭大眾行動 | |
| Hizb al-Umma / National Party | 新祖國黨 | الحزب الوطني |
| Islamic Dawa Society | 伊斯蘭宣教會 | |
| Jehan's Law | 吉安法 | |
| Kafir | 卡菲爾／不信者 | كافر |
| Kuttab | 庫塔巴（伊斯蘭幼稚園） | كتاب |
| Liberal Party, LP | 埃及自由黨 | الحزب المصري الليبرالي |
| Military Academy Group | 軍事學院團 | |
| Muslim American Youth Association | 美國穆斯林青年協會 | |
| Political Parties Committee, PPC | 埃及政黨委員會 | |
| Revolutionary Command Council, RCC | 革命指揮委員會 | مجلس قيادة الثورة |
| Socialist Labor Party, SLP | 埃及社會主義勞工黨 | حزب العمل الإسلامي |

| World Assembly of Muslim Youth | 世界穆斯林青年大會 | الندوة العالمية للشباب الإسلامي |
| Takfir | 塔克菲爾／定叛 | تكفير |
| Takfir wal-Hijra | 定叛與流放組織 | التكفير والهجرة |
| Young Men's Muslim Association | 穆斯林青年會 | |

## 概念與事件

| Hadra | 哈達（蘇菲派儀式） | حضرة |
| Hassafiyya | 哈薩菲葉 | |
| Musnad al-Fath al-Rabbani | 罕百里聖訓集 | |
| Nahda Project | 伊斯蘭復興計畫 | |
| Salsabil Affair | 塞撒比檔案 | |
| Sufism | 蘇菲主義 | |
| Wasatiyya | 中間主義思潮 | |

# 參考文獻

## 一 阿文文獻

（中文為筆者自譯）

حسن البنا: مذكرات الدعوة والداعية حقيقة الجماعة، مركز الإعلام العربي، ٢٠١١.

（哈桑・班納：《哈桑班納文集：達瓦和傳教士的回憶錄、社區的真相》，開羅：阿拉伯媒體中心，2011年。）

حسن البنا: كتاب مجموعة رسائل الإمام الشهيد حسن البنا، المكتبة التوفيقية، ١٩٨٤.

（哈桑・班納：《伊瑪目哈桑・班納書信集》，開羅：陶菲克圖書館，1984年。）

وجيه عبدالصادق عتيق: السياسة الدولية وخفاية العلاقات المصرية الالمانية ١٩٥٢ ـ ١٩٦٥، دار النهضة العربية للنشر والتوزيع، ١٩٩١.

（瓦吉赫・阿提克：《國際政治和埃德關係的秘密：1952-1965》，開羅：阿拉伯復興出版發行公司，1991年。）

وجيه عبدالصادق عتيق: الجيش المصري والألمان في أثناء الحرب العالمية الثانية، القاهرة: دار الفكر العربي، ١٩٩٣.

（瓦吉赫・阿提克：《第二次世界大戰期間的埃及軍隊與德國軍隊》，開羅：阿拉伯思想出版社，1993年。）

بيار سالينجر، أريك لوران: حرب الخليج: الملف السرى، لبنان: شركة المطبوعات، ١٩٩٣

（皮埃爾・塞林格（Pierre Salinger）、埃里克・洛朗（Éric Laurent）：《海灣戰爭：秘密檔案》，貝魯特：黎巴嫩出版發行公司，

1993年。）

محمد حسنين هيكل، المفاوضات السرية بين العرب واسرائيل، دار الشروق، ١٩٩٦.

（穆罕默德・海卡爾：《阿拉伯人與以色列的秘密談判》，開羅：沙魯
　　　克出版社〔Al-Shorouk〕，1996年。）

أندرو راشميل، عبد الكريم محفوض: الحرب الخفية فى الشرق الاوسط : الصراع السرى
　　على سورية ١٩٤٩- ١٩٦١، دار سلمية للكتاب، ١٩٩٧.

（安德魯・拉什梅爾、阿卜杜勒・卡里姆・馬哈福德：《中東隱藏的
　　　戰爭：1949-1961年敘利亞的秘密衝突》，薩拉米亞：薩拉米
　　　亞出版社，1997年。）

عمد جمال الدين المسدى، يوذان لبيب رزق، عبد العظيم رمضان: مصر والحرب العالمية
　　الثانية، مركز الدراسات السياسية والاستراتيجية مؤسسة الأهرام، ٢٠٠١.

（穆罕默德・賈邁勒丁・馬薩迪、伊桑・拉比卜・拉齊克、阿卜杜
　　　勒・阿齊姆・拉馬丹：《埃及與第二次世界大戰》，開羅：金
　　　字塔基金會政治與戰略研究中心，2001年。）

حسن احمد البدرى - فطين احمد فريد: حرب التواطؤ الثلاثى :العدوان الصهيونى
　　الانجلوفرنسى على مصر خريف ١٩٥٢، القاهرة: المكتبة الأكاديمية، ١٩٩٨.

（哈桑・艾哈邁德・巴德里、法廷・艾哈邁德・法里德：《三方勾結
　　　的戰爭：1956年秋猶太復國主義和英法對埃及的侵略》，開
　　　羅：學術圖書館出版社，1997年。）

أسامة عبد الرحمن: عرب الخليج في عصر الردة، بيروت: رياض الريس، ١٩٩٥.

（奧薩馬・阿卜杜勒・拉赫曼：《民族主義退卻時代的海灣阿拉伯
　　　人》，貝魯特：里亞德・阿雷耶斯出版社，1995年。）

邁爾斯・納維晟：《穆斯林兄弟會》，開羅：阿拉伯新聞中心，1991年。

〈穆罕默德・蘇魯爾：蘇魯爾網站創始人的離去〉，《半島電視臺報》，
　　　2016年11月13日

（黎巴嫩）穆罕默德・扎馬勒・巴魯特：《薩拉菲對當代伊斯蘭運動

的思想影響》，馬阿瑞夫‧哈克美亞研究中心編：《薩拉菲的興起、支柱和本質》，貝魯特：馬阿瑞夫‧哈克美亞研究中心2004年會議論文集。

默罕默德‧歐邁剌：《薩拉菲主義》，突尼斯：知識之家，1994年。

納昔兒‧胡再密：《與朱黑曼一起的日子，我曾跟隨的忠誠薩拉菲人》，貝魯特：阿拉伯研究和出版網，2010年。

Abbas El Sissy, *In a Convoy of the Muslim Brotherhood, Book I-IV* [Arabic], Alexandria: Dar al-Qabas for Publication and Distribution, 1987-1990.

Abd el Rehim Ali, *Scenarios Before a Fall* [Arabic], Cairo: Mahrosa Center for Publication, 2004.

Abd el Rehim Ali, *The Muslim Brotherhood From Hassan al-Banna to Mahdi Akef* [Arabic], Cairo: Mahrosa Center for Publication, 2007.

Abd el Rehim Ali, *The Muslim Brotherhood: Reading in the Classified Files* [Arabic], Cairo: The Egyptian General Book Organization, 2011.

Abd el Rehim Ali, *The Muslim Brotherhood: The Crisis of the Reformist Trend* [Arabic], Cairo: Almahrosa Press, 2005.

Goma Amin ed., *From the Heritage of Imam al-Banna, Book I~XI* [Arabic], Alexandria: Islamic Publication and Distribution, 2004-2006.

## 二　中文譯著及論著

J. L. 埃斯波西托（John L. Esposito）、達麗亞‧莫格海德（Dalia Mogahed）著，晏瓊英等譯：《誰代表伊斯蘭講話？》，北京：中國社會科學出版社，2010年。

J. L. 埃斯波西托（John L. Esposito）著，東方曉、曲紅等譯：《伊斯蘭威脅：神話還是現實？》，北京：社會科學文獻出版社，1999年。

小阿瑟‧戈爾德施密特（Arthur Goldschmidt Jr.）、勞倫斯‧戴維森（Lawrence Davidson）著，劉志華譯：《中東史》，上海：東方出版中心，2010年。

安娜‧瑪麗‧史密斯（Anna Marie Smith）著，付瓊譯：《拉克勞與墨菲：激進民主想像》，浙江：江蘇人民出版社，2011年。

吳雲貴、周燮藩：《近現代伊斯蘭教思潮與運動》，北京：社會科學文獻出版社，2000年。

阿倫‧布雷格曼（Ahron Bregman）著，楊軍譯：《以色列史》，上海：東方出版中心，2009年。

埃里克‧霍布斯鮑姆（Eric J. Hobsbawm）著，李金梅譯：《民族與民族主義》，上海：上海人民出版社，2020年2版。

馬丁‧梅雷迪思（Martin Meredith）著，亞明譯：《非洲國：五十年獨立史》，北京：世界知識出版社，2011年。

張士智、趙會傑：《美國中東關係史》，北京：中國社會科學出版社，1993年。

畢健康：《埃及現代化與政治穩定》，北京：社會科學文獻出版社，2005年。

陳天社：《埃及對外關係研究》，北京：中國社會科學出版社，2008年。

陳天社等：《當代埃及與大國關係》，北京：世界知識出版社，2010年。

陳建民：《埃及與中東》，北京大學出版社，2005年。

凱馬爾‧H‧卡爾帕特（Kemal H. Karpat）編，陳和豐等譯：《當代中東的政治和社會思想》，北京：中國社會科學出版社，1992年。

勞倫斯‧賴特（Lawrence Wright）著，張鯤、蔣莉譯：《末日巨塔：基地組織與「9‧11」之路》，上海：上海譯文出版社，2014年。

塞繆爾‧亨廷頓（Samuel P. Huntington）著，歐陽景根譯：《第三波：20世紀後期的民主化浪潮》，北京：中國人民大學出版社，2012年。

楊灝城、朱克柔主編：《當代中東熱點問題的歷史探索——宗教與世俗》，北京：人民出版社，2000年。

楊灝城、江淳：《納賽爾和薩達特時代的埃及》，北京：商務印書館，1997年。

楊灝城：《列國志：埃及》，北京：社會科學文獻出版社，2006年。

楊灝城：《埃及近代史》，北京：中國社會科學出版社，1985年。

詹森‧湯普森（Jason Thompson）著，郭子林譯：《埃及史：從原初時代到當下》，北京：商務印書館，2012年。

劉中民：《挑戰與回應：中東民族主義與伊斯蘭教關係評析》，北京：世界知識出版社，2005年。

劉中民：《當代中東伊斯蘭復興運動研究》，香港：香港社會科學出版社，2004年。

劉竟、張士智、朱莉：《蘇聯中東關係史》，北京：中國社會科學出版社，1987年。

劉雲、王泰、李福泉：《美國與西亞北非關係中的伊斯蘭因素研究》，杭州：浙江人民出版社，2013年。

劉雲：《美國西亞北非關係中的伊斯蘭教因素研究》，杭州：浙江人民出版社，2013年。

歐內斯特‧蓋爾納（Ernest Gellner）著，韓紅譯：《民族與民族主義》，上海：上海人民出版社，2021年2版。

羅伊‧梅傑編，楊桂萍、馬文、田進寶等譯：《伊斯蘭新興宗教運動——全球賽萊菲耶》，北京：民族出版社，2015年。

羅念生、水建馥編：《古希臘語漢語詞典》，北京：商務印書館，2004

年，2021年重印。

## 三 中文論文

丁　俊：〈當代什葉派學者阿里·泰斯希里及其伊斯蘭中間主義思想〉，
　　　《伊斯蘭文化》2013年第1期。

丁　俊：〈當代伊斯蘭「中間主義」思潮述評〉，《阿拉伯世界》2003
　　　年第2期，頁35-38。

丁　俊：〈蓋爾達維的中間主義思想研究〉，《阿拉伯世界研究》2009
　　　年第3期，頁67-74。

丁　隆：〈後穆巴拉克時代的埃及穆斯林兄弟會〉，《阿拉伯世界研
　　　究》2012年第1期，頁37-51。

丁　隆：〈埃及穆斯林兄弟會的崛起及其影響〉，《國際政治研究》
　　　2011年第4期，頁21-33。

尤蘇夫·蓋爾達維、丁俊：〈當代伊斯蘭「中間主義」思想特徵概
　　　要〉，《伊斯蘭文化》2012年第1期。

王　泰、王戀戀：〈埃及過渡政府的外交政策之調整〉，《阿拉伯世界
　　　研究》2012年第2期，頁18-25。

王　泰：〈埃及伊斯蘭中間主義思潮的理論與實踐〉，《西亞非洲》
　　　2012年第2期，頁65-81。

王　泰：〈埃及現代化進程中的世俗政權與宗教政治〉，《世界歷史》
　　　2011年第6期，頁52-61。

王　泰：《當代埃及的威權主義與政治民主化問題研究》，西安：西北
　　　大學博士論文，2008年。

王　濤、寧　彧：〈英文文獻中的薩拉菲主義研究述評〉，《阿拉伯世
　　　界研究》2017年第3期，頁34-47。

史朝軍：《埃及穆斯林兄弟會興起與執政挑戰研究》，北京：外交學院
　　　碩士論文，2013年。

安娜・貝蘭・索阿熱（Ana B. Soage）著，馬納琴譯：〈謝赫・尤蘇夫・
　　　蓋爾達維：領袖型的伊斯蘭學者〉，《西北民族大學學報（哲
　　　學社會科學版）》2013年第1期，頁60-68。

安高樂：〈「阿拉伯之冬」的原因及其對美國中東政策的挑戰 —— 基於
　　　埃及的思考〉，《印度洋經濟體研究》2014年第4期。

李福泉：〈埃及科普特人問題探析〉，《世界民族》2007年第5期，頁18-
　　　27。

周麗婭：《當代伊斯蘭「中間主義」思潮研究》，西安：西北大學碩士
　　　論文，2012年。

哈全安：〈埃及現代政黨政治的演變〉，《南開大學學報（哲學社會科
　　　學版）》2007年第4期，頁133-140。

哈全安：〈埃及穆斯林兄弟會的演變〉，《西亞非洲》2011年第4期，頁
　　　25-31。

姜英梅：〈埃及穆斯林兄弟會與政府的關係及其影響〉，《西亞非洲》
　　　2003年第1期，頁44-47。

胡　雨、歐東明：〈論哈桑・班納的政治伊斯蘭思想〉，《阿拉伯世界
　　　研究》2010年第1期，頁54-60。

馬和斌、丁俊：〈當代伊斯蘭「中間主義」思潮的哲學基礎與歷史淵
　　　源〉，《西北民族大學學報（哲學社會科學版）》2010年第1
　　　期，頁36-39。

馬　傑：《埃及穆斯林兄弟會發展演變研究》，昆明：雲南大學碩士論
　　　文，2013年。

張亞麗：《埃及穆斯林兄弟會研究》，福州：福建師範大學碩士論文，
　　　2009年。

張媛媛：《巨變前後埃及穆斯林兄弟會的政治發展》，上海：上海外國
　　語大學碩士論文，2013年。

畢健康：〈埃及國別研究綜述〉，《西亞非洲》2011年第5期，頁75-80。

畢健康：〈試論埃及穆斯林兄弟會的二重性問題〉，《世界歷史》2004
　　年第1期，頁87-100。

畢健康：〈穆巴拉克時代的埃及穆斯林兄弟會〉，《西亞非洲》2004年
　　第2期，頁48-52。

郭小虎：〈埃及政治整合困境探源與前景展望〉，《阿拉伯世界研究》
　　2014年第1期，頁50-61。

郭隽鶩高：〈阿拉伯民族主義思潮的界定與闡釋〉，《內蒙古民族大學
　　學報（社會科學版）》2020年第5期。

陳天社：〈埃及的政治與社會轉型〉，劉中民、朱威列編：《中東地區
　　發展報告：轉型與動盪的二元變奏（2013年卷）》，北京：時
　　事出版社，2014年，頁119-138。

陳天社：〈論哈桑・班納伊斯蘭原教旨主義思想淵源〉，《鄭州大學學
　　報（哲學社會科學版）》2005年第4期，頁101-104。

曾向紅：〈恐怖主義的整合性治理──基於社會運動理論的視角〉，
　　《世界經濟與政治》2017年第1期，頁74-97。

楊曉璐：《埃及穆斯林兄弟會政黨化問題研究》，北京：外交學院碩士
　　論文，2011年。

楊灝城：〈從哈桑・班納的思想和實踐看伊斯蘭原教旨主義與世俗主
　　義〉，《世界歷史》1997年第6期，頁3-12。

楊灝城：〈從埃及穆斯林兄弟會看伊斯蘭原教旨主義與世俗主義的關
　　係〉，《西亞非洲》1998年第5期，頁33-40。

雷昌偉：《試論埃及穆斯林兄弟會政治動員和參與》，北京：中國社會
　　科學院碩士論文，2013年。

廖百智：〈埃及「穆兄會」垮臺原因及前景分析〉，《現代國際關係》
　　　2013年第8期，頁29-34。

趙鼎新：〈西方社會運動與革命理論發展之述評──站在中國的角度
　　　思考〉，《社會學研究》2005年第1期，頁168-209。

劉中民：〈伊斯蘭原教旨主義對民族主義的思想挑戰〉，《世界民族》
　　　2001年第6期，頁16-25。

劉中民：〈伊斯蘭復興運動與當代埃及〉，《西亞非洲》2000年第3期，
　　　頁24-28。

劉中民：〈薩提‧胡斯里的阿拉伯民族主義思想與伊斯蘭教〉，《阿拉
　　　伯世界研究》2007年第1期，頁65-72。

劉中民：〈關於中東變局的若干基本問題〉，《阿拉伯世界研究》2012
　　　年第2期，頁3-17。

劉　雲：〈美國對中東政治伊斯蘭政策的演變〉，《西北師範大學學報
　　　（哲學社會科學版）》2010年第5期，頁54-59。

蔡偉良：〈埃及與穆斯林兄弟會〉，《阿拉伯世界研究》2012年第1期，
　　　頁10-21。

蔣　灝：《埃及穆巴拉克政權對穆斯林兄弟會的政策研究》，上海：上
　　　海外國語大學博士論文，2011年。

錢雪梅：〈宗教民族主義探析〉，《民族研究》2007年第4期，頁12-21。

錢雪梅：〈政治伊斯蘭意識形態與伊斯蘭教的政治化〉，《西亞非洲》
　　　2009年第2期，頁24-30。

錢雪梅：〈現代伊斯蘭主義同民族主義的關係〉，《亞非論壇》2002年
　　　第5期，頁19-24。

錢　磊、（埃及）穆尼爾‧宰亞達：〈埃歐關係的歷史建構與當下演
　　　變──從非對稱到強相互依賴〉，《歐洲研究》2017年第6期，
　　　頁23-47。

錢　磊：〈霸權的危機：蘇伊士運河的起因及其影響〉，劉雲主編：《非
　　　洲與外部世界關係的歷史變化》，北京：世界知識出版社，
　　　2014年，頁85-104。

鐘　山：〈埃及穆斯林兄弟會的產生與發展〉，《西亞非洲》1982年第
　　　1期。

## 四　其他外文論著

A. Rabie ed., *25th of January: A Preliminary Reading and a Futuristic Vision*, Cairo: Centre for Political and Strategic Studies, 2011.

Ahmad Abdalla, *The Student Movement and National Politics in Egypt, 1923-1973*, London: Al-Saqi Books, 1985.

Ahmad Moussalli, *Radical Islamic Fundamentalism: The Ideological and Political Discourse of Sayyid Qutb*, Beirut: American University of Beirut, 1992.

Ahmed Zaghloul, *One Hundred Steps from the Revolution*, Cairo: Islamic House for Distributing and Publishing, 2011.

Alan Shandro, *Lenin and the Logic of Hegemony: Political Practice and Theory in the Class Struggle*, Leiden: Brill, 2014.

Alfred Milner, *England in Egypt*, London: Edward Arnold, 1893.

Ali A. Allawi, *The Occupation of Iraq: Winning the War, Losing the Peace*, New Haven, CT: Yale University Press, 2008.

Angel Rabasa and Cheryl Benard, *Eurojihad: Patterns of Islamist Radicalization and Terrorism in Europe*, Cambridge: Cambridge University Press, 2015.

Anna Potyrala, Beata Przybylska-Maszner, and Sebastian Wojciechowski eds., *Relations between the European Union and Egypt after 2011: Determinants, Areas of Co-operation and Prospects*, Berlin: Logos Verlag, 2015.

B. L. Carter, *The Copts in Egyptian Politics*, London: Croom Helm, 1986.

Barbara H. E. Zollner, *The Muslim Brotherhood: Hasan al-Hudaybi and Ideology*, Oxford: Routledge, 2009.

Brynjar Lia, *The Society of the Muslim Brothers in Egypt: The Rise of an Islamic Mass Movement, 1928-1942*, Reading: Ithaca Press, 1998.

Carrie Rosefsky Wickham, *Mobilizing Islam: Religion, Activism, and Political Change in Egypt*, New York, NY: Columbia University Press, 2002.

Carrie Rosefsky Wickham, *The Muslim Brotherhood: Evolution of an Islamist Movement*, Princeton, NJ: Princeton University Press, 2013.

Christina Phelps-Harris, *Nationalism and Revolution in Egypt: The Role of the Muslim Brotherhood*, The Hague: Mouton and Co., 1964.

Ferdinand Lassalle, *Der italienische Krieg und die Aufgabe Preußens*, Berlin: Franz Duncker, 1859.

George W. Gawrych, *The Albatross of Decisive Victory: War and Policy Between Egypt and Israel in the 1967 and 1973 Arab-Israeli Wars*, Santa Barbara, CA: Greenwood Press, 2000.

Gilles Kepel, *Jihad: The Trail of Political Islam*, Anthony F. Roberts trans., Cambridge, MA: Belknap Press of Harvard University Press, 2002.

Gilles Kepel, *Muslim Extremism in Egypt: The Prophet and the Pharaoh*, London: Al Saqi Books, 1985.

Hakim Darbouche and Bassam Fattouh, *The Implications of the Arab Uprisings for Oil and Gas Markets*, Oxford: Oxford Institute for Energy Studies, 2011.

Hesham Al-Awadi, *The Muslim Brothers in Pursuit of Legitimacy: Power and Political Islam in Egypt Under Mubarak*, 1st ed., London: Tauris Academic Studies, 2004.

Hesham Al-Awadi, *The Muslim Brothers in Pursuit of Legitimacy: Power and Political Islam in Egypt under Mubarak*, new ed., London: I. B. Tauris, 2014.

Ian. J. Bickerton, *The Arab-Israeli Conflict: A History*, London: Reaktion Books, 2009.

Indar Jit Rikhye, *The Sinai Blunder: Withdrawal of the United Nations Emergency Force Leading*, Oxford: Routledge, 2013.

Ishaq Musa Husaini, *Muslim Brotherhood: The Greatest of Modern Islamic Movement*, Lahore: The Book House, 1984.

Jeremy Lester, *The Dialogue of Negation: Debates on Hegemony in Russia and the West*, London: Pluto Press, 2000.

John L. Esposito, *Islam and Politics*, Syracuse, NY: Syracuse University Press, 1991.

John L. Esposito, *The Oxford Encyclopedia of The Modern Islamic World, Vol.3*, Oxford: Oxford University Press, 1995.

John Moore Wickersham, *Hegemony and Greek Historians*, Lanham, MD: Rowman & Littlefield, 1994.

Khalil Al-Anani, *The Muslim Brotherhood in Egypt: The Senility of Time's Struggle*, Cairo: El Shorouk International Publisher, 2007.

M. W. Daly ed., *The Cambridge History of Egypt, Volume 2*, Cambridge:

Cambridge University Press, 1998.

Mariz Tadros, *The Muslim Brotherhood in Contemporary Egypt: Democracy Redefined or Confined?*, Oxford: Routledge, 2012.

Martin E. Marty and R. Scott Appleby eds., *Fundamentalisms and the State: Remaking Polities, Economies, and Militance*, Chicago, IL: University of Chicago Press, 2004.

Maye Kassem, *Egyptian Politics: The Dynamics of Authoritarian Rule*, Boulder, CO: Lynne Rienner Publishers, 2004.

Mohammed Zahid, *The Muslim Brotherhood and Egypt's Succession Crisis: The Politics of Liberalisation and Reform in the Middle East*, London: Tauris Academic Studies, 2010.

Muhammed Ma'moun Hudeibi, *Politics in Islam*, Cairo: Islamic Publishing and Distribution House, 1997.

Nathan J. Brown, Álvaro de Vasconcelos, Amr Elshobaki, and Kristina Kausch, *Egyptian Democracy and the Muslim Brotherhood*, European Union Institute for Security Studies, November 2011.

Nathan J. Brown, *When Victory is Not an Option: Islamist Movements in Arab Politics*, Ithaca, NY: Cornell University Press, 2012.

Olivier Carré and Gérard Michaud, *Les Frères Musulmans. Egypte et Syrie (1928-82)*, Paris: Gallimard Julliard, 1983.

Olivier Carré, *Mysticism and Politics: A Critical Reading of Fi Zilal al-Qur'an by Sayyid Qutb (1906-1966)*, Leiden: Brill, 2003.

Perry Anderson, *The H-Word: The Peripeteia of Hegemony*, London: Verso, 2017.

Rami Ginat, *Egypt's Incomplete Revolution: Lutfi Al-Khuli and Nasser's Socialism in the 1960s*, Oxford: Routledge, 1997.

Raymond A. Hinnebusch, *Egyptian Politics under Sadat: The Post-Populist Development of an Authoritarian-Modernizing State*, Boulder, CO: Lynne Rienner Publishers, 1988.

Raymond William Baker, *Sadat and After: Struggles for Egypt's Political Soul*, Cambridge, MA: Harvard University Press, 1990.

Richard Paul Mitchell, *The Society of the Muslim Brothers*, Oxford: Oxford University Press, 1993.

Robert Bianchi, *Unruly Corporatism: Associational Life in Twentieth-Century Egypt*, Oxford: Oxford University Press, 1989.

Robert Springborg, *Mubarak's Egypt: Fragmentation of the Political Order*, 1st ed., London: Westview Press, 1989.

Sayed Khatab, *The Political Thought of Sayyid Qutb: The Theory of Jahiliyyah*, Oxford: Routledge, 2006.

Steven A. Cook, *The Struggle for Egypt: From Nasser to Tahrir Square*, Oxford: Oxford University Press, 2011.

The Earl of Cromer, *Modern Egypt, Vol. 1*, New York, NY: Macmillan, 1908.

Wahid Abdel Meguid, *The 25th of January Revolution: A Preliminary Reading*, Cairo: Al Ahram for Publishing, Printing and Dissemination, 2011.

Ziad Abu-Amr, *Islamic Fundamentalism in the West Bank and Gaza: Muslim Brotherhood and Islamic Jihad*, Bloomington, IN: Indiana University Press, 1994.

# 五　其他外文論文

A.Z. Al-Abdin, "The Political Thought of Hasan Al-Banna", *Hamdard Islamicus* 11.3 (1988).

Abd al-Monein Said Aly and Manfred W. Wenner, "Modern Islamic Reform Movements: The Muslim Brotherhood in Contemporary Egypt", *The Middle East Journal* 36.3 (1982), pp. 336-361.

Abdulkadir Yildirim, "Muslim Democratic Parties: Economic Liberalization and Islamist Moderation in the Middle East", Doctoral Dissertation, The Ohio State University, 2010.

Ahmed M. Adam, "The Rise of the Muslim Brotherhood In Several Middle Eastern Countries", Doctoral Dissertation, Rutgers, The State University of New Jersey, 2013.

Alastair Iain Johnston, "Conclusions and Extensions: Toward Mid-Range Theorizing and Beyond Europe", *International Studies Organization* 59.4 (2005), pp. 1013-1044.

Amr El Shobaki, "Parties, Movements, and Prospects for Change in Egypt", *Arab Reform Bulletin* 20 (2010).

Amr Yossef and Sergio Fabbrini, "Obama in the Middle East: Why he Needs European Support", *European Political Science* 10.1 (Jan. 2011), pp. 36-43.

Amr Yossef, "Israel and Post-Mubarak Egypt: Perils of Historical Analogy", *Digest of Middle East Studies* 21.1 (2012), pp. 49-68.

Annamarie Amy Edelen, "The Muslim Brotherhood and their Quiet Revolution", Doctoral Dissertation, University of Wisconsin-

Madison, 1999.

Anne R. Pierce, "US 'Partnership' with the Egyptian Muslim Brotherhood and its Effect on Civil Society and Human Rights", *Society* 51 (Feb. 2014), pp. 1-19.

Ashraf Nabih El Sharif, "Democratization of Islamist Movements in Egypt and Morocco: Political Opportunities, Organizational Frameworks, and the Ideological Marketplace", Doctoral Dissertation, Boston University, 2011.

Asma Bohsali Kombargi, "The Politics of Islamists in Algeria, Egypt and the Sudan", Doctoral Dissertation, University of Houston, 1998.

Beata Przybylska-Maszner, "The Political Dimension of European Union - Egypt Relations after 2012 - Between Necessity and Obligation", in Anna Potyrala, Beata Przybylska-Maszner, and Sebastian Wojciechowski eds., *Relations between the European Union and Egypt after 2011: Determinants, Areas of Co-operation and Prospects*, Berlin: Logos Verlag, 2015.

Boaz Ganor, "Israel and Hamas: Is War Imminent?", *Orbis* 57.1 (2013), pp. 120-134.

Boutros Boutros-Ghali, "The Foreign Policy of Egypt in the Post-Sadat Era", *Foreign Affairs* 60.4 (1982), pp. 769-788.

Carrie Rosefsky Wickham, "The Muslim Brotherhood and democratic transition in Egypt", *Middle East Law and Governance* 3.1 (2011), pp. 204-223.

Carrie Rosefsky Wickham, "The Path to Moderation: Strategy and Learning in the Formation of Egypt's Wasat Party", *Comparative Politics* 36.2 (Jan. 2004), pp. 205-228.

Daniel Ungureanu, "Wahhabism, Salafism and the Expansion of Islamic Fundamentalist Ideology", *Journal of the Seminar of Discursive Logic, Argumentation Theory and Rhetoric* 9.2 (2011), pp. 140-147.

Daniela Pioppi, "Muslim Brotherhood and the Illusion of Power", *Opinions on the Mediterranean*, German Marshall Fund of the United States (July 2012).

Dirk Baehr, "Dschihadistscher Salafismus in Deutschland", in Thorsten Gerald Schneiders ed., *Salafismus in Deutschland: Ursprünge und Gefahren einer islamisch-fundamentalistischen Bewegung*, Bielefeld: transcript Verlag, 2014.

Donald Reid, "The National Bar Association and Egyptian Politics, 1912-1954", *The International Journal of African Historical Studies*, 7.1 (1974), pp. 608-646.

Eberhard Kienle, "The Political Economy of Transformation in the Arab World After Authoritarianism: Economic and Social Policies in Tunisia and Egypt", 2013, http://www.erf.org.eg/CMS/uploads/pdf/Eberhard.pdf.

Elizabeth Iskander Monier and Annette Ranko, "The Fall of the Muslim Brotherhood: Implications for Egypt", *Middle East Policy* 20.4 (2013), pp. 111-123.

Eric Fillinger, "Mubarak Matters: The Foreign Policy of Egypt Under Hosni Mubarak", Papier Scientifique sous la direction de Pr. Kristin Smith Diwan & Pr. Linda Lubrano, School of International Service American University, 2009.

Eric Trager, "Egypt's Muslim Brotherhood Sticks With Bin Laden", *The

*Atlantic Mobile* 3 (2011).

Eric Trager, Katie Kiraly, Cooper Klose and Eliot Calhoun, "Who's Who in Egypt's Muslim Brotherhood", The Washington Institute, September 2012.

Farha Ghannam, "Meanings and Feelings: Local Interpretations of the use of Violence in the Egyptian Revolution", *American Ethnologist* 39.1 (2012), pp. 32-36.

Farha Ghannam, "Mobility, Liminality, and Embodiment in Urban Egypt", *American Ethnologist* 38.4 (2011), pp. 790-800.

Filipe R. Campante and Davin Chor, "Why was the Arab World Poised for Revolution? Schooling, Economic Opportunities, and the Arab Spring", *The Journal of Economic Perspectives* 26.2 (2012), pp. 167-187.

Franz Rosenthal, "The Muslim Brethren in Egypt", *The Muslim World* 37 (1947), pp. 278-291.

Gilles Kepel, "Islamism Reconsidered", *Harvard International Review* 22.2 (Summer 2000), pp. 22-27.

Gumer Isaev, "Russia and Egypt: Conflicts in the Political Elite and Protest Movements in 2011-2012", *Journal of Eurasian Studies* 5.1 (2014), pp. 60-67.

Guy J. Golan and Terrance R. Carroll, "The Op-ed as a Strategic Tool of Public Diplomacy: Framing of the 2011 Egyptian Revolution", *Public Relations Review* 38.4 (2012), pp. 630-632.

Hasan al-Banna, "On Jihad", in Charles Wendell trans., *Five Tract of Hasan al-Banna (1906-1949)*, Oakland, CA: University of California Press, 1978.

Hasan al-Banna, "The New Renaissance", in John L. Esposito and John J. Donohue eds., *Islam in Transition: Muslim Perspectives*, Oxford: Oxford University Press, 1982.

Hasan al-Banna, "Toward the Light", in Charles Wendell trans., *Five Tract of Hasan al-Banna (1906-1949)*, Oakland, CA: University of California Press, 1978.

Hussein Ali Agrama, "Reflections on secularism, Democracy, and Politics in Egypt", *American Ethnologist* 39.1 (2012), pp. 26-31.

Ismaeel Ibraheem Makdisi, "Collective Action in Authoritarian States: The Muslim Brotherhood in Egypt", Doctoral Dissertation, University of Illinois Chicago, 2006.

Jeremy Maxwell Sharp, "Egypt: 2005 Presidential and Parliamentary Elections", Congressional Research Service, Library of Congress, January 2006.

Johannes J. Jansen, "Hasan al-Banna's Earliest Pamphlet", *Die Welt des Islams* 32.2 (1992), pp. 254-258.

John L. Esposito and James P. Piscatori, "Democratization and Islam", *Middle East Journal* 45.3 (1991), pp. 427-440.

Joshua A. Stacher, "Post-Islamist Rumblings in Egypt: The Emergence of the Wasat Party", *The Middle East Journal* 56.3 (Summer 2002), pp. 415-432.

Joshua Haber and Helia Ighani, "A Delicate Balancing Act: Egyptian Foreign Policy after the Revolution", *IMES Capstone Paper Series* (2013).

Katerina Dalacoura, "The 2011 Uprisings in the Arab Middle East: Political Change and Geopolitical Implications", *International Affairs* 88.1 (2012), pp. 63-79.

Katerina Dalacoura, "US Democracy Promotion in the Arab Middle East since 11 September 2001: A Critique", *International Affairs* 81.5 (2005), pp. 963-979.

Kelsey Glover, "Analysis of CNN and The Fox News Networks' Framing of the Muslim Brotherhood during the Egyptian Revolution in 2011", *The Elon Journal of Undergraduate Research in Communications* 2.2 (2011), pp. 125-134.

Lars Berger, "The Missing Link? US Policy and the International Dimensions of Failed Democratic Transitions in the Arab World", *Political Studies* 59.1 (2011), pp. 38-55.

Leslie S. Lebl, "The EU, the Muslim Brotherhood and the Organization of Islamic Cooperation", *Orbis* 57.1 (2013), pp. 101-119.

Lorenzo Vidino, "Aims and Methods of Europe's Muslim Brotherhood", *Current Trends in Islamist Ideology* 4 (2006), pp. 22-45.

Lorenzo Vidino, "Lessons Learnt: Post-Mubarak developments within the Egyptian Muslim Brotherhood", *Arts and Humanities Research Council (AHRC), UK* 9 (2011).

Lorenzo Vidino, "The Muslim Brotherhood after the Arab Spring: Tactics, Challenges and Future Scenarios", *European View* 12.2 (2013), p. 319.

Lorenzo Vidino, "The Muslim Brotherhood in the West: Evolution and Western Policies", The International Center for the Study of Radicalisation and Political Violence, February 2011.

Lorenzo Vidino, "The Muslim Brotherhood's Conquest of Europe", *Middle East Quarterly* 12.1 (2005), pp. 25-34.

Luke Loboda, "The Thought of Sayyid Qutb", Ashbrook Statesmanship

Thesis, 2003.

Magdi Khalil,"Egypt's Muslim Brotherhood and Political Power: Would Democracy Survive?", *Middle East* 10.1 (2006), pp. 44-52.

Maha Abdelrahman, "In Praise of Organization: Egypt between Activism and Revolution", *Development and Change* 44.3 (2013), pp. 569-685.

Marlies Glasius and Geoffrey Pleyers, "The Global Moment of 2011: Democracy, Social Justice and Dignity", *Development and Change* 44.3 (2013), pp. 547-567.

Martin Beck, "The July 2013 Military Coup in Egypt: One Normative Clarification and Some Empirical Issues", Center for Mellemo-studier, 2013.

Martyn Frampton and Ehud Rosen, "Reading the Runes? The United States and the Muslim Brotherhood as seen through the Wikileaks Cables", *The Historical Journal* 56.3 (2013), pp. 827-856.

Michelle Paison, "The History of the Muslim Brotherhood: The Political, Social and Economic Transformation of the Arab Republic of Egypt", *NIMEP Insights* 4 (2009).

Mohamed El-Fiki and Gail Rosseau, "The 2011 Egyptian Revolution: A Neurosurgical Perspective", *World Neurosurgery* 76.1 (2011), pp. 28-32.

Mohamed Hassanein Heikal, "Egyptian Foreign Policy", *Foreign Affairs* 56.4 (1978), pp. 714-727.

Mohamed M. Helmy and Sabine Frerichs, "Stripping the Boss: The Powerful Role of Humor in the Egyptian Revolution 2011", *Integrative Psychological and Behavioral Science* 47.4 (2013), pp. 450-481.

Mohammad Gharaibeh, "Zum Verhältnis von Wahhabiten und Salafisten," in Thorsten Gerald Schneiders ed., *Salafismus in Deutschland: Ursprünge und Gefahren einer islamisch-fundamentalistischen Bewegung*, Bielefeld: transcript Verlag, 2014.

Mohammed Zahid and Michael Medley, "Muslim Brotherhood in Egypt & Sudan", *Review of African Political Economy* 33.110 (2006), pp. 693-708.

Mona El-Ghobashy, "The Metamorphosis of the Egyptian Muslim Brothers", *International Journal of Middle East Studies* 37.3 (2005), pp. 373-395.

Mona Farag, "The Muslim Sisters and the January 25th Revolution", *Journal of International Women's Studies* 13.5 (2012), pp. 228-237.

Mona Makram-Ebeid, "Political Opposition in Egypt: Democratic Myth or Reality?", *Middle East Journal* 43.3 (Summer 1989), pp. 423-436.

Naila Hamdy and Ehab H. Gomaa, "Framing the Egyptian Uprising in Arabic Language Newspapers and Social Media", *Journal of Communication* 62.2 (2012), pp. 195-211.

Nathan Brown and Amr Hamzawy, "Can Egypt's Troubled Elections Produce a More Democratic Future?", Policy Outlook, Carnegie Endowment for International Peace (December 2005).

Nathan J. Brown, "When Victory Becomes an Option: Egypt's Muslim Brotherhood Confronts Success", Carnegie Endowment for International Peace (2012).

Nibras Kazimi, "A virulent ideology in mutation: Zarqawi upstages

Maqdisi", *Current trends in islamist Ideology* 2 (2005), pp. 59-73.

Ninette S. Fahmy, "The Performance of the Muslim Brotherhood in the Egyptian Syndicates: An Alternative Formula for Reform?", *The Middle East Journal* 52.4 (1998), pp. 551-562.

Noman Sattar, "'Al Ikhwan Al Muslimin' (Society of Muslim Brotherhood) Aims and Ideology, Role and Impact", *Pakistan Horison* 48.2 (April 1995), pp. 7-30.

Peter C. Weber, "Modernity, Civil Society, and Sectarianism: The Egyptian Muslim Brotherhood and the Takfir Groups", *International Journal of Voluntary and Nonprofit Organizations* 24 (2013), pp. 509-527.

Pierre M. Atlas, "US Foreign Policy and the Arab Spring: Balancing Values and Interests", *Digest of Middle East Studies* 21.2 (2012), pp. 353-385.

Quintan Wiktorowicz, "Anatomy of the Salafi movement", *Studies in conflict &terrorism* 29.3 (2006), pp. 207-239.

Rabab El-Mahdi, "Enough! Egypt's Quest for Democracy", *Comparative Political Studies* 42.8 (2009), pp. 1011-1039.

Rachel M. Scott, "Managing Religion and Renegotiating the Secular: The Muslim Brotherhood and Defining the Religious Sphere", *Politics and Religion* 7.1 (2014), pp. 51-78.

Radoslaw Fiedler, "Financial and Trade Instrument in the European Union's Policy Towards", in Anna Potyrala, Beata Przybylska-Maszner, and Sebastian Wojciechowski eds., *Relations between the European Union and Egypt after 2011: Determinants, Areas of Co-operation and Prospects*, Berlin: Logos Verlag, 2015.

Robert S. Leiken and Steven Brooke, "The Moderate Muslim Brotherhood", *Foreign Affairs* 86 (2007), pp.107-121.

Rupe Simms, "'Islam is Our Politics': A Gramscian Analysis of the Muslim Brotherhood (1928-1953)", *Social Compass* 49.4 (2002), pp. 563-582.

S. E. Nepstad, "Mutiny and nonviolence in the Arab Spring Exploring military defections and loyalty in Egypt, Bahrain, and Syria", *Journal of Peace Research* 50.3 (2013), pp. 337-349.

Salwa Ismail, "Islamism, Re-Islamization and the Fashioning of Muslim Selves: Refiguring the Public Sphere", *Muslim World Journal of Human Rights* 4.1 (2007).

Samer Sbehata and Josha Stachen, "The Brotherhood Goes to Parliament", *Middle East Report* 36.240 (2006), p. 32.

Sami E. Baroudi, "Arab Intellectuals and the Bush Administration's Campaign for Democracy", *The Middle East Journal* 61.3 (2007), pp. 390-418.

Sami E. Baroudi, "The 2002 Arab Human Development Report: Implications for Democracy", *Middle East Policy* 11.1 (2004), pp. 132-141.

Samir Amghar, "La France face au terrorismeislamique: unetypologie du salafismejihadiste", in Bernard Rougier ed., *Qu'est-ce que le Salafisme?*, Paris: Presses Universitaires de France, 2008.

Sana Abed-Kotob, "The Accommodationists Speak: Goals and Strategies of the Muslim Brotherhood of Egypt", *International Journal of Middle East Studies* 27.3 (1995), pp. 321-339.

Sayed Khatab, "Al-Hudaybi's Infleunce on the Development of Islamist Movements in Egypt", *The Muslim World* 91.3 (2001), pp. 451-

480.

Shaimaa Mostafa Ibrahim, "A Study of Official Media Outlets of Muslim Brotherhood Group and Freedom and Justice Party in Egypt", Master's Thesis, The American University in Cairo, 2013.

Sofia Alejandra Lopez, "Dynamic Alliances: Political Economy of Labor Organization in Post-Revolution Egypt", Doctoral Dissertation, Massachusetts Institute of Technology, June 2013.

Vali Nasr, "The Rise of 'Muslim Democracy'", *Journal of Democracy* 16.2 (2005), pp. 13-27.

Vince Edward Davenport, "The Society of Muslim Brothers: Brotherhood of Terror?", Doctoral Dissertation, University of Kansas, 2005.

# 六　其他文獻

"A Coronation Flop: President Abdel Fattah al-Sisi fails to bring enough voters to the ballot box", *The Economist* 31 May 2014, https://www.economist.com/middle-east-and-africa/2014/05/31/a-coronation-flop.

"Al-Sisi: The hand that harm any egyptian must be cut", http://www.youtube.com/watch?v=SSpNU7cxKKA.

"Army tells protesters to help Egypt return to normal", *Reuters* 2 February 2011, https://www.deccanherald.com/content/134116/army-tells-protesters-help-egypt.html，檢索日期：2022年2月13日。

"Ban discusses concerns about Egypt with EU foreign policy chief Catherine Ashton," *United Nations* 31 July 2013, https://news.un.org/en/story/2013/07/445952-ban-discusses-concerns-about-egypt-eu-foreign-

policy-chief-catherine-ashton#.VnrZpXYrLIV，檢索日期：2022
年2月24日。

"Communiqué of the Peace and Security Council of the African Union (AU),
at its 384th meeting on the situation in the Arab Republic of Egypt,"
*African Union* 9 July 2013, http://www.peaceau.org/en/article/
communique-of-the-peace-and-security-council-of-the-african-
union-au-at-its-384th-meeting-on-the-situation-in-the-arab-republic-
of-egypt，檢索日期：2022年2月24日。

"Dr. Morsi's Electoral Program - General Features of Nahda (Renaissance)
Project", *Ikhwan Web* 28 April 2012.

"Egypt Hands Out Acreages For Gas, Oil Exploration", *Africa oil-Gas
Report* 2 May 2013.

"Egypt Protests Border Killings, Demands Israeli Probe", *Jerusalem Post*
19 August 2011.

"Egypt Suspends Tourism from Iran", *Ma'an News Agency* 9 April 2013.

"Egypt to Markedly Raise Gas Prices in New Deal with Israel", *Jerusalem
Post* 4 October 2011.

"Egypt Travel Warning To 40,000 British Tourists", *Sky News, UK* 16 August
2013, http://news.sky.com/story/egypt-travel-warning-to-40000-
british-tourists-10437104，檢索日期：2022年2月24日。

"Egypt: Aboul Fotouh's Campaign Initiates New Party", *All Africa* 5 July
2012.

"Egyptian Islamists deny Holocaust", *BBC News* 23 December 2005.

"Egyptian Judge Speaks Against Islamist Victory Before Presidential
Runoff", *New York Times* 7 June 2012.

"Egyptian PM: Peace Deal with Israel Not Sacred", *Jerusalem Post* 15

September 2011.

"Egyptians', Tunisians' Wellbeing Plummets Despite GDP Gains", *Gallup* 2 February 2011.

"El Baradei's Role Cast in Doubt", *Wall Street Journal* 3 February 2011.

"Electoral Program: 2011 Parliamentary Elections", Freedom and Justice Party, 2011.

"Eni discovers a supergiant gas field in the Egyptian offshore, the largest ever found in the Mediterranean Sea", *Eni (press release)* 30 August 2015.

"EU calls for Morsi release amid protests," *Al Jazeera English* 18 July 2013, http://www.aljazeera.com/news/middleeast/2013/07/2013717124 459915328.html，檢索日期： 2022年1月24日。

"European Leaders Demand Immediate Egypt Transition," *CBS News* 3 February 2011, http://www.cbsnews.com/news/european-leaders-demand-immediate-egypt-transition/, 檢索日期：2022年2月13日。

"Factbox: Gaza targets bombed by Israel", *Reuters* 21 November 2012, https://www.reuters.com/article/idUSBRE8AK0H9/.

"FJP will not support former Brotherhood figure Aboul-Fotouh's presidential bid", *Ahram Online* 27 December 2011.

"Israel and Hamas: Fire and Ceasefire in a New Middle East", *International Crisis Group Middle East Report* 133 (22 November 2012).

"Joint UK-France-Germany statement on Egypt," *Number10.gov.uk* 30 January 2011, https://www.gov.uk/government/news/joint-uk-france-germany-statement-on-egypt, 檢索日期：2022年2月13

日。

"Mahmoud Ezzat named Muslim Brotherhood's new leader", *Al Arabiya* 20 August 2013.

"Muslim Brotherhood General Guide Resigns", *Arab-West Report* 20 October 2009.

"Nour Party endorses AbouelFotouh for President", *Al-Masry Al-Youm* 27 April 2012.

"Obama says Egypt's transition 'must begin now'", *CNN* 2 February 2011, http://edition.cnn.com/2011/POLITICS/02/01/us.egypt.obama/index.html，檢索日期：2022年2月13日。

"Opening Statement by H.E. Mohamed Morsy President of the Arab Republic of Egypt (Opening Session of the XVI Summit of the Non-Aligned Movement)", Freedom and Justice Party, 1 September 2012.

"President Mohamed Morsi's Speech at Cairo University", *Ikhwan Web* 1 July 2012.

"President Morsi invites Brazilian investment in Egypt", *MENA and Ahram Online* 10 May 2013.

"Statement of H. E. Dr. Mohamed Morsy, President of the Arab Republic of Egypt", Permanent Mission of Egypt to the United Nations in New York, 26 September 2012.

"The Report: Egypt 2012", *Oxford Business Group*, 2012, http://www.oxfordbusinessgroup.com/product/report-egypt-2012.

A. Zalat, "Emad El Din Adeeb: the election spawned opposition outside the institutions", *Al-Masry Al-Youm* 26 December 2010.

Abdelrahman Youssef, "Egypt Fights to Reclaim African Role as Ethiopia Gains Power", *Al-Monitor* 23 April 2013.

Ahmed Eleiba, "Muslim Brotherhood and the state: Possible scenarios",

*Al-Aharam* 22 December 2014.

Alan Silverleib, "World Leaders Denounce Attacks on Egyptian Protesters", *CNN* 2 February 2011, http://edition.cnn.com/2011/WORLD/meast/02/02/egypt.world.reaction/，檢索日期：2022年2月13日。

Ali Soliman, "Egypt's Nile Valley Policy: Setbacks and Opportunities", *The Ahram Weekly* 19-25 May 2011.

Al-Masry Al-Youm, "April 6 Movement's Mohamed Adel arrested for involvement in Shura Council incidents", *Egypt Independent* 19 December 2013, https://www.egyptindependent.com/april-6-movement-s-mohamed-adel-arrested-involvement-shura-council-incidents/.

Amr Darrag, "A Revolutionary Foreign Policy: The Muslim Brotherhood's Political Party Promises to Transform Egypt's Place in the World", *Foreign Policy* 16 October 2012.

Ban Ki-moon, Former UN Secretary-General, "Secretary-General's remarks to the Security Council [as delivered]", 21 November 2012, https://www.un.org/sg/en/content/sg/statement/2012-11-21/secretary-generals-remarks-the-security-council-delivered.

Dalia Mogahed, "Opinion Briefing: Egyptians Skeptical of U.S. Intentions", *Gallup* 21 September 2012, https://news.gallup.com/poll/157592/opinion-briefing-egyptians-skeptical-intentions.aspx.

*Documents on the Foreign Policy of Israel* [Hebrew], Jerusalem: Israel Government Printer, 1995, Vol. 8.

*Documents on the Foreign Policy of Israel* [Hebrew], Jerusalem: Israel Government Printer, 2004, Vol. 9.

Ellen Knickmeyer and Matt Bradley, "Egyptian Leader's Visit Sends Signal to Saudis", *The Wall Street Journal* 11 July 2012.

H. Abou Khalil, "A suspect pact between the Brotherhood and Omar Soliman", *Al Bashayer* 31 March 2011.

H. El Souweify, "The Brotherhood's Mufti: Withdrawal is Hallal, rigging is haram", *Al Distour* 11 December 2010.

Hamza Hendawi, "Egypt Morsi Protests: Army Ready To Save Nation From Dark Tunnel", *Defense Minister Says* 23 June 2013.

Hazir Reka, "NATO's Rasmussen gravely concerned by Egypt situation," *Reuters* 4 July 2013, https://www.reuters.com/article/us-egypt-protests-nato/natos-rasmussen-gravely-concerned-by-egypt-situation-idUSBRE9630EO20130704，檢索日期：2022年2月24日。

Hendawi Hamza, "Morsi's Gaza Ceasefire Deal Role Secures Egypt's President as Major Player", *Huffington Post* 21 November 2012.

Ian Black and Patrick Kingsley, "'Massacre' of Morsi supporters leaves Egypt braced for new violence", *The Guardian* 8 July 2013.

Jeremy Maxwell Sharp, "Egypt: The January 25 Revolution and Implications for U.S. Foreign Policy," *Congressional Research Service* 11 February 2011, http://www.refworld.org/pdfid/4d6f4dc5c.pdf, 檢索日期：2022年2月13日。

Jeremy Maxwell Sharp, "Egypt: Transition under Military Rule", *Congressional Research Service* 21 June 2012.

Lome Declaration, http://www.peaceau.org/uploads/ahg-decl-2-xxxvi-e.pdf.

Lucy Marx, "Young Egyptian entrepreneurs gather for Youth to Business Forum workshop", *Egypt Independent* 23 December 2014.

M. Gaweesh, "Closed meeting between the political forces at Ghad premises", *Al-Masry Al- Youm* 26 January 2011.

Matt Smith, "Egypt tourist numbers to rise 5-10 pct in 2014 - minister", *Reuters* 11 September 2014, https://www.reuters.com/article/egypt-tourism/egypt-tourist-numbers-to-rise-5-10-pct-in-2014-minister-id INL5N0RC3CF20140911/.

Michael Theodoulou, "Egypt's New Government Ready to Renew Country's Ties with Iran", *The National* 6 April 2011.

Mohamed Habib, "Badie Became Muslim Brotherhood Guide in a Deal with Gamal Mubarak", *Al-Masry Al-Youm* 7 April 2015.

Mohammed Saad and Sara Elkamel, "Artists break into Egypt's culture ministry building, declare sit-in", *Al-Ahram* 5 June 2013.

Muhammad Badie, "The Muslim Brotherhood: We will not negotiate the existing regime", *Al-Masry Al-Youm* 3 February 2011.

Muslim Brotherhood, "The Muslim Brotherhood and the on-going events: the Tunisian Intifida and the demands of the Egyptian People", Cairo, 19 January 2011.

N. El Zeiny, "The Intelligence of eldahya Omar Soliman and the idiocy of the Brothers' leader", *Al Jazeera Arabic* 7 February 2011.

Noha El-Hennawy,"Expelled Brotherhood leader clarifies his political position", *Al-Masry Al-Youm* 21 June 2011.

Omayma Abdel-Latif and Amira Howeidy, "Interview with Gehad el-Haddad. 'We Will Not Let Egypt Fall'", *Al-Ahram Weekly* 6 March 2013.

Patrick Kingsley, "Egypt crisis: we didn't have space in the fridges for all the bodies", *The Guardian* 28 July 2013.

Shaimaa Fayed and Yasmine Saleh, "Millions flood Egypt's streets to demand Mursi quit", *Reuters* 30 June 2013.

Sharif Abdel Kouddous, "What Happened to Egypt's Liberals After the

Coup?", *The Nation* 1 October 2013, https://www.thenation.com/article/archive/what-happened-egypts-liberals-after-coup/.

Shibley Telhami , "The 2011 Arab Public Opinion Poll", *Brookings* 21 November 2011, https://www.brookings.edu/articles/the-2011-arab-public-opinion-poll/.

Steve Holland and Jeff Mason, "Obama cancels military exercises, condemns violence in Egypt", *Reuters* 16 August 2013, https://www.reuters.com/article/idUSBRE97E0N3/.

Tariq Ramadan, "Egypt: A Tissue of Lies", *ABC News* 16 August 2013, https://www.abc.net.au/religion/egypt—-a-tissue-of-lies/10099680.

Thomas Francis, "Youth Protesters and Street Gangs Clash in Tahrir Square's Tent City", *Pulitzer Center on Crisis Reporting* 4 July 2011, http://pulitzercenter.org/reporting/youth-protesters-and-street-gangs-clash-tahrir-squares-tent-city, 檢索日期：2022年2月13日。

UNCTAD, "World Investment Report 2013", 26 June 2013, http://unctad.org/en/pages/DIAE/World%20Investment%20Report/Annex-Tables.aspx.

Wu Sike, "China Contributes to Stability in West Asia, North Africa", *People's Daily* 31 May 2011.

史學研究叢書・歷史文化叢刊 0602Z02

# 埃及穆斯林兄弟會簡史

| | | |
|---|---|---|
| 作　者 | 錢磊 | |
| 責任編輯 | 林婉菁 | |
| 特約校稿 | 謝宜庭 | |

| | |
|---|---|
| 發行人 | 林慶彰 |
| 總經理 | 梁錦興 |
| 總編輯 | 張晏瑞 |
| 編輯所 | 萬卷樓圖書股份有限公司 |
| 排　版 | 林曉敏 |
| 印　刷 | 百通科技股份有限公司 |
| 封面設計 | 黃筠軒 |

發　行　萬卷樓圖書股份有限公司
　　　　臺北市羅斯福路二段 41 號 6 樓之 3
　　　　電話 (02)23216565
　　　　傳真 (02)23218698
　　　　電郵 SERVICE@WANJUAN.COM.TW
香港經銷　香港聯合書刊物流有限公司
　　　　電話 (852)21502100
　　　　傳真 (852)23560735

ISBN 978-626-386-115-2
2024 年 6 月初版
定價：新臺幣 880 元

總字數：22 萬字

如何購買本書：

1. 劃撥購書，請透過以下郵政劃撥帳號：
　　帳號：15624015
　　戶名：萬卷樓圖書股份有限公司

2. 轉帳購書，請透過以下帳戶
　　合作金庫銀行　古亭分行
　　戶名：萬卷樓圖書股份有限公司
　　帳號：0877717092596

3. 網路購書，請透過萬卷樓網站
　　網址 WWW.WANJUAN.COM.TW

大量購書，請直接聯繫我們，將有專人為您
服務。客服：(02)23216565 分機 610

如有缺頁、破損或裝訂錯誤，請寄回更換

國家圖書館出版品預行編目資料

埃及穆斯林兄弟會簡史 / 錢磊著. -- 初版. --
臺北市：萬卷樓圖書股份有限公司, 2024.06
　　面；　公分. -- (史學研究叢書. 歷史文化叢
刊；0602Z02)
ISBN 978-626-386-115-2(精裝)

1.CST: 穆斯林兄弟會　2.CST: 歷史　3.CST: 埃及

574.61　　　　　　　　　　　　　113007147